DU MÊME AUTEUR

Aux Éditions Gallimard

L'ÈRE DU VIDE (ESSAIS SUR L'INDIVIDUALISME CONTEMPORAIN), 1983, *Nrf essais et Folio essais n° 121.*

L'EMPIRE DE L'ÉPHÉMÈRE (LA MODE ET SON DESTIN DANS LES SOCIÉTÉS MODERNES), 1987, *Bibliothèque des sciences humaines et Folio essais n° 170.*

LE CRÉPUSCULE DU DEVOIR (L'ÉTHIQUE INDOLORE DES NOUVEAUX TEMPS DÉMOCRATIQUES), 1992, *Nrf essais.*

nrf essais

Gilles Lipovetsky

La troisième femme

Permanence et révolution du féminin

Gallimard

À ma fille Sandra

PRÉSENTATION

Les raisons qui poussent un homme de la génération de l'immédiat après-guerre à réfléchir et écrire sur les femmes de son temps ne sont guère mystérieuses. Comment ne pas s'interroger sur la nouvelle place des femmes et leurs rapports avec les hommes quand notre demi-siècle a plus changé la condition féminine que tous les millénaires antérieurs ? Les femmes étaient « esclaves » de la procréation, elles se sont affranchies de cette servitude immémoriale. Elles rêvaient d'être mères au foyer, elles veulent exercer une activité professionnelle. Elles étaient soumises à une morale sévère, la liberté sexuelle a gagné droit de cité. Elles étaient cantonnées dans les secteurs féminins, les voici qui ouvrent des brèches dans les citadelles masculines, obtiennent les mêmes diplômes que les hommes et revendiquent la parité en politique. Aucun bouleversement social de notre époque n'a sans doute été aussi profond, aussi rapide, aussi riche d'avenir que l'émancipation féminine. Si le bilan du siècle est peu glorieux en matière de respect des droits de l'homme, qui contestera sa dimension fondamentalement positive en ce qui concerne l'évolution du féminin ? Le grand siècle des femmes, celui qui a révolutionné plus que tout autre leur destin et leur identité, c'est le xxᵉ siècle. Quels que soient les progrès qui se profilent à l'horizon, il est peu vraisemblable qu'ils puissent surpasser, en ce domaine, ce dont les sociétés démocratiques ont été témoins au cours des trois dernières décennies.

Dans les sociétés occidentales contemporaines une nouvelle figure sociale du féminin s'est mise en place, instituant une rupture majeure dans l'« histoire des femmes » et exprimant une ultime avancée démocratique appliquée au statut social et identitaire du féminin. Cette figure sociale-historique, nous l'appelons la troisième femme. Pour la première fois, la place du féminin n'est plus préordonnée, orchestrée de bout en bout par l'ordre social et naturel. Au monde clos d'autrefois s'est substitué un monde ouvert ou aléatoire, structuré par une logique d'indétermination sociale et de libre gouvernement individuel, analogue dans le principe à celle qui agence l'univers masculin. S'il y a sens à parler de révolution démocratique au sujet de la construction sociale des genres, c'est d'abord en ceci qu'ils se trouvent à présent voués au même « destin » marqué par le pouvoir de libre disposition de soi et l'exigence de s'inventer soi-même en dehors de toute impérativité sociale.

Mais avènement de la femme-sujet ne signifie pas annihilation des mécanismes de différenciation sociale des sexes. À mesure que s'amplifient les exigences de liberté et d'égalité, la division sociale des sexes se trouve recomposée, réactualisée sous de nouveaux traits. Partout les disjonctions de genre deviennent moins visibles, moins exclusives, plus floues mais à peu près nulle part elles ne périclitent. Il y a peu encore, le plus stimulant était de penser ce qui changeait radicalement dans la condition féminine ; de nos jours, la situation s'est en quelque sorte inversée. C'est la continuité relative des rôles de sexe qui apparaît comme le phénomène le plus énigmatique, le plus riche de conséquences théoriques, le plus capable de nous faire comprendre l'économie nouvelle de l'identité féminine dans les sociétés de l'égalité. Penser l'« invariance » du féminin est devenu, paradoxalement, la question clé donnant tout son sens à la nouvelle place des femmes au cœur des sociétés commandées par la mobilité permanente et l'orientation vers le futur.

Tandis que nombre de places et d'attributions du féminin périclitent, tout un ensemble de fonctions traditionnelles perdurent et ce, moins par inertie historique que par leur possibilité de s'accorder avec les nouveaux référentiels de l'autonomie individuelle. L'heure est venue de renoncer à interpréter la persistance des dichotomies de genre au sein de nos sociétés comme des archaïsmes ou des « retards » condamnés inévitablement à disparaître sous l'action émancipatrice des valeurs modernes. Ce qui, du passé, se prolonge, n'est pas atone mais porté par la dynamique du sens, des identités sexuelles et de l'autonomie subjective. Si les femmes entretiennent toujours des rapports privilégiés avec l'ordre domestique, sentimental ou esthétique, ce n'est pas par simple pesanteur sociale mais parce que ceux-ci s'ordonnent de telle sorte qu'ils n'entravent plus le principe de libre possession de soi-même et fonctionnent comme des vecteurs d'identité, de sens et de pouvoirs privés : c'est de l'intérieur même de la culture individualiste-démocratique que se recomposent les parcours différentiels des hommes et des femmes.

Faut-il voir, dans l'indéracinable persistance du clivage social masculin/féminin, l'action de facteurs autres que sociaux ? Disons-le aussitôt : face à cette question, nous avons délibérément *mis entre parenthèses* les éventuelles variables biologiques du phénomène, cela non par parti pris culturaliste mais d'abord par souci de cohérence et de méthode. À la question de l'impact du déterminisme biologique sur l'ordre social et psychologique nous nous sommes abstenu de répondre, l'état du savoir ne permettant pas, selon nous, d'apporter des preuves suffisamment concluantes. D'autant plus qu'aucune explication de type biologique ne saurait rendre compte de formes culturelles diverses dans le temps ainsi que des significations qu'elles revêtent. Quoi qu'il en soit, les analyses proposées ici ne prétendent en aucune manière exposer une vérité ultime mais seulement une interprétation sociale, circonscrite, de l'énigme de la dichotomie moderne des genres et de leur destin.

Au cœur même de l'hypermodernité se réagence la dissimilarité des positions de genre. Ce n'est que lorsqu'ils se vident de sens existentiel et heurtent de front les principes de souveraineté individuelle que les codes ancestraux du féminin s'éclipsent. Ailleurs, les fonctions et rôles anciens se perpétuent, se combinant de manière inédite avec les rôles modernes. On pensait que la modernité travaillait à faire table rase de la division sexuelle des normes ; en réalité, elle est aussi ce qui réconcilie le nouveau avec le passé, ce qui reconduit des blocs de « tradition » à l'intérieur du monde individualiste. Par où s'impose l'exigence de réviser à la baisse les hypothèses caressées un moment d'une marche irrépressible vers l'indistinction des rôles et places de l'un et l'autre sexe. Dans le conflit qui oppose dynamique égalitaire et logique sociale de l'altérité des sexes, l'une ne l'emporte pas sur l'autre : elles triomphent ensemble. Modernité démocratique : non pas interchangeabilité des rôles de sexe mais reconstitution d'écarts différentiels plus ténus, moins rédhibitoires, non directifs, ne faisant plus obstacle au principe de libre disposition de soi.

Dans l'état social contemporain, les dispositifs de socialisation de l'un et l'autre sexe se sont rapprochés mais, même minimes, les écarts initiaux continuent de produire de fortes divergences de comportements, d'orientations et de parcours. Ce qui est vrai pour les théories du chaos l'est également dans le cadre des dispositifs contemporains de la différence des sexes. Dans les « systèmes » dotés de sensibilité aux conditions initiales s'applique la même loi : à petites causes, grands effets, d'infimes variations de départ changeant du tout au tout les trajectoires finales. Moyennant quoi, les dissymétries selon le genre ne sont pas près de disparaître ; même si, désormais, tout ce que fait l'un est, en principe, accessible à l'autre, il reste que dans les goûts, les priorités existentielles, la hiérarchie des motivations, l'écart structurel et identitaire masculin/féminin se reproduit, fût-il miniaturisé. Au travers des quatre études qui suivent, centrées sur des phénomènes aussi divers que l'amour, la séduction, la beauté physique, le rapport au travail, à la famille et au pouvoir, s'impose une même conclusion : la dynamique démocratique ne va pas jusqu'au bout d'elle-même. Si elle s'emploie à réduire les oppositions de genre, elle ne prépare pas pour autant leur confluence : les identités sexuelles se recomposent plus qu'elles ne se délitent, l'économie de l'altérité masculin/féminin n'est nullement ruinée par la marche de l'égalité. L'homme reste associé prioritairement aux rôles publics et « instrumentaux », la femme aux rôles privés, esthétiques et affectifs : loin d'opérer une rupture absolue avec le passé historique, la modernité travaille à le recycler continûment. L'époque de la femme-sujet conjugue discontinuité et continuité, déterminisme et imprédictibilité, égalité et différence : la troisième femme a réussi à réconcilier la femme radicalement autre et la femme toujours recommencée.

I

Sexe, amour et séduction

1

AIMER, DIT-ELLE

Jamais création poétique n'a réussi à transformer de manière aussi profonde la sensibilité, les manières, les rapports entre les hommes et les femmes que l'invention occidentale de l'amour. Depuis le xiie siècle, l'amour n'a jamais cessé d'être célébré, chanté, et idéalisé, il a embrasé les désirs et les cœurs, il a remodelé les manières d'être et de faire des hommes et des femmes, nourri leurs rêves les plus fous. Avec la rhétorique de l'amour-passion s'est constituée non seulement une forme nouvelle de relations entre les sexes mais une des figures les plus singulières de l'aventure occidentale moderne.

Au cours de ses neuf siècles d'histoire, la culture amoureuse a connu divers glissements de centre de gravité, des ruptures de langage et de pratiques, des modes mais aussi de larges continuités, des seuils et des mutations à l'échelle de la longue durée. De jeu de cour formaliste hors du sérieux de la vie qu'il était au Moyen Âge, l'amour s'est métamorphosé en communication personnalisée à l'extrême engageant le tout du soi à l'égard de l'autre. Il est passé d'un code aristocratique à un code commun à toutes les classes ; il excluait le mariage, il s'est imposé comme son fondement exclusif ; il allait de pair avec la dépréciation de l'élan sexuel, le voici réconcilié avec Éros. Au temps des cathédrales l'amour trouvait son fondement dans l'excellence et la rareté des qualités des amants ; avec les temps modernes, il devient une passion irrationnelle et paradoxale n'ayant plus d'autre justification qu'elle-même[1]. « Fin'amor » médiévale, amour précieux, amour romantique, amour « libéré » du xxᵉ siècle[2] : autant de moments clés qui ont marqué l'histoire de l'amour sur la très longue durée, autant de bouleversements de ses codes symboliques qui n'ont pas été sans ruptures dans le rapport à la vie sexuelle elle-même, notamment à partir de la fin du xviiiᵉ siècle[3].

Mais, si profondes soient-elles, ces mutations ne doivent pas faire perdre de vue que l'invention occidentale de l'amour a légué à la sensibilité humaine un style, un idéal en quelque sorte impérissable. Par-delà les bouleversements de comportements et les ruptures de sémantiques, l'amour a conservé des traits quasi permanents, il s'est développé autour d'aspirations et d'idéaux plus stables que changeants. Ainsi est-il plus et autre chose que l'attraction sexuelle ; ainsi doit-il être désintéressé, extérieur aux calculs d'intérêts financiers, sociaux ou matrimoniaux. Par nature, il ne reconnaît que la liberté de choix des amants et l'autonomie du sentiment. Il n'est vraiment lui-même que dans la fidélité et l'exclusivité : qui aime réellement n'aime qu'une seule personne à la fois. Enfin, il vise la réciprocité des sentiments : il s'agit d'aimer et d'être aimé, l'idéal consistant dans un amour mutuel, un amour « égal et partagé ». Quelque chose dans l'amour-passion transcende ses métamorphoses historiques : « L'amour sera toujours l'amour. »

Parallèlement à cette continuité des idéaux, la culture amoureuse n'a jamais cessé de se construire selon une logique sociale invariante : celle de la dissimilarité des rôles des hommes et des femmes. En matière de séduction, c'est à l'homme de prendre l'initiative, de faire la cour à la Dame, de vaincre ses résistances. À la femme de se faire adorer, de faire patienter le soupirant, de lui accorder éventuellement ses faveurs. Quant à la morale sexuelle,

1. Niklas Luhmann, *Amour comme passion*, Paris, Aubier, 1990.
2. Sur cette périodisation, voir Niklas Luhmann, *ibid.*
3. Edward Shorter, *Naissance de la famille moderne*, Paris, Seuil, 1977.

elle se déploie selon un double standard social : indulgence envers les frasques masculines, sévérité vis-à-vis de la liberté des femmes. Pour exalter l'égalité et la liberté des amants, l'amour n'en est pas moins un dispositif qui s'est édifié socialement à partir de l'inégalité structurelle des places des hommes et des femmes.

Une même division organise le rapport existentiel et identitaire des deux genres au sentiment lui-même. Sans doute les brûlures de l'attente, le coup de foudre, la « cristallisation », la jalousie sont-ils des sentiments communs aux deux sexes. Néanmoins, au fil de l'histoire, les hommes et les femmes n'ont pas accordé à l'amour la même place, ils ne lui ont donné ni la même importance ni la même signification. C'est ainsi qu'un Byron disait que l'amour au masculin n'est qu'une occupation parmi d'autres, alors qu'il remplit l'existence féminine. Et Stendhal d'ajouter, au sujet des pensées féminines : « Les dix-neuf vingtièmes de leurs rêveries habituelles sont relatives à l'amour[1]. » Même si l'idéal amoureux se donne comme « égal et partagé », c'est l'asymétrie des investissements, des rêves et des aspirations des deux genres qui structure depuis des siècles la réalité sociale et vécue du phénomène.

DE LA RELIGION DE L'AMOUR
À L'AMOUR-PRISON

La passion féminine de l'amour

« Le même mot "amour", écrivait Nietzsche, signifie deux choses différentes pour l'homme et pour la femme[2]. » Chez elle, poursuit Nietzsche, l'amour est renoncement, fin inconditionnelle, « don total de corps et

1. *De l'amour*, Livre I, chap. VII.
2. *Le Gai Savoir*, Livre V, 363.

d'âme ». Il n'en va nullement de même chez l'homme qui veut posséder la femme, la prendre, afin de s'enrichir et accroître sa puissance d'exister : « La femme se donne, l'homme s'augmente d'elle [1]. » Simone de Beauvoir a écrit de belles pages sur la disjonction sexuelle des rôles passionnels, sur l'inégale signification de l'amour pour l'un et l'autre sexe [2]. Au masculin, l'amour ne se donne pas comme une vocation, une mystique, un idéal de vie capable d'absorber le tout de l'existence : il est plus un idéal contingent qu'une raison exclusive de vivre. Tout autre est l'attitude de la femme amoureuse, laquelle ne vit que pour l'amour et ne pense qu'à l'amour, toute sa vie se construisant en fonction de l'aimé, seul et unique but de son existence. « Je ne sais qu'aimer », écrivait Julie de Lespinasse. Et Germaine de Staël : « Les femmes n'ont d'existence que l'amour, l'histoire de leur vie commence et finit avec l'amour. » Simone de Beauvoir souligne certes, à juste titre, que dans la vie des femmes l'amour tient souvent beaucoup moins de place que les enfants, la vie matérielle ou les occupations domestiques. Il n'en demeure pas moins vrai que rares sont les femmes qui n'ont pas rêvé du « grand amour », rares sont celles qui, à un moment ou à un autre de leur vie, n'ont pas exprimé leur amour de l'amour. S'affirme chez la femme un besoin d'aimer plus constant, plus dépendant, plus dévorant que chez l'homme. D'où le désespoir féminin de la vie sans amour : « Déchue des grandeurs de l'amour, je suis aussi déchue de moi-même [...] je ne suis plus qu'une femme ordinaire », écrivait Constance de Salm [3].

Depuis des siècles et de plus en plus depuis le XVIIIe siècle, la femme est valorisée comme être *sensible* destiné à l'amour ; c'est elle qui représente l'incarnation suprême de la passion amoureuse, de l'amour absolu et primordial. Au XVIIIe siècle, Mlle de Lespinasse, Mme de La Popelinière, la princesse de Condé illustrent [4], comme Juliette Drouet

---

1. *Ibid.*
2. *Le Deuxième Sexe*, Paris, Gallimard, 1949, t. II, chap. XII.
3. Citée par Évelyne Sullerot, *Histoire et mythologie de l'amour*, Paris, Hachette, 1974, p. 204.
4. Edmond et Jules de Goncourt, *La Femme au XVIIIe siècle* (1862), Paris, Flammarion, 1982, p. 181-188.

au XIXe siècle, l'amour idolâtre, l'abolition de soi dans l'autre, la totale dépendance envers l'aimé, le besoin d'aimer sans limite dans le dévouement absolu. Cette vocation féminine à l'amour sera d'innombrables fois exaltée au XIXe puis au XXe siècle par la culture de masse. « Je ne connais que l'amour et rien d'autre » : après Marlène Dietrich, Édith Piaf a prêté sa voix inoubliable à l'hymne féminin à l'amour, l'amour total dans la subordination à l'autre : « Je ferais n'importe quoi si tu me le demandais. »

Dans les sociétés modernes, l'amour s'est imposé comme un pôle constitutif de l'identité féminine. Assimilée à une créature chaotique et irrationnelle, la femme est censée être prédisposée par nature aux passions du cœur : « J'ai vu l'amour, la jalousie, la superstition, la colère portés dans les femmes à un point que l'homme n'éprouva jamais[1]. » Et Rousseau : Sophie « a le cœur très sensible et cette extrême sensibilité lui donne quelquefois une activité d'imagination difficile à modérer[2] ». Le besoin d'aimer, la tendresse, la sensibilité apparaissent de mieux en mieux comme des attributs plus spécifiquement féminins : « L'attendrissement, la compassion, la bienveillance, l'amour sont les sentiments qu'elle éprouve et qu'elle excite le plus souvent[3]. » Dès l'âge classique, l'expression du sentiment est jugée chose plus adéquate au féminin qu'au masculin : les hommes sont tenus dans leurs révélations intimes à plus de réserve, plus de retenue, plus de contrôle que les femmes[4]. Au XIXe siècle, Balzac proclame que « la vie de la femme est l'amour ». Parce que la femme, selon Michelet, ne peut vivre sans l'homme et sans foyer, son idéal suprême ne peut être que l'amour : « Quel est son but de nature, sa mission ? La première, aimer ; la seconde, aimer un seul ; la troisième, aimer toujours[5]. »

1. Diderot, *Sur les femmes*, in *Œuvres*, Paris, Gallimard, La Pléiade, p. 949.
2. Rousseau, *Émile*, Gallimard, Folio Essais, p. 582.
3. Pierre Roussel, *Système physique et moral de la femme* (1755), Éd. de Paris, 1860, p. 36.
4. Maurice Daumas, *La Tendresse amoureuse, XVIe-XVIIIe siècle*, Paris, Perrin, 1996, p. 176.
5. Michelet, *L'Amour* (1858), Paris, p. 61.

Les visions traditionnelles de la femme comme être d'excès et de démesure, ainsi que les idéologies modernes refusant de considérer la femme comme un individu autonome vivant pour et par lui-même ont contribué à conjuguer étroitement identité féminine et vocation à l'amour. « Toute l'éducation des femmes doit être relative aux hommes. Leur plaire, leur être utiles, se faire aimer et honorer d'eux, les élever jeunes, les soigner grands, les conseiller, les consoler, leur rendre la vie agréable et douce, voilà les devoirs des femmes dans tous les temps[1] », écrit Rousseau : la division sexuelle des rôles affectifs s'enracine dans une représentation de la féminité dont l'essence est de se donner, d'exister pour l'autre, de dédier sa vie au bonheur de l'homme. En célébrant le pouvoir du sentiment sur la femme, en la définissant par l'amour, les modernes ont légitimé son cantonnement dans la sphère privée : l'idéologie de l'amour a contribué à reproduire la représentation sociale de la femme naturellement dépendante de l'homme, incapable d'accéder à la pleine souveraineté de soi.

On ne peut séparer la place privilégiée de l'amour dans l'identité et les rêves féminins de tout un ensemble de phénomènes où figurent en particulier l'assignation de la femme au rôle d'épouse, l'inactivité professionnelle des femmes bourgeoises et leur besoin d'évasion dans l'imaginaire. À cela s'ajoutent également la promotion moderne de l'idéal du bonheur individuel et la légitimation progressive du mariage d'amour. À la fin du XVIII⁰ siècle se déploie ce que Shorter appelle la « première révolution sexuelle » s'accompagnant d'une attention plus grande envers ses propres sentiments, d'un engagement féminin plus complet dans la relation amoureuse, d'une « sexualité affective » privilégiant l'épanouissement de soi, l'amour romantique, le libre choix du partenaire au détriment des considérations matérielles et de la soumission aux règles traditionnelles. Avec pour conséquence l'augmentation de l'activité sexuelle préconjugale et le bond en avant des

1. *Émile, op. cit.*, p. 539.

naissances illégitimes[1]. Peu à peu, à mesure que l'usage d'imposer un mari aux jeunes filles régresse, celles-ci ont rêvé d'intégrer l'amour dans leur vie conjugale, elles ont aspiré à plus d'intimité dans les rapports privés, à entendre parler d'amour, à exprimer leurs sentiments. Point de jeune fille qui ne rêve d'être amoureuse, de rencontrer le grand amour, d'épouser le prince charmant. Le surinvestissement féminin de l'amour traduit la puissance accrue des idéaux de bonheur et d'accomplissement intime ; aussi marqué soit-il par un rapport de dépendance de l'un envers l'autre, le phénomène n'en est pas moins l'expression de l'univers individualiste moderne.

Romantisme sentimental féminin qui, de surcroît, s'est trouvé exacerbé par une frénésie de lecture se nourrissant, à partir de la fin du xixᵉ siècle, de romans d'évasion à grands tirages, d'ouvrages paraissant en feuilleton dans les revues pour femmes, de toute une littérature destinée aux femmes, centrée sur la vie de couple, les passions, l'adultère. À la fin du siècle, on voit des jeunes filles passant toute la journée du dimanche allongées sur leur lit à dévorer des feuilletons parus la veille[2]. Un roman d'Eugénie Marlitt publié en 1866 est réédité en Allemagne vingt-deux fois en vingt ans[3]. Boulimie de lectures romanesques exprimant mais aussi intensifiant la passion et les rêves féminins de l'amour. D'où l'importance accordée, tout au long du xixᵉ siècle, à la question des lectures féminines. Parce que les romans, dit-on, dérèglent l'imagination de la jeune fille, ruinent son innocence, provoquent de secrètes pensées et des désirs inconnus, il est impératif de contrôler ce qu'elle lit. Dans les familles bourgeoises, les parents interdisent aux jeunes filles la lecture des romans de Loti, Bourget, Maupassant, Zola ; croyants et anticléricaux s'accordent sur l'idée qu'« une honnête fille ne lit point de livres d'amour ». Même les romans qui n'ont rien d'immo-

---

1. Edward Shorter, *Naissance de la famille moderne, op. cit.*
2. Anne-Marie Thiesse, *Le Roman du quotidien*, Paris, Le Chemin Vert, 1984, p. 125-127.
3. Marie-Claire Hook-Demarle, « Lire et écrire en Allemagne », *Histoire des femmes*, Paris, Plon, 1991, p. 161.

ral sont mis à l'index car « les simples mots "amour",
"union", "fiançailles", etc., écrit M. de Lassus dans *Le Bré-
viaire d'une jeune fille*, dégagent pour l'enfant qui s'en ras-
sasie mentalement un sortilège véritablement inexpli-
cable » ; dans ses *Mémoires*, Élisabeth de Gramont va
jusqu'à déclarer : « Une femme qui lit un roman n'est déjà
plus tout à fait une honnête femme[1]. »

De toute évidence ces condamnations n'ont pas réussi à
étouffer la rage de lire féminine, nombre de jeunes filles
lisant en cachette de leurs parents les romans sentimentaux à bon marché. Au xxe siècle, l'appétit romantique des
femmes s'est encore amplifié, comme en témoigne l'essor
de la presse du cœur, la littérature dite à l'eau de rose, les
photoromans après la Seconde Guerre mondiale. En 1939,
Confidences dépasse le million d'exemplaires. Dans les
années 60, les romans de Delly et de Max du Veuzit ne
cessent pas d'être réédités et vendus en masse aux jeunes
filles ; aux États-Unis, le marché des romans sentimentaux
prospère comme jamais, certaines femmes achetant
jusqu'à 80 livres par an[2]. Au même moment, en Italie le
public des photoromans est évalué à 12 millions de personnes ; 10 000 titres ont été lancés entre 1946 et la fin des
années 70. La collection Harlequin paraît en 1958 et
atteint en 1977 une diffusion de 100 millions d'exemplaires. Barbara Cartland a vendu 400 millions d'exemplaires de ses livres. Toutes ces publications ont diffusé à
grande échelle l'idéal romantique féminin, les vertus de
fidélité et de virginité, l'image de la « femme-Cendrillon »[3]
attendant la réalisation de soi de la venue d'un homme
extraordinaire. Les stéréotypes du romantisme sentimental, les clichés du coup de foudre, les scènes des chastes
enlacements, des soupirs et des regards enflammés, les
rêves de l'homme tendre et riche sont devenus au xxe siècle une évasion et une consommation féminine de masse.
Par quoi s'est généralisée une sentimentalité fleur bleue

1. Cités par Anne Martin-Fugier, *La Bourgeoise*, Paris, Grasset, Biblio-
Essais, 1983, p. 292 et 289.
2. Germaine Greer, *La Femme eunuque*, Paris, Laffont, 1970, p. 218.
3. Colette Dowling, *The Cinderella Complex*, New York, Pocket Books, 1981.

ainsi qu'une idéologie identifiant bonheur féminin et accomplissement amoureux.

Déconstruire l'amour

« L'amour est à réinventer », disait Rimbaud. En fait, ce n'est qu'un siècle plus tard que l'inégale répartition des rôles amoureux sera l'objet d'une réelle contestation sociétale. Au cours des années 60, un nouveau féminisme voit le jour qui lance ses flèches moins contre l'amour lui-même que contre la manière dont les femmes sont socialisées et assujetties à l'idéal romanesque sentimental. Dans l'effervescence des années rebelles, la religion féminine de l'amour a cessé d'aller de soi, analysée qu'elle est comme une forme d'opium des femmes. « Leur amour, c'est comme une prison », scandent les militantes du MLF alors même que le mariage fait figure d'« esclavage domestique, sexuel, sentimental »[1]. Se multiplient les dénonciations des mythologies de l'amour véhiculées par la culture de masse, les critiques des rôles stéréotypés qui vampirisent l'imaginaire, qui rendent la femme étrangère à elle-même, qui reconduisent les positions traditionnelles de la femme dépendante de l'homme[2]. Assimilé à un instrument d'asservissement et d'aliénation des femmes, l'amour bascule dans l'ère de la démystification et de la déconstruction. La litote n'est plus vraiment de saison, la féministe américaine Ti-Grace Atkinson pouvant déclarer : « L'amour est la réaction de la victime à un viol[3]. » L'amour était jusqu'alors censé accomplir et élever la femme ; on l'accuse désormais d'être au service de la femme-objet et de dégrader la vie authentique. Il s'identifiait à une mystique du cœur, il se décrypte à présent comme une politique du mâle.

1. Françoise Picq, *Libération des femmes : les années mouvement*, Paris, Seuil, p. 74 et 81.
2. En France, Anne-Marie Dardigna, *Femmes, femmes sur papier glacé*, Paris, Maspéro, 1974 ; aux États-Unis, Germaine Greer, *La Femme eunuque, op. cit.*, p. 218-240.
3. Cité par Germaine Greer, *ibid.*, p. 216.

En même temps, la thématique dominante se déplace
massivement du sentimental au sexuel. La question centrale n'est plus « Aimer à perdre la raison » mais « Jouir
sans entraves ». Tandis que le discours du cœur se trouve
marginalisé par rapport à la rhétorique libidinale, l'exclusivité amoureuse et la fidélité sont remises en cause en tant
que valeurs bourgeoises ; il devient démodé, vaguement
gênant de déclarer sa flamme, de décliner amour avec toujours. Renversement de perspective qui conduira Barthes à
évoquer l'avènement d'une nouvelle obscénité : celle de la
sentimentalité[1].

Point d'illusion : même au vif de la période contestataire, les femmes n'ont jamais renoncé aux rêves de
l'amour. Le discours sentimental s'est euphémisé, non les
attentes et les valeurs amoureuses. Le nouveau scepticisme
à l'endroit de la rhétorique romantique et la sexualisation
des discours n'ont pas répondu au recul des espérances
amoureuses mais au rejet des conventions « fausses » ainsi
qu'à la promotion des valeurs de proximité et d'intimité, à
l'intensification du besoin d'une communication plus
authentique. Avec le reflux de la sémantique sentimentaliste, le procès d'individualisation de l'amour-passion en
marche depuis les XVIIe et XVIIIe siècles n'a fait que pour-
suivre sa dynamique. Les femmes ont pris de la distance
vis-à-vis du langage romantique, elles ont de moins en
moins accepté de sacrifier études et carrière sur l'autel de
l'amour mais leur attachement privilégié à l'idéal amoureux a perduré, elles ont continué massivement à rêver du
grand amour, fût-ce en dehors du mariage.

Il n'en demeure pas moins que l'amour entre alors dans
un cycle inédit de politisation et de révolutionnarisme
culturel. D'abord il s'agit de libérer la sexualité de toutes
les contraintes morales, conjugales et hétérosexuelles
entravant l'autonomie féminine ; il s'agit également de
dégager l'amour féminin de l'enfermement domestique et
de l'idéal de dévouement traditionnel. Enfin les visées les

1. Roland Barthes, *Fragments d'un discours amoureux*, Paris, Seuil, 1977,
p. 207-211.

plus radicales prônent la destruction des stéréotypes de sexe, l'abolition de la « prison du genre » écrasant les individualités par les définitions artificielles de la masculinité et de la féminité.

De toute évidence, ces mots d'ordre ne sont pas restés lettre morte. En quelques décennies, les femmes ont conquis tout un ensemble de droits jusqu'alors déniés. Reconnaissance de l'activité professionnelle féminine, légalisation de la contraception et de l'avortement, libéralisation de la morale sexuelle : une révolution a bien eu lieu. Désormais, les femmes ont acquis le droit d'affirmer leur indépendance personnelle et économique, d'avoir une vie sexuelle en dehors du mariage, de faire l'amour sans la hantise de « tomber enceinte », d'avoir du plaisir sans en avoir honte, d'aimer une autre femme. De ce point de vue, il est indéniable que les différences entre les sexes ont fortement diminué : la virginité a cessé d'être une obligation morale, les premiers rapports sexuels féminins très tardifs ont pratiquement disparu, l'âge au premier rapport des filles se rapproche de plus en plus de celui des garçons[1] : la vie amoureuse n'a pas échappé au travail de l'égalisation démocratique des conditions.

Soit, mais jusqu'où ? En un demi-siècle, les inégalités amoureuses entre les sexes se sont à coup sûr réduites, mais elles n'ont pas disparu ; elles sont moins ostensibles, moins rigides, moins rédhibitoires, mais nullement obsolètes. L'égalisation des conditions ne cesse de progresser sans que pour autant la division des sexes, en ce domaine, périclite. Il n'y a pas si longtemps, beaucoup — y compris l'auteur de ces lignes — considéraient que les différenciations sexuelles dans nos sociétés pouvaient être assimilées à des phénomènes archaïques et finalement secondaires dès lors qu'on les restituait par rapport à la grande marée égalitariste démocratique : les portes de l'avenir semblaient s'ouvrir sur l'inexorable similarité des genres. Il faut, aujourd'hui, beaucoup de naïveté pour adhérer à ce

---

1. *Les Comportements sexuels en France,* sous la direction d'Alfred Spira, Paris, La Documentation Française, 1993, p. 123.

schéma, tant s'impose avec insistance la reproduction sociale de la dissymétrie des rôles sexuels. Et comment se satisfaire encore des théories qui interprètent les disjonctions sociales liées au sexe comme de simples « retards » historiques voués tôt ou tard à disparaître ? À partir de quoi, le fait majeur à penser aujourd'hui est moins l'ébranlement des rôles amoureux que le maintien des clivages sexuels qui, pour être moins emphatiques, n'en restent pas moins socialement réels. L'heure est venue de reconsidérer l'impact du travail des logiques démocratiques et individualistes sur la « tradition » et l'altérité sociale des sexes. D'où les questions de fond : comment et pourquoi se recompose la division sexuelle de la culture amoureuse dans un univers fondé sur l'idéal d'égalité et de liberté des personnes ? Comment penser le destin de l'amour dans les sociétés qui sacralisent la libre disposition de soi des hommes comme des femmes ?

LE CŒUR ET LE SEXE

Le fait mérite qu'on s'y arrête : en dépit des bouleversements de la « révolution sexuelle » et de la poussée des aspirations égalitaires, notre époque n'a pas réussi à ruiner la position traditionnellement prépondérante des femmes dans les aspirations amoureuses. On parle beaucoup de « nouveaux hommes » et de « nouvelles femmes » mais l'asymétrie sexuelle des rôles affectifs est toujours ce qui nous régit : les mœurs égalitaires progressent, l'inégalité amoureuse entre les hommes et les femmes se poursuit, fût-ce avec une intensité nettement moins marquée que par le passé.

Parlez-moi d'amour

Veut-on s'en convaincre ? Il n'est que d'observer la presse féminine avec ses rubriques du cœur, ses témoignages intimistes, ses reportages sur la vie sentimentale des célébrités de ce monde. À n'en point douter, les femmes conservent un lien privilégié avec l'amour, elles aiment l'amour, elles manifestent un intérêt beaucoup plus marqué que les hommes pour les discours, les rêves et les secrets relatifs au cœur. Voyez encore la littérature dite à l'eau de rose : son public est exclusivement féminin. Quant aux confidents en matière de vie affective et sexuelle, ils sont majoritairement des confidentes : même les hommes choisissent des confidents du sexe opposé[1]. Dans la vie ordinaire, les femmes aiment parler entre elles, de leur vécu intime, qu'elles analysent, interprètent, dissèquent à loisir. Peu répandu chez les hommes, ce genre de conversation est monnaie courante chez les femmes. Bien sûr voit-on maintenant des hommes exhiber leurs tourments passionnels dans les émissions de télévision et peut-être hésitent-ils moins qu'autrefois à parler avec leurs proches de problèmes sentimentaux. Reste que chez eux ces sujets de conversation sont plus exceptionnels que fréquents, plus occasionnels que réguliers. Les questions amoureuses sont abordées avec réticence par les hommes, avec prédilection par les femmes : à l'inhibition des uns répond l'expansivité des autres. Quelles que soient l'avancée de la culture psychologique et la dépréciation des valeurs machistes, la différenciation classique chère à Parsons n'a rien perdu, sur ce plan, de sa pertinence[2] : les hommes continuent de se définir principalement par l'orientation instrumentale, les femmes par la fonction expressive. La légitimation contemporaine de l'expression du vécu intime n'a nullement créé un état d'interchangeabilité des

1. *Ibid.*, p. 175.
2. Talcott Parsons et Robert Bales, *Family, Socialization and Interaction Process*, New York, Free Press of Glencoe, 1955.

rôles : ce qu'on observe dans la répartition sociale des rôles affectifs traduit davantage la puissance de la continuité séculaire qu'une rupture historique.

Les attentes et les exigences en matière de vie sentimentale illustrent d'une autre manière la permanence du surinvestissement féminin de l'amour. Dans la vie à deux, les femmes sont plus sensibles que les hommes aux mots et aux démonstrations d'amour, elles expriment plus qu'eux le besoin d'amour, leurs déceptions et leurs frustrations engendrées par les habitudes de la vie quotidienne. « Il ne me parle plus d'amour » : mot de femmes, désespoir de femmes. La survalorisation féminine de l'amour a pour corrélat la « longue plainte des femmes en mal d'amour[1] », les défilés de récriminations à l'endroit des hommes accusés d'être égoïstes, de manquer de romantisme, de ne pas extérioriser leurs sentiments, de négliger la vie affective au profit du travail professionnel. Ces griefs proviennent des femmes, plus rarement des hommes. Parce que les hommes ne sont pas socialisés au romanesque, ils s'accommodent plus facilement des relations plus « routinières », d'une moindre théâtralisation des sentiments. Les femmes vivent plus difficilement le manque de mots d'amour, le déficit de sentimentalité ; elles rêvent plus que les hommes de connaître le grand amour et reprochent aux hommes, fréquemment, de se protéger, de fuir, de ne pas se donner pleinement. Si forte que soit devenue la culture égalitaire, elle n'a pas réussi à rendre similaires les exigences amoureuses des deux sexes.

C'est dire que dans le droit fil du passé historique, l'amour reste une pièce constitutive de l'identité féminine. La poussée en avant des valeurs démocratiques a enclenché une revendication toujours plus forte d'appropriation de soi en matière de vie professionnelle, familiale et sexuelle, mais elle n'a nullement aboli la demande passionnelle féminine, laquelle signifie, sur ce plan, un certain désir de désappropriation de soi. D'un côté montent les exigences féminines de possession de soi comme sujet

1. Denise Bombardier, *La Déroute des sexes*, Paris, Seuil, 1993, p. 11-37.

social, de l'autre se reproduisent des attentes de « dépossession » subjective en matière de vie affective. Le féminin se construit désormais dans la conjonction des désirs de maîtrise du destin individuel et dans les désirs de dessaisissement émotionnel interprétés comme voie royale vers une vie riche et pleine.

Par où le féminin se situe toujours dans le prolongement d'une culture millénaire, s'il est vrai qu'il n'a jamais cessé d'être défini comme le genre qui ne s'appartient pas, celui dont la dépossession subjective est d'essence, du fait de l'altérité d'un corps traversé par les forces non maîtrisables de la reproduction[1]. « Nervosisme mental », nymphomanie, hystérie : autant de symptômes rattachés au féminin et qui ont été interprétés classiquement comme exhibition du dessaisissement de soi, de la désappartenance corporelle vis-à-vis du sujet. C'est pour les mêmes raisons que la femme, traditionnellement, apparaît comme un être plus passionnel que l'homme : « La femme porte au-dedans d'elle-même un organe susceptible de spasmes terribles, disposant d'elle, et suscitant dans son imagination des fantômes de toute espèce[2]. » Créature naturellement hors de soi, instable, dominée par les forces non contrôlables de la vie et de l'espèce, la femme est vouée à l'hystérie, comme elle est destinée à la passion amoureuse dépossessive de soi : « Rien de plus contigu que l'extase, la vision, la prophétie, la révélation, la poésie fougueuse et l'hystérisme[3]. » En un sens, ce schéma se reproduit de nos jours, à ceci près que le dessaisissement de soi qu'exprime la demande féminine amoureuse n'est plus subi naturellement, mais désiré psychologiquement. Fidélité à la tradition passionnelle du féminin qui néanmoins ne se pose plus comme contradictoire avec l'être-sujet mais compatible avec les valeurs modernes de souveraineté individuelle.

La permanence du pôle affectif dans l'identité féminine n'exclut pas des changements considérables. Depuis quel-

---

1. Le point est marqué avec force par Gladys Swain, *Dialogue avec l'insensé*, Paris, Gallimard, 1994, p. 215-236.
2. Diderot, *Sur les femmes, op. cit.*, p. 952.
3. *Ibid.*, p. 953.

que trois décennies, les femmes dissocient de plus en plus l'amour du mariage, préférant souvent le concubinage à la bague au doigt. En même temps, l'existence féminine ne se construit plus exclusivement autour de l'idéal amoureux et familial : vivre dans l'attente et l'ombre de l'homme, lui sacrifier ét .des, activité professionnelle, autonomie financière a cessé d'aller de soi. « L'amour est le tout de l'existence », disait Lou Andreas-Salomé : quelle femme se reconnaît-elle encore dans une telle sentence ? Les valeurs de réalisation et d'indépendance de soi ont miné la religion féminine de l'amour au profit d'un amour moins inconditionnel, moins omniprésent, moins oblatif. Délivré de l'*ethos* du renoncement à soi, l'amour au féminin se conjugue, à présent, avec les aspirations à l'autonomie individuelle.

Si l'amour comme sacerdoce s'épuise, il n'en va pas de même de la force des attentes et exigences amoureuses féminines. En témoignent entre autres les nouvelles attitudes du deuxième sexe vis-à-vis du divorce. On sait que ce sont les femmes qui, majoritairement, prennent maintenant l'initiative du divorce et des ruptures[1]. Sans doute les raisons avancées de la rupture sont-elles diverses et les difficultés concrètes de la vie de femme mariée (double journée, violences physiques éventuelles, etc.) ne sont-elles pas extérieures au phénomène. Mais la seule logique des « intérêts » ne suffit pas à rendre compte du fait que ce sont elles qui en majorité, « mettent à la porte » leur conjoint, partent et sont les initiatrices de la séparation. Il est intéressant de souligner que les femmes sont beaucoup plus nombreuses que les hommes à présenter leur faillite conjugale comme un mariage de toute façon voué à l'échec, une « tragédie » « à cause de l'autre », en quelque sorte programmée à la catastrophe. Les hommes tendent davantage à interpréter leur histoire comme un « drame »

---

1. Lorsque la demande de divorce est présentée par un seul époux, celle-ci provient 7 fois sur 10 de la femme (voir *Les Femmes*, Insee, Contours et caractères, 1991, p. 28). Aux États-Unis également, la proportion des initiatives féminines en matière de demande de divorce oscille entre 55 et 65 %.

et sont plus nombreux que les femmes à se déclarer surpris par le déclencheur du divorce[1]. Ces différences dans les interprétations, de même que l'initiative féminine de rompre le mariage, s'enracinent, entre autres, dans la manière différente dont les hommes et les femmes s'investissent dans le mariage et l'intimisme affectif. Socialisées dans une culture accordant une place privilégiée au sentiment et au relationnel, les femmes ressentent plus intensément que les hommes les défaillances de la vie commune, elles préfèrent désormais la solitude et la brutalité de la séparation au désamour et à la mésentente des jours et des nuits. Plus les femmes sont indépendantes, moins elles acceptent un mariage déchiré, non conforme à leurs attentes de tendresse, de compréhension, de proximité. Loin d'enfermer les femmes sur elles-mêmes, la dynamique individualiste génère plus d'exigence vis-à-vis de l'autre, moins de résignation à supporter une vie de couple insatisfaisante ne réalisant plus les promesses de l'amour et de la communication personnalisée. L'extension du régime social de la possession de soi n'a pas aboli la prédominance des attentes sentimentales et communicationnelles du féminin, il les a étendues à toutes les couches sociales.

Éros, le sentiment et l'altérité des sexes

Le rapport à la sexualité n'illustre pas moins la persistance de la différence des genres vis-à-vis de l'amour. Que nous apprennent les enquêtes récentes sur les comportements sexuels ? D'abord les femmes se déclarent moins infidèles que les hommes : 6 % des hommes mariés et 3 % des femmes mariées reconnaissent une liaison extraconjugale au cours des douze derniers mois[2]. Ensuite, elles

---

1. Sur l'opposition « tragédie féminine » / « drame masculin », voir Irène Théry, *Le Démariage*, Paris, Odile Jacob, 1993, p. 242-266.
2. Ces pourcentages s'élèvent à 13 et à 7 chez les hommes et les femmes cohabitant non mariés (André Béjin, « Les couples français sont-ils fidèles ? », *Panoramiques*, n° 25, 1996, p. 71.

reconnaissent, en moyenne, avoir eu au cours de leur vie beaucoup moins de partenaires que les hommes : 11 pour les hommes, 3 pour les femmes[1]. Cet écart ne traduit pas seulement la vantardise mâle ou l'hypocrisie féminine, il coïncide également avec la manière divergente dont les hommes et les femmes rattachent le sexe et le sentiment. Les femmes ont en effet beaucoup moins fréquemment que les hommes des aventures sexuelles sans être amoureuses ; elles acceptent moins qu'eux l'idée qu'on peut avoir des rapports sexuels avec quelqu'un sans l'aimer ; 2 femmes sur 3 déclarent qu'elles étaient très amoureuses de leur premier partenaire, 1 sur 10 seulement reconnaît avoir été indifférente, contre 1 homme sur 3. Elles sont également moins nombreuses que les hommes à juger que les infidélités passagères renforcent l'amour. Alors que les hommes fantasment sur les rapports sexuels à plusieurs partenaires, les femmes restent étrangères à cet imaginaire[2]. Manifestement les hommes et les femmes n'ont toujours pas une vue semblable sur la vie sexuelle, en particulier dans ses rapports avec la vie affective. Le libéralisme sexuel contemporain n'a pas fait table rase du passé, il a reconduit l'amour comme fondement privilégié de l'éros féminin.

Gardons-nous de l'idée d'un « éternel féminin ». De nos jours, les femmes ont largement dédramatisé la libido, leurs aventures sexuelles n'impliquent plus le grand amour et peuvent se donner libre cours en dehors de tout projet d'avenir. Amours de vacances, passades, évasions d'un soir, tout cela n'est plus inconnu des femmes et s'accomplit sans gêne ni culpabilité. Ce n'est pas dire pour autant que les hommes et les femmes n'ont plus de différences dans leur manière de se rapporter à l'amour physique. De fait l'érotisme féminin continue de se nourrir de significations et d'images sentimentales. Peu nombreuses sont les femmes qui considèrent la relation sexuelle comme une simple attirance physique, une fin en soi, un

---

1. *Les Comportements sexuels en France*, op. cit., p. 134.
2. *Ibid.*, p. 126, 145 et 200.

pur échange de plaisirs : nombreuses, en revanche, sont celles qui ne séparent pas le plein épanouissement sexuel de l'engagement émotionnel. Faire l'amour sans aimer son partenaire n'est plus un tabou féminin : les films et les romans en témoignent qui, à présent, montrent fréquemment les héroïnes se jetant dans des aventures sans lendemain. Néanmoins, il est rare que les femmes se reconnaissent dans le sexe conçu comme simple loisir excitant, rare qu'il soit recherché pour lui seul, rare encore qu'il leur donne, dans ce cas, pleine satisfaction. Quelle que soit la force de la « libération » sexuelle, les femmes restent attachées à un érotisme sentimental et se montrent moins « collectionneuses » que les hommes. Pour être moins net qu'autrefois, le partage sexuel des rôles affectifs n'a pas disparu : si les femmes sont toujours enclines à associer le sexe et le sentiment, les hommes, eux, envisagent avec une extrême facilité leur disjonction.

Flash back. Dans l'incandescence des années 60, un débat s'ouvre dans les réunions et les journaux de femmes engagées dans la contestation radicale de l'ordre bourgeois. Comment expliquer le fait que l'émancipation sexuelle des femmes semble combler d'aise les hommes alors qu'elle suscite, chez les femmes, malaise et insatisfaction ? Des militantes s'interrogent et témoignent du piège dans lequel elles reconnaissent être tombées. Elles ont cru à une vie sexuelle sans tabou ni engagement profond mais, au final, le résultat est tout sauf épanouissant, tant l'amour n'y trouve pas son compte. Elles se sont trompées de révolution : le sexe détaché, sans investissement émotionnel convient peut-être aux hommes mais il ne correspond pas aux désirs profonds des femmes. Trente ans plus tard, le fond du problème reste le même, la rhétorique révolutionnaire en moins. Tandis que les femmes continuent de reprocher aux hommes leur inhibition émotionnelle, les films et les confidences féminines témoignent des impasses du *casual sex*, de l'éros sans romantisme.

Au milieu des années 80, une enquête plonge dans la stupeur la population masculine. Une journaliste américaine pose la question suivante à ses lectrices : « Seriez-vous satisfaite si l'on vous enlaçait tendrement sans aller jusqu'à l'acte sexuel ? 7 femmes sur 10 répondent oui. Peu après, en France, une même proportion de femmes déclare également préférer les câlins et la tendresse à l'acte sexuel ; plus de 1 Française sur 3 affirme qu'elles pourraient se passer de l'acte sexuel si elles avaient beaucoup de tendresse et de caresses[1]. Commentaire d'un sexologue : c'est le signe que la sexualité dans nos sociétés est nulle, pauvre, et les hommes maladroits. Mais comment accréditer cette interprétation quand une majorité de femmes reconnaissent avoir atteint l'orgasme lors de leur dernier rapport sexuel et quand le plus grand nombre se déclarent satisfaites de leur vie sexuelle[2] ? En donnant leur préférence aux caresses tendres, les femmes n'expriment pas un état de misère sexuelle mais leur priorité à la vie affective, au relationnel et aux sentiments. Il ne s'agit pas de déception vis-à-vis du sexe mais de surinvestissement du cœur. Non pas l'ennui mortel de la chair, mais la frustration du sexe sans tendresse.

Révolution sexuelle, continuité du partage sexuel des rôles affectifs. Il n'est guère douteux, néanmoins, que l'écart des deux genres par rapport aux choses de l'amour se soit fortement amenuisé dans le courant de ce demi-siècle. Les mœurs libres féminines ne sont plus vouées aux gémonies ; les rêves féminins ne se focalisent plus exclusivement sur la vie sentimentale ; les femmes ont cessé d'être plus indulgentes que les hommes vis-à-vis des infidélités de leur partenaire. En même temps, les hommes n'exigent plus la virginité de leur épouse, ils parlent davantage de leur vie sentimentale, ils refusent comme les femmes le mariage non fondé sur l'amour. Reste que cet indéniable rapprochement des genres n'est nullement synonyme d'interchangeabilité des rôles affectifs. Pour être moins ostensible, moins net et tranché, le clivage masculin-féminin n'en continue pas moins d'être à l'œuvre :

---

1. *Marie-Claire*, n° 392, avril 1985.
2. *Les Comportements sexuels en France, op. cit.*, p. 157 et 202.

l'amour ne se dit pas, ne se vit pas identiquement au masculin et au féminin. Et il s'agit bien de normes sociales, non d'un fait s'enracinant dans la constitution génétique des sexes. Les dizaines de milliers d'années d'histoire hors de l'amour-passion montrent à l'évidence que la relation privilégiée qu'entretiennent les femmes avec le sentiment ne peut se ramener à un quelconque déterminisme biologique. Force est de constater que l'émancipation du féminin et la psychologisation du mâle ne composent pas le « modèle de la ressemblance des sexes[1] » : celui-ci n'a pas annexé le territoire des rôles sentimentaux.

Aussi bien, le sentiment d'altérité entre les sexes persiste envers et contre tout. Il est vrai que le procès historique de l'égalité démocratique a bouleversé irrémédiablement les repères de l'autre. En ruinant la logique de l'hétérogénéité des sexes constitutive des sociétés prémodernes au bénéfice d'une identité profonde des individus et des sexes, l'égalité a enclenché un mouvement d'ouverture de chaque genre sur l'autre, de reconnaissance de soi dans l'autre. À l'univers fermé des dissemblances rédhibitoires de sexe s'est substitué celui d'une communauté d'appartenance où l'autre est éprouvé comme essentiellement même[2]. Pourtant l'aperception différentielle des genres, l'opacité de l'autre, ne s'est pas dissipée. Les hommes jugent toujours les femmes énigmatiques et contradictoires, imprévisibles et « compliquées », impulsives et « envahissantes » ; les femmes reprochent aux hommes leur manque de psychologie et de sentimentalité, leur égoïsme, leur « mutilation » affective. Le formidable processus d'égalisation des conditions n'a pas réussi à faire se reconnaître comme intrinsèquement mêmes les deux sexes, il n'a aboli ni les mystères ni les incompréhensions réciproques : l'un n'est pas devenu le double de l'autre, c'est cette limite du processus d'érosion de la dissemblance des genres qui, désormais, est le phénomène le plus énig-

1. Élisabeth Badinter, *L'un est l'autre*, Paris, Odile Jacob, 1986.
2. On a reconnu l'analyse classique de Marcel Gauchet, « Tocqueville, l'Amérique et nous », *Libre*, n° 7, 1980.

matique. Anthropologiquement, nous nous éprouvons comme similaires, psychologiquement comme dissemblables : la réconciliation « androgynale » annoncée n'a pas eu lieu.

LES FEMMES ET LA PORNOGRAPHIE

L'attitude généralement négative des femmes vis-à-vis de la pornographie offre une nouvelle occasion de vérifier l'insistance du rapport différentiel des sexes à l'ordre amoureux. Comme on le sait, la consommation pornographique est un phénomène beaucoup plus masculin que féminin : non seulement peu de femmes franchissent le seuil d'un *sex shop*, mais souvent les spectacles *hard* produisent chez elles un malaise voisin, parfois, de l'aversion ou du dégoût. Le spectacle hi-fi des ébats charnels amuse, distrait ou excite les hommes, il déplaît au plus grand nombre de femmes.

Faut-il rattacher cette réaction à un vieux fond de moralisme féminin hostile à la débauche des sens ? Rien n'est moins sûr. On passe sans doute à côté de l'essentiel à vouloir réenfourcher l'antienne de la pruderie féminine, comme si les femmes étaient d'éternelles refoulées sexuelles. L'intéressant dans la question est que, même les femmes sensuelles, allergiques à l'austérité puritaine, très libres dans leur vie amoureuse, expriment fréquemment leur réticence, leur gêne, leur désintérêt envers le porno. Ce qui dans la pornographie met mal à l'aise les femmes n'a rien à voir avec la réprobation du sexe mais avec son régime dépersonnalisé pour ainsi dire pavlovien. Les femmes ne manifestent aucune résistance à lire des écrits érotiques et ne boudent pas le plaisir de voir des films à caractère sensuel. Seul le *hard* machinique et « gynécologique » reste extérieur à la fantasmatique féminine. Ce n'est pas l'excès des sens qui heurte le public féminin, c'est bien davantage son *déficit* lorsque le sexe se réduit à des fonctionnements anonymes, pauvres en résonance imaginaire, esthétique et émotionnelle. Les diverses réticences des femmes n'expriment pas un résidu de moralisme mais l'importance des significations sentimentales dans leur érotisme. Expurgés de la dimension poétique et émotionnelle, les zooms libidinaux apparaissent davantage comme des caricatures du sexe que comme une invitation au plaisir, ils fonctionnent plus comme repoussoirs que comme stimulants érotiques.

Tout cela n'empêche pas les femmes d'être des spectatrices de porno : en Allemagne comme aux États-Unis, 40 % des cassettes X sont louées, dit-on, par des femmes. Comment concilier ce fait avec les jugements généralement peu enthousiastes qu'elles énoncent à son endroit ? Gardons-nous de voir dans ces initiatives un signe de la marche vers la confluence des genres : nulle masculinisation du rapport féminin à la sexualité ne s'y exprime. La spectatrice de porno ne ressemble pas à son homologue masculin, son attitude étant moins commandée par un désir d'excitation sexuelle que par celui de prolonger ou d'intensifier une relation à deux, de créer une complicité érotique avec son partenaire. Les femmes ne louent généralement pas des cassettes X pour un usage solitaire, elles les visionnent en compagnie de leur amant ou de leur mari. Regardé en couple, précisément, le *hard* perd un peu de son caractère impersonnel, il fonctionne comme un jeu partagé, un instrument d'échange et de relationnel, un ingrédient de l'érotisme à deux. La dimension intersubjective-émotionnelle qu'abolit la forme porno se trouve partiellement rétablie par les conditions de sa réception en commun. Recyclé par cette médiation relationnelle, le porno ne se réduit plus tout à fait à un spectacle d'orgasmes dépersonnalisés.

Les femmes ne rejettent pas seulement la pornographie en tant que sexe sans poésie amoureuse, elles l'accusent de les insulter, de dégrader leur image, d'inciter aux viols et aux violences : « La pornographie est la théorie, le viol, la pratique[1]. » Véhiculant les stéréotypes de la femme victime

---

1. Formule célèbre de Robin Morgan ; voir « Theory and Practice : Por-

désirant être dominée, soumise ou violée, la pornographie constituerait une entreprise d'infériorisation du féminin. Qu'exprime la pornographie dans cette perspective ? Moins une morale des plaisirs qu'une politique du mâle destinée à consacrer la domination masculine en reconduisant l'image de la femme putain, de la femme servile et vulnérable, de la femme stupide, abusée, objet des hommes. Le malaise des femmes face au *hard* résulterait de ces représentations humiliantes et infamantes du deuxième sexe.

On peut toutefois se demander si le « rejet » féminin de la pornographie trouve véritablement ses racines dans une blessure d'essence morale. Car la réaction d'indignation paraît seconde par rapport à l'absence d'intérêt, à l'ennui, à l'indifférence avec lesquels les femmes perçoivent les images obscènes. Ce n'est pas l'offense morale qui domine mais le sentiment de ne pas être concerné, de voir en étrangère ou de l'extérieur ce qui est le plus proche de soi. Dans le spectacle de ces corps, les femmes ne se reconnaissent pas, nulle identification ne se produit et ce, parce que la pornographie, structurellement, s'agence dans la négation sexuelle de la différence masculin-féminin. Ce qui fait la spécificité de l'érotisme féminin, les préludes, la parole, l'attente, la douceur amoureuse, les caresses, tout cela disparaît au seul bénéfice d'une jouissance phallique et objectiviste. Métamorphosée en machine sexuelle efficace et superactive, rapide et prête aux échanges de partenaires, la femme, dans la pornographie, « n'existe pas » ; elle n'est plus que le double de la sexualité masculine et de ses fantasmes instrumentaux[1]. S'il y a une « violence » pornographique, elle tient davantage dans cette forclusion de l'altérité du féminin, dans cette indifférence à la différence des sexes qu'à la pseudo-infériorisation des femmes. Comment s'étonner de l'attitude négative des femmes envers le porno, dont la ten-

nography and Rape » in *Going Too Far : the Personal Chronicle of a Feminist*, New York, Ramdom House, 1977.
    1. Pascal Bruckner et Alain Finkielkraut *Le Nouveau Désordre amoureux*, Paris, Seuil, 1977, p. 71-73.

dance est précisément de se construire dans la négation du désir féminin ?

Vers l'homme-objet ?

Il est vrai qu'aujourd'hui divers textes de femmes s'emploient à dénoncer les résistances féminines à la pornographie. Celles-ci ne seraient qu'une manifestation de leur oppression culturelle, de leur peur de paraître non conforme au modèle idéal de la femme pure et romantique. Rejet de la pornographie qui s'expliquerait plus précisément encore par le fait que la masturbation féminine reste taboue. À la différence des hommes, qui regardent les images du sexe pour se masturber, les femmes, elles, restent « paralysées » par le spectacle de l'obscénité, incapable qu'il est d'activer une sexualité sans l'autre [1]. Libérons les femmes de cette normativité désexualisante, brisons l'interdit de la masturbation et les femmes pourront apprécier le porno à l'égal des hommes. S'affirme l'idée qu'aucune différence érotique de fond ne sépare les deux genres, les oppositions entre libido masculine et libido féminine, érotisme visuel et érotisme émotionnel, objectivation virile et sentimentalisme féminin n'étant que des modèles hérités devant être dépassés.

Diverses évolutions en cours sont soulignées qui marqueraient l'égalisation des hommes et des femmes en ce domaine. Des féministes affirment que dès qu'elles en ont la possibilité les femmes traitent les hommes en objets sexuels ; des vedettes de Hollywood prennent pour petit ami des hommes beaucoup plus jeunes qu'elles ; des enquêtes révèlent que les femmes souhaitent voir davantage d'hommes nus dans les films ; des lectrices exhortent les magazines à exhiber des érections ; des films et des magazines porno pour femmes voient le jour ; entre elles, les femmes n'hésitent plus à « objectiver » les hommes, à

1. Lisa Polac, « How Dirty Pictures Changed My Life » in *Debating Sexual Correctness* (sous la direction d'Adele M. Stan), New York, Delta, 1995, p. 244.

les traiter comme de beaux objets, à décrire la taille de leur pénis, à se vanter de leurs conquêtes amoureuses. Sans oublier les inévitables *gogo boys* et autres Chippendales, dont les exhibitions destinées aux plaisirs des femmes apparaissent comme la preuve vivante d'un érotisme féminin actif, visuel et objectivant[1].

Pourtant le plus intéressant n'est pas l'existence de ces phénomènes. Beaucoup plus significatifs sont leur extrême marginalité, leur aspect plus revendicatif et plus « politique » qu'intériorisé. Pourquoi les journaux féminins n'affichent-ils pas des hommes-objets, nus à la manière des *playmates*? Pourquoi n'y a-t-il pas de rues chaudes destinées aux femmes? En bonne logique du marché, si une demande existait, l'offre suivrait. Expliquer l'absence de ce marché par la puissance oppressive des normes est très insuffisant. La vérité tient sans doute davantage à la faiblesse de ces tendances « objectivistes » peu compatibles avec un érotisme féminin fondamentalement marqué par le besoin de continuité, de proximité et d'émotionnel.

Les raisons qui écartent les femmes des images porno sont au fond les mêmes que celles qui les détournent des « passes » anonymes et minutées : dans les deux cas, l'érotisme mobilisé est trop anonyme, trop désengagé de la personne tout entière. La levée de l'interdit de la masturbation féminine — au demeurant très largement réalisée — ne devrait pas modifier notablement l'attitude des femmes vis-à-vis de la pornographie, s'il est vrai que l'érotisme féminin trouve sa vérité dans l'expressivité émotionnelle et non dans l'instrumentalité, dans l'intimisme relationnel et non dans l'opérationnalité libidinale. C'est précisément parce que le *hard* évacue l'érotisme féminin que les femmes s'emploient maintenant à créer d'autres images, d'autres scénarios érotiques. Même les récents spectacles de striptease masculin ne doivent pas être interprétés comme une nouvelle victoire de la convergence des genres. Ce n'est qu'en apparence que les aspirations des deux sexes s'uniformisent. À la différence des *peep shows* fréquentés par les

1. Naomi Wolf, *Fire with Fire*, Londres, Vintage, 1994, p. 239-241.

hommes, en cabine solitaire, pour s'exciter, les strip-teases masculins sont vus en groupe de femmes qui s'amusent à jouer aux hommes ; ils créent une complicité féminine et un espace relationnel, fût-ce dans l'objectivation du masculin. Ce que l'on présente comme signe de la ressemblance des genres exprime bien davantage l'indéracinable différence de l'érotisme féminin.

AMOUR, MODERNITÉ ET INDIVIDUALITÉ

La question est inévitable : comment rendre compte de la permanence du surinvestissement féminin de l'amour ? Pourquoi contribue-t-il encore à la définition de l'identité des femmes alors même qu'elles revendiquent de plus en plus les mêmes rôles et activités que les hommes ? Faut-il interpréter cette dissymétrie persistante des rôles amoureux comme le dernier épisode d'une vieille histoire ou bien comme une logique d'avenir inscrite dans la dynamique des sociétés démocratiques ?

Les deux faces de l'amour

On a souvent rattaché l'importance de l'amour dans la vie des femmes à un destin social marqué par la dépendance, l'enfermement domestique, l'impossibilité de se dépasser dans des projets supérieurs : parce qu'aucune fin sociale exaltante ne s'offre à elles, les femmes construisent leurs rêves autour des affaires du cœur. Comme l'écrivait Diderot, « les distractions d'une vie occupée et contentieuse rompent nos passions. La femme couve les siennes : c'est un point fixe sur lequel son oisiveté ou la frivolité de ses fonctions tient son regard sans cesse attaché[1] ». Au siècle suivant, Marie Bashkirtseff ne dit pas autre chose : « Je

---

1. Diderot, *Sur les femmes, op. cit.* p. 950.

crois qu'un être travaillant toujours et préoccupé d'idées de gloire n'aime pas comme ceux qui n'ont que cela à faire[1]. » Simone de Beauvoir a prolongé cette perspective. Ne pouvant qu'être un sujet inessentiel sans prise réelle sur le monde, la femme cherche son salut dans le culte de l'amour. Les attentes féminines de la passion s'enracinent dans leur désir de surmonter la condition d'être relatif qui est la leur en assumant un statut de radicale dépendance affective. Puisque la femme est condamnée à la subordination, il ne lui reste qu'à s'anéantir elle-même en posant l'être aimé comme un absolu auquel elle dédie toute son existence. Par là est trouvée une « raison de vivre », une issue à la vie monotone et décevante des femmes[2].

Il ne fait aucun doute que l'assignation des femmes aux rôles « passifs » et domestiques a contribué de façon déterminante à associer amour et identité féminine. Mais peut-on interpréter l'adhésion féminine à l'amour essentiellement comme une forme de servitude, d'aliénation et d'abolition de soi ? Comment ne pas souligner que le code de l'amour-passion a permis, en même temps, aux femmes de bénéficier d'une image sociale plus positive, de gagner des marges de liberté et de nouveaux pouvoirs dans l'échange galant et plus tard dans le choix même du conjoint ? Au moins pendant le temps de la cour, la femme acquiert le statut de souveraine de l'homme : elle n'est plus ni prise, ni donnée, c'est elle qui choisit de se donner, qui reçoit les hommages de l'amant, dirige le jeu et accorde, quand elle le veut, ses faveurs, le soupirant ne pouvant prendre que ce que la femme décide de céder. Le code de l'amour a banni les formes de brutalité et d'impulsivité viriles, il a prescrit l'exaltation poétique de l'aimée ainsi que des attitudes masculines plus raffinées, plus respectueuses des femmes. Celles-ci ont survalorisé l'amour parce qu'il implique une reconnaissance de leur droit à exercer une certaine domination sur les hommes, parce

---

1. Citée par Évelyne Sullerot, *Histoire et mythologie de l'amour*, *op. cit.*, p. 203.
2. Simone de Beauvoir, *Le Deuxième Sexe*, *op. cit.*, p. 478-480.

qu'il prône des comportements masculins prenant davantage en considération la sensibilité, l'intelligence et la libre
décision des femmes[1].

À trop rabattre le culte féminin de l'amour sur un désir
d'« anéantissement de soi » et de « totale démission au
profit d'un maître »[2], on occulte une dimension essentielle
du problème. C'est ne pas voir qu'au travers de l'amour la
femme vise une reconnaissance et une valorisation d'elle-
même en tant que personne individuelle, inéchangeable.
La voici exaltée, distinguée des autres, choisie pour elle-
même et ses « qualités » singulières. Ce qui a sous-tendu
le surinvestissement féminin du sentiment amoureux est
moins un désir de « destruction de soi-même » que le désir
d'être reconnue et valorisée comme une subjectivité irremplaçable avec tout ce que cela implique de satisfactions
narcissiques[3]. Sans doute l'engagement féminin dans
l'amour a-t-il donné lieu à des formes d'« abolition de
soi » ; il n'en demeure pas moins que c'est porté par les
désirs de plus-value subjective, par les attentes narcissiques
de la valorisation de soi-même et les rêves d'intensités émotionnelles présumées faire accéder l'ego à la vraie vie que
s'est déployé le rapport d'amour des femmes à l'amour.

Par où se donnent à voir les deux tendances contradictoires qui organisent le rapport privilégié de la femme à la
passion romanesque. L'une s'inscrit dans la continuité de
l'imaginaire traditionnel vouant la femme à la dépendance
envers l'autre, à la dépossession subjective, au dessaisissement de soi. L'autre ouvre la voie à une reconnaissance de
l'autonomie féminine, à la possession de soi-même. D'un
côté s'est poursuivie une logique millénaire de renoncement à soi ; de l'autre, s'est exprimée une demande
moderne de reconnaissance individuelle, de valorisation
de soi, d'intensification de la vie subjective et intersub-

---

1. Dans cette perspective, voir Georges Duby, « Le modèle courtois », in
Histoire des femmes, t. II, p. 261-276, et Michèle Sarde, *Regards sur les Françaises*,
Paris, Stock, 1983.
2. Simone de Beauvoir, *Le Deuxième Sexe*, *op. cit.*, p. 478.
3. René Nelli, « L'amour courtois » in *Sexualité humaine*, Paris, Aubier,
1970, p. 109.

jective. Le culte féminin de l'amour doit être interprété comme une poussée des valeurs modernes néanmoins fidèle à la logique de la partition traditionnelle des sexes.

L'avenir de l'amour et le sens de la vie

La réinterprétation du sens du prix accordé à l'amour par les femmes s'impose d'autant plus que même les bouleversements contemporains de la culture individualiste n'ont pas réussi à en précipiter la dévaluation. Désormais les femmes refusent les valeurs de renoncement à soi, elles s'emploient à gagner une autonomie financière, à s'affirmer professionnellement, à investir les instances du politique : pourtant leurs attentes amoureuses ne sont pas analogues à celles des hommes. Pourquoi cette dissimilarité permanente entre les hommes et les femmes ? On n'ignore pas la réponse qu'apporte la pensée progressiste classique : dans la mesure où l'engagement féminin dans l'amour n'a pas de fondement naturel et où l'idéal égalitariste ne cesse de faire reculer ou disparaître les anciens clivages de genres, il ne peut s'agir que d'une « survivance » liée au poids de l'histoire millénaire, un modèle voué progressivement au déclin parce qu'antinomique avec la marche inexorable de la révolution démocratique.

Disons-le sans détour : cette manière d'appréhender la question est tout sauf satisfaisante et ce, parce que la survivance est elle-même une question. Qu'il faille rattacher le surinvestissement féminin de l'amour à une socialisation dominée par les valeurs héritées de l'histoire va de soi. Mais pourquoi ne décline-t-il pas alors même que d'autres normes plongeant leur racine dans la tradition tombent, elles, en déshérence ? Là est la question de fond. On le sait, dans nos sociétés, les rôles de sexe ne sont plus intangibles : déjà la dynamique de l'égalité a réussi à disqualifier, entre autres, la « double morale » sexuelle, l'impératif de la virginité, l'assignation des femmes au foyer, nombre de bastions traditionnellement masculins. Pourquoi, dès lors, la dissymétrie amoureuse ne se trouve-t-elle pas emportée par le même mouvement ? Pourquoi assiste-t-on tantôt à l'effondrement de principes sociaux séculaires, tantôt à leur reconduction ? Avancer sempiternellement le fameux « retard » historique de la culture apparaît plus comme un cache-misère que comme une explication du phénomène. Nous sommes au moment où il s'agit de constituer en problème ce que l'on a trop tendance à présenter comme simple forme résiduelle du passé. Il nous faut problématiser non plus seulement les transformations des rôles de sexe mais aussi l'énigme de la perpétuation des différences au cœur même des sociétés de l'égalité.

Un changement complet de perspective s'impose. Si, à présent, la répartition inégalitaire des rôles amoureux se prolonge, cela tient moins au « conservatisme » des mentalités qu'à la congruence de l'amour avec les référentiels cardinaux de la culture individualiste moderne. Plus qu'un dispositif du passé, la dominante du féminin dans la culture amoureuse se prolonge en raison de son adéquation avec les aspirations à la liberté et à l'épanouissement intime. Sans doute l'expérience amoureuse s'accompagne-t-elle de « servitude », parfois d'extrême dépendance envers l'autre, mais en même temps elle incarne par excellence la passion individualiste de la « vraie vie », le libre déploiement des inclinations et des désirs personnels. Ouvrant les possibles, bousculant les ordres réglés, l'amour est promesse de plénitude de la vie en même temps qu'expérience intense de l'unicité du moi. À quoi s'ajoute le fait que l'amour au féminin, à présent, est devenu compatible avec des projets d'autonomie individuelle et des possibilités d'engagement professionnel et social. Continuité du culte féminin de l'amour : non pas tradition exsangue, mais réaménagement d'un code ancien en fonction des nouvelles exigences de l'individualité disposant d'elle-même. Non pas symptôme d'assujettissement à des normes étrangères à l'ego mais revendication d'être absolument soi-même et affirmation du primat du bonheur intime et des intensités émotionnelles.

Pourquoi, dans ces conditions, la traditionnelle identité amoureuse féminine déclinerait-elle ? Dans nos sociétés,

les normes culturelles faisant injure aux idéaux d'épanouissement et de possession de soi-même tombent en
désuétude. En revanche, celles qui, à l'instar de l'amour,
peuvent s'accorder avec les référentiels individualistes, se
perpétuent même si elles reconduisent une logique asymétrique ou « traditionnelle » entre les genres[1]. Sur ce plan,
l'idéal égalitaire est d'un poids faible comparé à celui des
exigences inéliminables d'identité de genre et de réalisation intime. En tant que vecteur d'affirmation identitaire
et de passion n'interdisant plus l'ouverture sur une vie
sociale autonome, l'attachement privilégié des femmes à
l'amour ne peut être assimilé à une rémanence anachro-
nique condamnée à être broyée par le rouleau compres-
seur de l'arraisonnement égalitaire. Parce que c'est du sein
même de la culture moderne de l'autonomie et de son
appel à une vie libre, intense, personnalisée que se prolonge la valorisation féminine de l'amour, la dissymétrie
homme-femme par rapport à l'amour a plus de chance de
perdurer que de se déliter.

D'autant plus que l'engagement amoureux présente
cette vertu, précieuse entre toutes, d'enrichir la vie subjective d'un horizon de sens dont nos sociétés désenchantées se trouvent tendanciellement dépossédées. Le pouvoir
de l'amour sur les femmes ne se prolonge pas seulement
parce qu'il s'est adapté aux nouvelles exigences de l'autonomie mais aussi parce qu'il permet d'échapper au désert
du soi livré à lui seul. Lestant l'existence d'une dimension
d'idéal et de sens, l'amour ouvre l'espoir d'une plus
grande puissance d'exister par autodépassement de soi-
même vers l'autre. Aux antipodes d'un code formel, le rapport des femmes à l'amour fonctionne comme une tradition vivante sans cesse réappropriable, une source inépui-
sable de sens intensifiant la vie, réconciliant l'autonomie
subjective avec l'intersubjectivité passionnelle. Autant
d'aspects qui devraient, pour longtemps encore, assurer la
reconduction de l'identité amoureuse féminine.

1. À rapprocher de la position défendue par Luc Ferry, pour qui la
modernité ne se définit pas par l'éradication des formes d'hétéronomie
mais par leur reformulation en termes qui conviennent à l'autonomie de la
conscience (voir *L'Homme-Dieu*, Paris, Grasset, 1996).

2

DESTIN DE LA SÉDUCTION

Plus encore que le rapport au sentiment amoureux, la séduction est une logique marquée par la division sociale des sexes. Des codes traditionnels de fréquentation paysanne au modèle de la cour galante, la séduction s'est toujours donnée comme un théâtre structuré par l'opposition binaire du masculin et du féminin. Au fil des siècles, les modes d'approche et de « courtisation » ont changé, non la règle de la différence séductive entre les hommes et les femmes.

On sait qu'à partir du XIIᵉ siècle le modèle courtois a créé une nouvelle culture séductive. Les pratiques de rapt, si fréquentes jusqu'alors[1], la capture violente des femmes, les manières rapides et peu compliquées de se conduire envers elles ont cédé le pas, dans les sphères supérieures de la société, à un code de comportement prescrivant l'humilité et la réserve des hommes, la patience et la délicatesse à l'égard de la dame, la vénération et la célébration poétique de l'aimée. Pourtant, cette « dévirilisation » des manœuvres de la séduction n'a bouleversé en rien l'organisation dissymétrique qui, depuis le fond des âges, attribue aux hommes le pouvoir des commencements, aux femmes le rôle de l'attente. Déjà Ovide écrit : « Un homme compte trop sur ses avantages physiques, s'il attend que la

---

1. Georges Duby, *Le Chevalier, la Femme et le Prêtre*, Paris, Hachette, 1981, p. 43-46.

femme commence à faire les avances. C'est à l'homme de
commencer, à l'homme de dire les mots qui prient, à elle
de bien accueillir les prières d'amour[1]. » Les valeurs cour-
toises n'ont fait, sur ce plan, que poétiser et codifier plus
rigoureusement ce clivage sexuel. À Lui de faire le premier pas, de flatter la belle, de déclarer sa flamme ; à Elle
d'attendre l'initiative virile, de ne pas manifester son désir,
de faire patienter le prétendant, d'assumer la direction du
jeu en accordant progressivement ses faveurs.

Cette distribution inégalitaire des rôles séductifs coïncide au plus profond avec l'immémoriale assignation des
hommes aux activités guerrières. Si le rôle « offensif » dans
la séduction revient à l'homme, c'est qu'il doit faire
preuve, en tant que guerrier, d'agressivité, de courage et
d'audace. L'initiative séductive apparaît comme une obligation virile liée aux valeurs guerrières. Parce que la séduction courtoise a pour modèle la guerre et l'art des
batailles[2], l'homme doit se montrer « hardi amant » (Brantôme), « faire le siège » de la dame, monter à l'assaut,
vaincre ses défenses de pudeur, la conquérir. Pôle actif et
conquérant, l'homme doit s'affirmer partout le premier :
ainsi jusqu'au milieu du XVIIᵉ siècle, l'homme revendi-
quera jusqu'à l'antériorité du sentiment amoureux[3].

Si la femme, de son côté, est dévolue au rôle d'attente et
de résistance, c'est en raison des obligations de moralité
mais aussi de sa pudeur, laquelle, depuis Pline, est déclarée
naturelle au deuxième sexe. Pour séduire l'homme de son
choix, la femme ne peut déclarer son désir, elle doit
feindre d'être une proie. Il échoit aux femmes de se montrer difficilement accessibles, de multiplier les obstacles, de
ne céder ni rapidement ni facilement aux prières masculines. L'un fait les avances, l'autre refuse de consentir ;
l'un insiste, l'autre accepte, puis se reprend et cède enfin.
Tout l'ordre de la séduction s'est construit en fonction
d'un système permanent d'oppositions distinctives entre le

1. *L'Art d'aimer*, Livre premier.
2. Denis de Rougemont, *L'Amour et l'Occident* (1939), Paris, UGE,
coll. 10/18, p. 206-207.
3. Maurice Daumas, *La Tendresse amoureuse...*, *op. cit.*, p. 136.

masculin et le féminin : plus radicalement que d'autres dispositifs, les structures élémentaires de la séduction relèvent d'une histoire immobile.

L'ÈVE NOUVELLE ET L'ADIEU À DON JUAN

Ce dispositif de très longue durée est-il toujours le nôtre ? Comment s'agencent les jeux séductifs des hommes et des femmes dans les sociétés saisies par la passion de l'égalité des sexes ? Autant de questions qui s'imposent au vu des bouleversements profonds qui, depuis plusieurs décennies, ont ébranlé la sphère de l'échange galant.

Longtemps les manœuvres séductives masculines se sont arc-boutées sur le lyrisme sentimental et l'exaltation de la femme. Faire sa cour, gagner les faveurs de la dame impliquaient qu'on la couvrît de compliments et la convainquît de la sincérité de ses sentiments. D'où le rôle des larmes et des soupirs, des protestations ardentes, des suppliques et des inévitables promesses de mariage. Ainsi opère Don Juan : que fait-il sinon rendre des hommages à la beauté de ses futures victimes, les assurer de la sincérité de son cœur, leur promettre le mariage : Don Juan ou « l'épouseur du genre humain »[1]. Au xixᵉ siècle, dans les mœurs plus libres du peuple, ces stratégies ont une large diffusion et sont inlassablement dénoncées par les femmes abusées. « Il m'a séduite en échange de sa promesse de mariage » : cette récrimination revient comme un leitmotiv[2]. La séduction masculine s'est structurée autour de ces trois principes clés : la déclaration d'amour, les louanges de la femme, la promesse de mariage.

---

1. Molière, *Dom Juan*, acte II, scène iv.
2. Françoise Barret-Ducrocq, *L'Amour sous Victoria*, Paris, Plon, 1989, p. 117-144.

La séduction relax

L'époque contemporaine a mis fin pour l'essentiel à cet arsenal masculin. Il fallait manifester l'ardeur de ses sentiments ; c'est devenu inutile et pour ainsi dire contreproductif. Il fallait encenser la belle ; aujourd'hui les compliments superlatifs ridiculisent plus le prétendant qu'ils ne flattent la femme[1]. Promettre le mariage ? Le stratagème n'a plus aucun sens à l'heure où le sexe est libre et où les femmes sont indépendantes financièrement. Même le vocabulaire enregistre ces transformations : depuis les années 50, on ne fait plus la cour, on « drague ». Le dispositif de la cour impliquait toute une théâtralité, une temporalité réglée, une rhétorique du sentiment. Autant d'aspects qu'évacue la « drague » avec ses connotations de jeu désinvolte et prosaïque. L'émancipation des femmes, la révolution sexuelle, la culture des loisirs, de l'autonomie et de l'authenticité, tous ces facteurs ont ruiné les anciens protocoles de la séduction, désormais perçus comme hypocrites, sexistes et empesés. Voici la séduction livrée, après l'art et la littérature, au procès de déformalisation et de désublimation caractéristique de la culture démocratique. Il faut séduire sans emphase ni « Je t'aime », sans promesse ni rite conventionnel. Juste être soi-même : nous vivons à l'heure de la séduction décontractée, minimale, postromantique.

Rien n'illustre mieux la logique désublimée constitutive de la séduction contemporaine que la nouvelle place occupée par l'humour. Autrefois, pour faire sa cour, on devait se montrer passionné et parler d'amour : à présent, il faut faire rire. Autre temps, autre séduction : l'humour a acquis plus d'efficacité séductive que les hyperboles du cœur. Dès les années 60, les sondages révèlent l'importance accordée par les femmes au « sens de l'humour » de leur partenaire[2]. Trente ans plus tard, cette tendance se

1. Pascal Bruckner et Alain Finkielkraut, *Le Nouveau Désordre amoureux*, *op. cit.*, p. 292.
2. Vance Packard, *Le Sexe sauvage*, Paris, Calmann-Lévy, 1969, p. 147.

confirme : parmi les qualités que les femmes admirent le plus chez un homme, l'humour occupe une place de choix[1]. Dans le passé, il s'agissait de conférer à l'amour une existence poétique, sacrée, quasi religieuse ; il convient maintenant de créer une ambiance animée et enjouée, d'être drôle et « sympa », de cultiver le second degré. Consécration de l'humour, qui traduit la nouvelle puissance des valeurs hédonistes et distractives, la primauté du référentiel du présent et de l'« évasion », du « contact » et de la « décontraction » accompagnant l'âge de la consommation-communication de masse. Quand dominent les coordonnées du loisir et de la personnalité non conventionnelle, l'idéal de la relation homme-femme tend à se délester de son ancienne gravité romanesque : le délassement, le rire, l'humour peuvent triompher.

Au moment où les femmes dénoncent les hiérarchies et la discrimination liées au genre, elles ne se reconnaissent plus dans les rites inégalitaires de la cour, elles plébiscitent au contraire une forme d'échange détendu, drôle, instituant un rapport plus « égalitaire » entre les hommes et les femmes. La consécration de l'humour masculin dans le manège séductif traduit les nouvelles aspirations féminines moins marquées par l'attente des signes de vénération que par l'exigence de la proximité et de la reconnaissance égalitaire. Dans la promotion de l'humour, il y a plus que la valorisation de la détente distractive, il y a le désir féminin de relations moins conventionnelles et plus libres, de rapports plus *complices* avec les hommes. Par où l'humour séductif se donne comme une manifestation typique des nouvelles passions démocratiques féminines.

Délivrée de l'impératif de la rhétorique sentimentaliste, la séduction se déploie selon une temporalité inédite. La

1. « Avec un homme, 32 % des femmes aiment d'abord parler, 19 % rire, 15 % faire l'amour, 15 % partir en week-end » (Gérard Mermet, *Francoscopie 1993*, Paris, Larousse, 1994, p. 139). Désormais les Françaises déclarent admirer davantage l'humour de leur compagnon que son physique ou sa réussite sociale. Dans la hiérarchie des qualités admirées, l'humour suit de près l'intelligence. Au hit-parade des séducteurs, les Françaises placent Thierry Lhermitte numéro un, devant Kevin Costner ou Richard Gere, (*Questions de femmes*, n° 1, avril 1996).

conquête des femmes à l'ancienne était souvent assimilée à un siège militaire exigeant « patience et longueur de temps ». La dissolution des contraintes collectives pesant sur la vie sexuelle a rendu largement obsolète ce dispositif multiséculaire. Désormais la séduction est vouée à un processus d'accélération, dont témoigne le rétrécissement de l'intervalle de temps séparant le commencement de la « conclusion » amoureuse. Accélération et désidéalisation de la séduction concrétisent la même tendance moderne à l'« éclipse de la distance »[1], à « l'authenticité », à la déthéâtralisation des formes de la culture. Revendiquant la liberté et la spontanéité amoureuses, les femmes ne se sentent plus obligées de retarder l'accomplissement du désir, d'exciter la passion sans la satisfaire, de faire languir excessivement leur prétendant : elles cessent de plus en plus de s'identifier à des forteresses à prendre. Un comportement longtemps considéré comme typiquement féminin, la « coquetterie »[2], tend à s'éclipser, ouvrant la voie à des comportements plus directs, plus immédiats, plus proches de ceux des hommes.

Même le noyau du dispositif séductif, à savoir l'opposition activité masculine/passivité féminine connaît un travail d'érosion. Dès les années 40, le cinéma met en scène de nouvelles attitudes féminines qui renversent le schéma traditionnel de la séduction : lorsque dans *Le Port de l'angoisse*, Lauren Bacall demande à Humphrey Bogart : « Avez-vous du feu ? », c'est elle qui, à contre-pied des usages, prend l'initiative de la rencontre amoureuse. Cette dynamique n'a fait que s'amplifier. On ne compte plus les films et téléfilms américains dans lesquels les personnages féminins prennent en main les premières opérations ; de plus en plus, dans la culture de masse, s'affirme le rôle

1. Daniel Bell, *Les Contradictions culturelles du capitalisme*, Paris, PUF, 1979, p. 117-127.
2. Selon Simmel, « L'essence de la coquetterie féminine consiste à opposer alternativement une acceptation allusive à un refus allusif, à attirer l'homme sans laisser aller les choses jusqu'à l'acte décisif et à le repousser sans lui enlever tout espoir » (« La sociabilité » in *Sociologie et Épistémologie*, Paris, PUF, 1981, p. 130).

actif de la femme dans la phase d'entrée en matière des relations intimes. En même temps, les journaux féminins n'hésitent plus à déculpabiliser les femmes qui impulsent les commencements. De même que les femmes ne craignent plus de faire passer des petites annonces intimes, de même n'ont-elles plus honte de reconnaître avoir fait le premier pas. Autrefois, le compliment faisait partie des obligations séductives masculines : on voit maintenant des femmes féliciter des hommes pour leur attrait physique ou leur élégance. Ce qui était stigmatisé comme un comportement de « traînée » a gagné une relative légitimité sociale : on ne juge plus inqualifiables ou inadmissibles les « avances féminines ». La dynamique de l'égalité a réussi à brouiller, fût-ce partiellement, le schème central du commerce galant, à savoir l'opposition distinctive de l'activité masculine et de la passivité féminine.

Don Juan fatigué

D'autres changements affectent le rapport des hommes à la séduction. C'est maintenant la valeur et la signification mêmes de la conquête des femmes qui enregistrent un déplacement significatif. Ainsi les articles se multiplient-ils dans la presse féminine qui déclinent la thématique de l'éclipse des mâles : « Il n'y a plus d'hommes », « Où sont passés les hommes ? ». Des pamphlets ironisent sur la nouvelle « catalepsie » masculine [1]. Le cinéma présente beaucoup moins qu'autrefois de figures triomphantes de « tombeurs », de « coureurs de jupons » toujours prêts à enrichir leur tableau de chasse. Dans les conversations, on entend des jeunes femmes se plaindre de ne pas être draguées, d'autres déplorent les attitudes d'évitement ou d'esquive des hommes. Se diffuse le sentiment que la drague masculine est devenue plus rare, plus sporadique, en tout cas moins associée aux « réflexes » masculins.

---

1. Michèle Fitoussi, *Le Ras-le-bol des superwomen*, Paris, Calmann-Lévy, 1987, p. 107.

Paroles en l'air ? Clichés médiatiques ? Rien n'est moins sûr si l'on en croit certains sondages[1] : il se peut qu'aujourd'hui « courir les filles » soit devenu plus problématique qu'autrefois. Il y a peu encore, draguer s'imposait comme un mode d'affirmation et de socialisation viriles. Cette époque, imperceptiblement, s'éloigne de nous. Les formes les plus « agressives » de la drague s'apparentent de plus en plus à des comportements vulgaires associés aux classes inférieures. Siffler une fille, faire des commentaires sur son physique, aborder une femme dans la rue ou dans le métro, autant d'attitudes que l'on juge déplacées, typiques du machisme des classes basses. Dans les night clubs, les hommes n'invitent plus les filles à danser ; « baratiner », « accoster » une femme, toutes ces attitudes, bien sûr, ne disparaissent pas, mais elles ont cessé d'aller de soi ; tout se passe comme si elles ne s'imposaient plus comme une évidence au sexe fort. La culture masculine de la drague est entrée dans un cycle de récession tendancielle : à l'instar des autres héros modernes, Don Juan souffre d'une grande fatigue.

On interprète parfois cette « désertion » masculine comme une manifestation de détresse psychologique et identitaire liée aux bouleversements des rôles sexuels traditionnels. L'émancipation des femmes ainsi que la promotion du modèle de l'« homme doux » auraient provoqué un désarroi masculin d'une ampleur exceptionnelle[2]. Désormais libres, les femmes sont plus accessibles en tant que partenaires sexuelles mais en même temps plus intimidantes, plus menaçantes pour l'homme. Nombre d'hommes ne comprennent plus ce que les femmes attendent d'eux. S'ils se montrent protecteurs et dragueurs, ils sont taxés de machisme ; s'ils restent en retrait, elles déplorent la « disparition des mâles ». Désemparés face aux « nouvelles femmes » indépendantes, qui refusent de vivre dans l'ombre des hommes, ceux-ci seraient à

---

1. 23 % des jeunes gens déclarent qu'ils ne draguent jamais, et 48 % rarement (*Vingt ans*, novembre 1993).
2. Robert Bly, *L'Homme sauvage et l'Enfant*, Paris, Seuil, 1992.

présent anxieux, fragiles, déstabilisés dans leur identité, inquiets sur leurs capacités viriles. Renonçant à toute agressivité, le « mâle doux », prévenant et « réceptif », n'a plus d'énergie ni de vitalité à offrir aux femmes. Ainsi verrait-on s'accroître la passivité masculine à un « rythme exponentiel »[1].

Hantise des femmes ? Pourtant il n'y a jamais eu aussi peu d'images terrifiantes du féminin, aussi peu de femmes fatales dans les films et les romans. Angoisse identitaire des hommes ? Est-ce crédible alors que les jeunes gens ne sont plus socialisés dans le culte de la domination et de la supériorité masculines ? En vérité, la crise de la masculinité est loin d'être un fait social de masse. La dévalorisation des conduites machistes et la nouvelle indépendance des femmes n'ont nullement entraîné une fragilisation extrême de l'identité virile. Ce sont surtout les hommes issus des classes les plus marginalisées, autrement dit ceux qui sont les plus « attachés » aux démonstrations traditionnelles de la puissance masculine qui vivent mal la nouvelle condition masculine. Les autres ont déjà trouvé de nouveaux vecteurs d'affirmation et de valorisation de soi[2]. Le grand désarroi des hommes est un phénomène plus périphérique que central ; il ne peut être tenu pour l'explication de l'« inertie » masculine contemporaine, laquelle s'observe peu ou prou chez ceux-là mêmes qui ne manifestent aucune inquiétude identitaire. L'idée d'une montée de la crise du masculin, de l'homme blessé et plaintif est une idée trompeuse. Même si les repères de la masculinité sont devenus flous, la plupart des hommes ne souffrent pas de malaise identitaire mais, comme les femmes, de difficultés relationnelles ou professionnelles. Gardons-nous d'assimiler les problèmes psychologiques de l'intimité relationnelle avec les blessures identitaires.

L'« apathie » séductive masculine ne doit pas être rattachée à la terreur dissuasive du féminin mais à la poussée

---

1. *Ibid.*, p. 92.
2. François de Singly, « Les habits neufs de la domination masculine », *Esprit*, novembre 1993, p. 60-61.

d'une culture privilégiant le relationnel, l'authenticité, l'écoute de soi-même, la communication intimiste. Dans les époques antérieures, les femmes avaient valeur de trophées, elles permettaient aux hommes de parader, de susciter l'envie et l'admiration des autres, d'épater la galerie. L'entreprise séductrice masculine était sous-tendue, pour parler comme Veblen, par une « course à l'estime, à la comparaison provocante »[1], une rivalité pour le prestige. Les conquêtes féminines jouaient un peu le même rôle que les objets de valeur, elles servaient le « dessein de s'avantager ». Ces besoins d'affichage et de réussite visible, mais aussi de confirmation ou d'honorabilité virile ne disparaissent évidemment pas. Mais on peut faire l'hypothèse que la relation aux femmes s'est transformée dans le même sens que le rapport à la consommation. Il importe davantage, désormais, de consommer pour soi-même que d'afficher un standing[2]. Ce même glissement s'observe, *mutatis mutandis*, dans le rapport des hommes aux femmes. L'hédonisme du bien-être, le psychologisme, la culture du corps, tous ces référentiels ont conduit au recul des passions viriles du nombre au bénéfice de la qualité relationnelle et d'une quête de sens privé. À preuve, entre autres, la manière dont les jeunes aspirent de plus en plus tôt à vivre en couple « installé » et fidèle. À la fièvre quantitative a succédé la priorité de la qualité des sentiments et la valorisation de la vie à deux. Ce n'est pas le glaive de Dieu qui pulvérise Don Juan, c'est une exigence plus grande de sens privé et communicationnel.

Sans doute est-il toujours prestigieux pour un homme de pouvoir faire étalage de ses conquêtes. Reste que le masculin semble moins se reconnaître qu'autrefois dans un idéal donjuanesque trop anonyme, trop répétitif, trop étranger au Soi et à ses vibrations émotionnelles. Par où se manifeste une nouvelle diminution des différences entre les sexes. Les hommes se voulaient collectionneurs et

1. Thorstein Veblen, *Théorie de la classe de loisir*, Paris, Gallimard, 1970, p. 23.
2. Ce point a été développé dans notre ouvrage *L'Empire de l'éphémère*, Paris, Gallimard, 1987, p. 203-207.

« extérieurs » à leurs aventures ; les femmes rêvaient d'amour inaltérable. En prenant une certaine distance vis-à-vis du modèle donjuanesque, les hommes ont fait un pas vers les valeurs féminines de continuité et d'implication émotionnelle. Les nouvelles attitudes masculines ne traduisent pas la banqueroute de l'identité virile ou l'angoisse envers les femmes mais l'avancée de l'égalisation des conditions des deux genres dans le domaine de la vie amoureuse.

Impossible également de ne pas relier la régression de l'esprit donjuanesque à la nouvelle signification imaginaire-sociale de la sexualité. Comparée au révolutionnarisme culturel et libidinal des années 60-70, notre époque connaît une forte relativisation du référentiel sexuel. Les questions de l'émancipation sexuelle et de la jouissance érotique n'occupent plus le centre des débats collectifs ; de nouvelles tendances apparaissent telles que le « *no sex* », la réhabilitation de la chasteté et de la tempérance. Tandis qu'aux États-Unis on évoque le phénomène du « *low sexual desire* », en Allemagne la presse cite divers témoignages de jeunes qui estiment que « une fois par semaine suffit bien »[1] : nous sommes témoins d'une dépassionnalisation et d'une désidéologisation des questions libidinales. De plus en plus appréhendé comme une sphère délestée de toute force transgressive et de tout lien avec la faute religieuse, le sexe a perdu de son ancienne prééminence et se trouve l'objet d'un moindre investissement collectif et individuel. Ce n'est pas la peur du sida qui est à l'origine de ce désenchantement du sexe, mais plus profondément l'éclipse des grands tabous religieux et moraux, la banalisation de la liberté sexuelle, l'effondrement de l'imaginaire contestataire. L'investissement masculin à la baisse des stratégies séductives coïncide avec ce moment historique où la chair ne véhicule plus aucun sens social transcendant, subversif ou libérationniste. Lorsque « Tout est permis », la conquête des femmes cesse d'être une priorité

---

1. Selon l'OMS, de 15 à 20 % des hommes et des femmes seraient privés de désir sexuel.

masculine ; lorsque le sexe n'a plus de sens collectif,
s'intensifie la quête masculine du sens de la vie intime ;
lorsque Éros est « désacralisé », commence le désenchantement de la figure de Don Juan.

LA SÉDUCTION ET L'ÉTERNEL FÉMININ

Droit des femmes à l'initiative amoureuse et recul de la
« coquetterie » d'un côté ; relative dévalorisation du
« papillonnement » masculin : voilà qui peut conforter la
thèse de l'indifférenciation des rôles séductifs qu'énonçait
déjà Évelyne Sullerot dans les années 60 : « Les différences
nécessaires à la séduction s'établiront dans l'intimité de
chaque couple et de moins en moins au niveau de la collectivité féminine et de la collectivité masculine[1]. » Après
des millénaires de codification distinctive selon le sexe, la
séduction pourrait enfin échapper aux normes du genre et
se déployer conformément au principe « À chacun sa
séduction ». Avec d'inévitables nuances théoriques cette
idée a fait florès : ainsi a-t-on parlé de féminisation des
hommes et de virilisation des femmes, d'homogénéisation
des rôles de sexe, d'« égalité séductive[2] ». Fini le conformisme, finis les carcans binaires et les différenciations
selon le genre : voici venu le temps de la réversibilité des
rôles séductifs. L'idée, à coup sûr, ne manque pas de radi-
calité ; reste à savoir dans quelle mesure elle coïncide avec
le mouvement effectif de nos sociétés.

1. Évelyne Sullerot, *Demain les femmes*, Paris, Laffont-Gonthier, 1965,
p. 106.
2. Pascal Bruckner et Alain Finkielkraut, *op. cit.*, p. 292 et 299.

La différence séductive

Ne commençons pas par écarter tous les faits. S'il est vrai que nombre de femmes, de nos jours, reconnaissent sans gêne pouvoir prendre en main les manœuvres d'approche, force est de constater que celles-ci restent rares, discrètes, sélectives comparées à celles que les hommes pratiquent. La prise en charge féminine des commencements ne s'adresse presque jamais à des inconnus mais à des hommes déjà connus d'elles. Loin d'être une norme, l'initiative féminine s'exerce pour ainsi dire en désespoir de cause, comme un ultime recours, lorsque les hommes se montrent par trop passifs ou timides. Les femmes ont certes conquis le droit d'exprimer plus ouvertement leur désir, mais le théâtre de la séduction n'est pas devenu pour autant égalitaire. L'initiative reste dévolue aux hommes et, phénomène remarquable, les femmes continuent de préférer qu'il en soit ainsi : à la différence d'autres normes inégalitaires, la disjonction sexuelle des rôles séductifs n'est quasiment pas remise en cause par les femmes. Point de pamphlets offusqués, point de discours de femmes qui dénoncent l'insupportable privilège masculin des « avances ».

Bien sûr les femmes ne jugent plus indigne de passer à l'« offensive ». Mais cette émancipation s'assortit aussitôt d'un bémol : ce n'est que si le partenaire leur plaît « vraiment » qu'elles se déclarent prêtes à endosser le rôle traditionnellement imparti aux hommes. La différence avec le masculin saute aux yeux. Les avances masculines se dissocient fréquemment de l'engagement sentimental, voire d'une forte attirance sexuelle ; elles sont parfois moins impulsées par le charme singulier qu'exerce une femme que par le plaisir de l'aventure, le goût du renouvellement ou de la conquête. À la limite, le hasard de l'« occasion », l'attrait ou l'excitation de l'« expérience » en tant que telle peuvent suffire à engager l'homme dans les manœuvres d'approche. Rien de tel avec la femme, qui, pour ne plus exclure l'éventualité de l'initiative, reste attachée à la sélectivité du désir, à un choix plus exigeant, plus personnalisé, plus discriminant.

À quoi s'ajoute le fait qu'hommes et femmes ne disposent pas des mêmes armes pour conduire l'entreprise séductrice. Au féminin, la séduction s'arc-boute pour l'essentiel sur l'apparence et les stratégies de mise en valeur esthétique. Au masculin, la palette des moyens est beaucoup plus large : la position sociale, le pouvoir, l'argent, le prestige, la notoriété, l'humour peuvent fonctionner comme des instruments de séduction. On ne les voit toujours pas assurer cette fonction au féminin. Le pouvoir accroît la séduction des hommes, il diminue celle des femmes, remarque Françoise Giroud. Sans doute les femmes reconnaissent-elles plus qu'autrefois être séduites par l'apparence masculine, et les hommes ne trouvent-ils plus rebutantes les femmes exerçant des responsabilités. Il n'en reste pas moins que les positions et les attentes des deux sexes en matière de séduction n'ont rien de superposable. La beauté et le charme du paraître n'ont pas la même valeur séductive pour les deux sexes : ils sont stratégiques chez les femmes, seulement facultatifs chez les hommes. De surcroît, les femmes ne cachent pas que l'admiration qu'elles portent à un homme joue souvent un rôle important dans leur inclination. Ce n'est pas le cas des hommes chez qui séduction féminine et sentiment d'admiration sont deux phénomènes disjoints. Malgré tous les changements observables, c'est bel et bien la dissymétrie séductive entre les sexes qui continue de prévaloir.

Le rapport à l'humour illustre aussi bien l'écart persistant des genres en matière de séduction. On l'a vu, les femmes jugent maintenant l'humour comme un facteur essentiel de la séduction masculine. Mais cela n'est pas réciproque[1] : les qualités physiques des femmes ont infiniment plus de valeur séductive que leurs qualités d'esprit. Différence dans l'évaluation de l'humour qui reconduit

---

1. « Avec une femme, 30 % des hommes aiment d'abord faire l'amour, 21 % partir en week-end, 19 % partager le même *hobby*, 18 % parler, 10 % rire » (Gérard Mermet, *Francoscopie 1993, op. cit.*).

sous des habits neufs la traditionnelle répartition des rôles de genre. Ayant à faire preuve d'humour, les hommes se trouvent à nouveau placés dans le rôle *actif* ou « offensif » de la séduction ; il leur échoit toujours non seulement de distraire les femmes, de briller et de s'imposer, mais aussi de témoigner d'une certaine *force* individuelle, pour autant que l'humour concrétise des qualités d'irrespect et d'insolence, de liberté d'esprit, la capacité de distanciation d'avec le réel. Qualités qui sont traditionnellement attendues des hommes. L'attrait qu'exerce l'humour masculin sur les femmes traduit, sur un mode nouveau, la permanence des exigences des vertus viriles d'audace, d'assurance, de souveraineté, de supériorité par rapport aux autres. Même si la valorisation du code de l'humour exprime chez les femmes une demande d'échange plus « égalitaire », elle ne cesse pas pour autant de se mouler dans la logique ancienne des idéaux et des stéréotypes du masculin.

D'autres phénomènes vont dans le même sens. Dans les gestes les plus intimes du flirt, les hommes, est-il besoin de le souligner, gardent l'initiative : la « première fois », embrasser, caresser, déshabiller l'autre, tous ces « phénomènes » sont dévolus en priorité à l'homme. En même temps, tous les impératifs de la galanterie masculine n'ont pas disparu. Même si ces codes sont plus facultatifs qu'autrefois, il reste que ce sont les hommes qui offrent des fleurs aux femmes, qui, le plus souvent, les invitent au restaurant, qui règlent la nuit d'hôtel. Qu'une femme éconduise un peu brutalement un prétendant ne choque pas. Renversons la situation : le comportement masculin porte le nom de goujaterie ou de muflerie. La conclusion s'impose : dans les attentes comme dans les pratiques, l'univers de la séduction ne cesse pas de s'organiser selon une logique bisexuée. En vision de haute altitude progresse l'indistinction des rôles ; vu de près et dans le détail, la disjonction structurelle des places de l'un et l'autre sexe se prolonge. À ceci près que des marges de latitude, des fluctuations de rôles font désormais partie du système. Les clivages de genre sont à coup sûr moins exclusifs, plus

flexibles : la dynamique égalitaire n'a pas réussi, pour
autant, à ruiner l'ordre millénaire de la différence séductive.

Tant qu'il y aura des femmes

Rien ne serait plus inexact que d'assimiler la permanence inégalitaire des rôles séductifs à une forme résiduelle et moribonde. Le plus remarquable dans le phénomène tient, en effet, dans la forte adhésion des femmes à
cet ordre dissymétrique : ce ne sont pas les hommes qui
tiennent à sa conservation — l'inversion des rôles d'initiative suscite généralement chez eux plus d'enthousiasme
que de rejet —, ce sont les femmes. Au plus profond, la
place des femmes dans le jeu galant se poursuit parce que
les femmes souhaitent qu'il en soit ainsi. Et cela, parce que
le rôle d'« attente » qui leur est imparti n'implique aucune
abdication de soi, aucune forme d'assujettissement mais
plutôt une forme de valorisation d'elles-mêmes. Passivité
du rôle féminin : manière pour elles d'être gratifiées et
honorées ; manière encore de signifier que le sexe n'est
pas l'objet premier ou exclusif de leur désir, qu'elles sont
moins impatientes de passer dans la chambre à coucher
que d'éprouver une proximité émotionnelle. Point de réi-
fication du féminin, point de soumission à un ordre
imposé et infériorisant, mais le pouvoir reconnu de diriger
le jeu, de rester maître de la décision finale, ainsi que le
plaisir d'être objet de sollicitude. Sans doute le rôle passif
du féminin s'enracine-t-il dans une tradition reçue, mais
celle-ci permet que s'accomplissent les exigences et les
aspirations fondamentales de l'individualité féminine libre
et souveraine. Ce sont les passions individualistes elles-
mêmes qui sous-tendent maintenant la reproduction
sociale du clivage des rôles sexuels dans le manège amoureux. La division séductive se perpétue non par inertie
sociale mais en raison de sa compatibilité avec les passions
modernes de la valorisation et de la libre possession de soi-
même.

Depuis le fond des âges, le féminin personnifie la séduction. Rien ne permet, là encore, d'augurer un quelconque changement. Même les nouvelles libertés dont disposent les femmes dans leur commerce avec les hommes réinscrivent d'une autre manière leur identification traditionnelle au pôle de la séduction. L'idée que le règne de l'égalité et de l'autonomie tend à masculiniser la femme ne résiste pas à l'examen : celle-ci demeure le « continent noir », le genre indéterminé et mystérieux, celui qui séduit le masculin, fût-ce dans la subversion des rôles hérités. Quel homme n'a pas été séduit à l'occasion d'un renversement des rôles dans l'échange amoureux ? Lequel n'est pas troublé à l'idée d'être sollicité par une femme ? En se comportant « comme » des hommes, en assumant un rôle actif, les femmes ne perdent pas pour autant leur puissance spécifique de dessaisissement du masculin. Sans doute la libération féminine peut-elle provoquer une certaine panique du masculin, mais elle s'accompagne aussi bien d'une nouvelle magie séductive. Même lorsque la femme prend l'initiative, elle n'occupe pas une place équivalente à celle de l'homme, tant surgit un écart avec la norme, une mini-transgression recréatrice, comme telle, de séduction. Une nouvelle donne est en place : le féminin peut désormais jouer sur différents registres, aussi bien celui de la femme-femme « passive » que celui du « maître d'œuvre ». Le mystère du féminin, sa dimension éternelle d'incertitude et d'imprévisibilité, du coup, se recompose au travers même de l'ouverture et de la démultiplication de ses rôles. Quelle que soit la force de la culture de l'égalité et de l'authenticité, la femme demeure l'insaisissable, l'énigme dont la séduction reste inaltérable.

3

FÉMINISME ET GUERRE
DES SEXES

« Le personnel est politique » : tel est sans doute l'un des credo les plus significatifs du féminisme de la seconde partie du XXe siècle. Au cours des années 60, une nouvelle problématique se met en place qui ne pense plus la sexualité comme le lieu clos d'un domaine privé mais comme un rapport de pouvoir entre les genres, un dispositif d'essence *politique* constitutif de l'ordre patriarcal. C'est au travers de la sexualité que s'exerce le pouvoir du masculin sur le féminin : loin de se réduire à une fonction naturelle, le sexe apparaît comme l'effet et l'instrument du pouvoir phallocratique, comme un point de passage pour les relations de domination qu'exercent les hommes sur les femmes. Les lois, les représentations, la morale, la psychologie, les rôles relatifs à la sexualité, tout converge pour assurer la suprématie virile et la subordination des femmes[1]. En surface, le domaine du sexe a partie liée avec l'économie du plaisir ; en profondeur, il se construit selon une économie de la puissance tournée vers l'inférioristion et la « colonisation intérieure » de la femme. « Le pouvoir est au bout du phallus », diront les féministes en Mai 68.

Par là, la question du corps féminin se trouve au cœur des luttes menées par la nouvelle vague féministe. Les

1. Kate Millett, *La Politique du mâle*, Paris, Stock, 1971.

écrits prolifèrent qui fustigent le phallocratisme psychanalytique, qui revendiquent le droit des femmes à une pleine
autonomie sexuelle. De grandes mobilisations collectives
s'organisent contre l'interdiction de l'avortement et les
législations du viol. Il s'agit partout dans les démocraties
de conquérir le droit à la maîtrise de la procréation et à la
libre disposition de son corps, il s'agit également de refuser la violence comme fatalité de la condition féminine[1].
En luttant pour la reconnaissance de nouveaux droits
ayant trait au corps, en dénonçant la nature patriarcale des
lois pénales, en brisant le mur du silence entourant l'avortement, le viol ou les violences conjugales, les femmes ont
politisé les problèmes du sexe et donné une visibilité
publique aux drames intimes. Publicisation du privé, priva-
tisation du politique : le féminisme a introduit la « guerre
politique dans le privé... et la guerre sexuelle dans l'espace
public[2] ».

Nous en sommes toujours là. Sans doute, la rhétorique
révolutionnaire ne tient plus le haut du pavé et le féminisme comme mouvement social marque le pas. Pourtant, le processus de politisation du sexuel poursuit sa
course. Les démocraties voient se mettre en place de
nouvelles législations contre le harcèlement sexuel,
l'inceste et le viol ; de nouvelles exigences d'interdiction
de la pornographie sont avancées par les féministes ;
plus que jamais, outre-Atlantique, la thématique de la
guerre des sexes fait florès. Mais si un peu partout les
violences faites aux femmes, le viol ou le harcèlement
sexuel suscitent des interrogations et des lois nouvelles,
ils n'ont pas partout le même écho collectif. À l'évidence, l'Amérique et l'Europe, sur ce point, ne présentent pas le même visage, l'antagonisme des sexes s'y
déployant avec des résonances et des intensités différentes. D'où la nécessité de s'interroger sur le sens et les
voies de la politisation du sexe dans les démocraties

1. Janine Mossuz-Lavau, *Les Lois de l'amour ; les politiques de la sexualité en France (1950-1990)*, Paris, Payot, 1991.
2. Geneviève Fraisse, « Sur l'incompatibilité supposée de l'amour et du féminisme », *Esprit*, mai 1993, p. 75.

contemporaines. Quel statut accorder aux nouveaux combats féministes ? Quelle démocratie sexuelle se dessine à l'horizon ? S'oriente-t-on vers un scénario à l'américaine ou bien le Vieux Monde saura-t-il échapper aux surenchères et aux psychodrames de la guerre des sexes ?

L'OBSESSION VICTIMAIRE

Les nouvelles croisades féministes et l'exception américaine

Une épidémie de nature et d'ampleur inédites a saisi le Nouveau Monde : la fièvre victimaire. Le phénomène correspond d'abord à la dérive du droit de la responsabilité conduisant de plus en plus de citoyens et de consommateurs à se poser en victimes de services, de produits et d'actions diverses, à désigner des coupables et des responsables individuels ou institutionnels, à engager des actions judiciaires, à réclamer une indemnisation pour des dommages directs ou indirects. Mais il désigne aussi bien une nouvelle sensibilité féministe martelant le calvaire enduré par les femmes et dénonçant la spirale des agressions criminelles dont elles sont l'objet. On peut en juger à la lumière de cet effroyable florilège. En Amérique, près de 1 femme sur 2 serait violée ou victime d'une tentative de viol ; 40 % sont l'objet de harcèlement sexuel ; 150 000 meurent chaque année d'anorexie, martyrisées qu'elles sont par la tyrannie de la minceur ; 28 % des couples confessent des rapports de violence et 50 % des femmes ont été au moins une fois frappées au cours de leur vie de couple ; 1 mari sur 7 exerce ses prérogatives par la brutalité ; les meurtres sexuels ont augmenté de 160 % entre 1976 et 1984 ; les viols déclarés progressent quatre fois plus vite que le taux de criminalité globale. Autant de données qui autorisent les ultraféministes à parler, sans beaucoup s'embarrasser de nuances, de « guerre contre les femmes »[1].

La question du viol illustre exemplairement le complexe victimaire contemporain. Des sondages terrifiants annoncent que 1 étudiante sur 4 est victime d'un viol ou d'une tentative de viol. On croyait naïvement jusqu'alors que les viols étaient perpétrés par des inconnus dans des recoins obscurs. Erreur complète : les sondages assurent que de 60 à 80 % des viols sont commis par des « proches » de la victime[2] et 9 fois sur 10, sur les campus, l'agresseur est connu de la jeune fille[3]. Ce type de viol porte désormais un nom : *date rape*, le viol entre intimes. Il est au centre du nouvel esprit victimal. Dans les universités, sondages, articles, livres passent la question au crible ; les étudiants organisent des défilés et des meetings dans lesquels les jeunes filles violées, encouragées et applaudies par la foule, révèlent publiquement leur drame individuel. Tandis que les femmes agressées se déclarent « survivantes », des T-shirts et des posters sont réalisés en signe de solidarité. Autrefois, le projet de changer la vie enthousiasmait les jeunes révoltés ; ce sont maintenant les femmes martyres, humiliées dans leur corps, que l'on ovationne.

Parler d'hystérie victimaire ne signifie pas que les violences faites aux femmes sont imaginaires. Les sévices et agressions sexuels sont indéniables. En revanche les statistiques effrayantes que brandissent les féministes le sont moins. La neutralité des chiffres ne doit pas faire illusion : derrière leur objectivité apparente se cache une entreprise idéologique de réécriture du réel. C'est l'extension abusive de la notion d'agression sexuelle et la reformulation des critères de la normalité et de la criminalité qui expliquent la spirale du viol, beaucoup plus que la poussée des vio-

1. Par exemple, Marilyn French, *La Guerre contre les femmes*, Paris, L'Archipel, 1992.
2. Dès les années 70, Susan Brownmiller affirmait que près de 1 femme violée sur 2 l'était par un homme connu d'elle (*Against our Will : Men, Women and Rape*, New York, Simon and Schuster, 1975).
3. Il s'agit des conclusions de la fameuse enquête publiée par *Ms. Magazine* en 1985.

lences masculines. Si, en effet, on ne définit plus le viol par l'usage ou la menace de violences physiques mais par des « coercitions et insistances verbales », par des pressions et manipulations psychologiques, comment s'étonner de la démultiplication des agressions sexuelles ? Si épingler une photo de pin-up sur le mur de son bureau constitue une forme de harcèlement sexuel, qui peut être étonné par la flambée du phénomène ? En élargissant les définitions de la violence, en abaissant les seuils de tolérance, en criminalisant les actes que la conscience commune considère comme « normaux », l'ultraféminisme n'éclaire plus le réel, il le diabolise, il n'exhume plus une face cachée de la domination masculine, il crée du sensationnalisme ainsi qu'une victimologie imaginaire. En veut-on une preuve, on la trouve dans le fait que parmi les étudiantes « violées », les trois quarts d'entre elles ne s'étaient pas identifiées comme telles en répondant aux questions des enquêteurs. Bref, elles ont été violées sans le savoir ! D'ailleurs, 4 sur 10 ont continué à avoir des relations sexuelles avec leur prétendu agresseur ! Que signifient ces chiffres pour le moins curieux sinon que le viol en question n'en est pas un : il n'existe qu'en raison de l'imposition d'une nouvelle définition, élargie jusqu'à l'absurde[1]. La prétendue épidémie de viols n'est que l'effet d'une « reconceptualisation » de la coercition sexuelle. D'où l'énorme fossé entre les chiffres avancés par les études féministes et le nombre de plaintes officiellement enregistrées. 1 étudiante sur 4 est victime d'un viol ou d'une tentative de viol, affirment les enquêtes ; or on recense en fait 1/2 viol par campus et par an ! Après la « femme mystifiée », voici le temps du féminisme mystificateur.

La culture victimaire se construit selon un strict manichéisme : tout homme est potentiellement un violeur et un harceleur ; toute femme, une opprimée. Autant les hommes sont lubriques, cyniques, violents, autant les femmes sont présentées comme des êtres innocents, bons,

---

1. Ce point est très bien montré par Charles Krauthammer (« La déviance redéfinie à la hausse », *Le Débat,* n° 81, sept.-oct. 1994).

dépourvues d'agressivité. Tout le mal s'enracine dans le mâle. Le rapport sexuel lui-même n'échappe pas à cette dramaturgie : Catherine Mac Kinnon et Andrea Dworkin affirment qu'entre le viol et la relation sexuelle normale, il y a moins que l'épaisseur d'une feuille de papier à cigarette. Le phallus est une arme et toute pénétration d'une femme par un homme s'apparente à un viol. La femme est-elle consentante ? Le crime d'« invasion » guerrière reste entier. De surcroît, le viol lui-même serait de plus en plus considéré comme normal par les hommes : 50 % des étudiants jugeraient normal de violer une femme s'ils ont été excités par elle, 1 sur 7 reconnaîtrait avoir refusé d'accepter le non de leur partenaire[1]. L'esprit apocalyptique du néoféminisme construit, dans le même mouvement, la victimisation imaginaire du féminin et la satanisation du mâle.

Pour l'heure cette épidémie n'a pas gagné les rivages du Vieux Monde. Sans doute, en France comme dans d'autres pays européens, assiste-t-on à une nette augmentation du nombre de plaintes pour viol[2]. En même temps, le viol conjugal est reconnu par la loi et le harcèlement sexuel est devenu un délit. Mais l'Europe, jusqu'à présent, est relativement protégée de l'extrémisme féministe. La thématique du viol entre intimes n'a aucun écho ; la loi sur le harcèlement sexuel ne s'est accompagnée d'aucune polémique, d'aucun clivage de fond, les publications sur le sujet sont rares et peu discutées. Aux États-Unis, au contraire, on ne compte plus les sondages alarmistes sur la question ; les articles se comptent par centaines ou milliers ; l'affaire d'Anita Hill contre le juge Thomas a soulevé les passions et tenu en haleine 120 millions de téléspectateurs. Aujourd'hui Paula Jones défraie la chronique en demandant 700 000 dollars de dommages et intérêts à Bill Clinton pour harcèlement sexuel, et Lorena Bobbit, accusée d'avoir tranché le pénis de son mari, a été acquit-

1. Naomi Wolf, *The Beauty Myth*, Londres, Vintage, 1990, p. 167.
2. En France, on recensait 1 038 plaintes en 1970, 2 859 en 1984, 4 582 en 1990. 1 femme sur 20 déclare, d'autre part, avoir subi des rapports sous la contrainte (*Les Comportements sexuels en France, op. cit.* p. 216).

tée en étant approuvée par 6 Américaines sur 10. L'Amérique est sans nul doute le pays où le féminisme est le plus offensif et le plus institutionnalisé : c'est là, en même temps, où les femmes s'emparent le plus du statut de victime. Dans aucune autre nation l'acte sexuel entre un homme et une femme n'est comparé à un viol ; nulle part ailleurs le sexe n'est chargé d'autant d'enjeux, ne donne lieu à autant de sondages affolants, ne déchaîne autant les passions et les médias. D'excellentes plumes ont souligné la « singularité » voire l'« exception »[1] française dans les rapports entre les sexes. On peut se demander toutefois si, à l'échelle mondiale, il ne conviendrait pas mieux de parler d'*exception américaine* tant la dramatisation et la victimisation sexuelle y ont un relief incomparable. À cet égard, la singularité américaine est d'aujourd'hui et, sait-on jamais, de demain ; celle de la France est de moins en moins évidente au moment où seules des nuances la distinguent encore d'autres nations européennes. L'écart de fond n'est pas ou n'est plus entre la France et les autres, il est entre l'Amérique avec son modèle polémologique et l'Europe avec sa relative modération dans les représentations de l'antagonisme des sexes.

Quoi qu'il en soit, l'obsession victimaire contraint de rectifier, au moins partiellement, la vision optimiste selon laquelle la marche de l'égalité lèverait inexorablement les séparations et les conflits majeurs entre les deux genres. À mesure que les conditions sociales des deux sexes se rapprochent, le sentiment de leur altérité se prolonge, la peur et la méfiance de l'autre continuant à l'évidence de se manifester. On ne peut plus croire que la dynamique démocratique coïncide mécaniquement avec l'érosion de l'idée de dissemblance des genres : celle-ci se recompose non de l'extérieur mais bien du sein même de la culture démocratique. Quand tout ce que fait l'un est ouvert à l'autre, se développent le droit à la différence et les cultes

---

1. Mona Ozouf, *Les Mots des femmes ; essai sur la singularité française*, Paris, Fayard, 1995 ; Élisabeth Badinter, « L'exception française », *Le Débat*, n° 87, nov.-déc. 1995, p. 123-126.

particularistes comme vecteurs d'affirmation identitaire ;
quand meurent les grandes idéologies de l'histoire, le
féminisme différentialiste peut trouver un certain écho
social et ce, parce que répondant aux aspirations contemporaines, à l'autonomie et à l'identité. Qu'affirme l'ultraféminisme sinon l'autonomie du féminin par rapport au
masculin ? Que vise-t-il sinon la reconnaissance du désir,
de la sensibilité, du langage féminin émancipés de la domination mâle ? En dépit de ses attaques contre l'universalisme des droits de l'homme et de l'enfermement de type
traditionnel des femmes dans une essence de nature qu'il
véhicule, le féminisme différentialiste se nourrit souterrainement des idéaux modernes de la personne. Par quoi
le féminisme « culturel » doit être considéré tout à la fois
comme un échec de l'égalité — il cloître les deux genres
dans des univers étanches — et comme un « produit » de
la marche de l'égalisation des conditions pour autant que
celle-ci enclenche la dynamique des revendications identitaires. Sans doute le culte différentialiste est-il, à bien des
égards, superficiel comparé à tout ce qui maintenant rapproche, de fait, les sexes ; d'autant plus que dans ses
formes radicales le phénomène ne concerne que des
groupes minoritaires. Mais gardons-nous de croire que son
caractère « inégalitaire » et essentialiste le voue à une
extinction inéluctable. L'éclipse des grandes idéologies
émancipatrices, la légitimation sociale de l'homosexualité,
les exigences d'identité, de respect et de sécurité individuelle sont autant de sensibilités et d'orientations de
l'époque qui devraient prolonger, fût-ce avec des intensités
variables, ce type de réinscription de l'altérité des genres à
l'intérieur des sociétés de l'égalité.

Néoféminisme et individualisme procédurier

On interprète parfois le raz de marée victimaire comme
un signe de reflux des valeurs conquérantes modernes. Au
travers de l'identification au statut de l'opprimé s'exprime-
raient un recul des idéaux individualistes et démocra-

tiques, un renoncement à l'autonomie individuelle et à la responsabilité vis-à-vis de sa propre existence[1]. À l'idéal héroïque et constructiviste des modernes auraient succédé la « volonté d'impuissance », le prestige de la femme victime du destin. Dans les années 60-70, le féminisme s'employait à émanciper la sexualité des normes morales, à faire reculer l'emprise du social sur la vie privée ; au contraire, de nos jours, le féminisme revendique toujours plus de contrôle public sur la vie privée : lois sur le harcèlement sexuel, codes de comportement et de langage corrects, demandes d'interdiction de la pornographie, autant d'orientations interventionnistes qui sont fréquemment dénoncées comme un nouveau terrorisme intellectuel et moral menaçant l'ordre libéral de nos sociétés. En affirmant que « tout est politique », le néoféminisme aurait partie liée avec l'entreprise totalitaire, sa pente lourde serait l'annexion du privé par l'État, l'annihilation du droit individuel à la vie privée, l'encadrement total des individus par les normes publiques[2]. Les plus hostiles vont jusqu'à parler de « féminazis » (Rush Limbaugh).

Il ne fait pas de doute que l'époque voit s'accroître les demandes de régulation publique des conduites privées ; il est également vrai qu'au travers de la paranoïa victimaire, les femmes offrent souvent d'elles-mêmes l'image d'êtres incapables de se défendre, aspirant davantage à être protégées qu'à maîtriser elles-mêmes leur destin. Mais cela autorise-t-il à parler d'un déclin de l'idéal d'autonomie individuelle ? Peut-on assimiler purement et simplement les hantises contemporaines du viol et du harcèlement sexuel à l'« aspiration au statut de victime », à une régression de l'autonomie ? On voudrait proposer ici une autre interprétation. Qu'exprime en effet le féminisme victimaire sinon une exigence accrue de droits individuels dou-

---

1. Sur cette problématique, voir l'article stimulant de Tzvetan Todorov, « Du culte de la différence à la sacralisation de la victime », *Esprit*, juin 1995 ; repris dans *L'Homme dépaysé*, Paris, Seuil, 1996, p. 213-230.
2. Wendy Kaminer, « The Privacy Problem » in *Debating Sexual Correctness, op. cit.* p. 138-143 ; Camille Paglia, *Vamps & Tramps*, New York, Vintage, 1994, p. 23.

blée d'une volonté activiste de modifier les usages et les lois, de réformer ou rééduquer les hommes, de changer jusqu'aux gestes et aux impulsions du masculin ? La *culture of complaint* ne peut se réduire à la valorisation de l'impuissance et de la passivité s'il est vrai qu'elle s'accompagne du refus des mœurs machistes ainsi que de l'entreprise volontariste de promouvoir de nouvelles relations entre les hommes et les femmes. On peut certes juger grotesques nombre de protestations relatives au harcèlement sexuel ou au viol entre intimes ; on peut déplorer le climat de chasse aux sorcières, d'intimidation, voire de terrorisme que fait régner la *political correctness*. Reste qu'en se désignant comme sujets offensés, les femmes ne tournent pas le dos aux idéaux d'autonomie, elles les prolongent en faisant valoir une exigence supérieure de respect et de sécurité, en dénonçant les violences masculines, en s'insurgeant contre les normes reçues de socialisation, en appelant de leurs vœux de nouveaux codes de comportement entre les sexes. La victimologie féministe relève toujours de l'ambition démocratique d'agencer un monde fondé sur l'idéal de propriété de soi-même et d'autoproduction du social par l'action autonome des individus, elle ne cesse pas de participer au projet individualiste moderne de conquêtes de nouveaux droits et de prise souveraine de la collectivité sur elle-même.

Il y a beaucoup d'imprudence à brandir, à ce sujet, le spectre du totalitarisme, fût-il « mou ». Bien que les appels aux contrôles publics de la sphère privée se multiplient, on ne voit rien qui, structurellement, relève de l'entreprise totalitaire : ne sont à l'œuvre ni l'identification de la société et du pouvoir, ni l'abolition des oppositions et des revendications hétérogènes issues du social. Se poursuit au contraire la désintrication démocratique de la société civile par rapport au pouvoir politique, la remise en question des normes établies, la conquête de nouveaux droits, la reconnaissance des aspirations des minorités[1]. Point de

---

1. Nous reprenons ici les lignes de l'analyse classique de Claude Lefort (*L'Invention démocratique*, Paris, Fayard, 1981).

résurrection totalitaire mais l'essor des *démocraties juridiques*
coïncidant avec l'explosion de la demande sociale de
droits et les recours démultipliés aux actions judiciaires. Ce
qui s'accroît est moins l'emprise de l'État que le marché
des procès et des professions juridiques, la protection des
droits individuels, l'action autonome des femmes demandant justice. Partout l'extension de la notion de victime
pousse les femmes à se constituer partie civile, à entamer
des procédures, à réclamer des indemnités compensa-
toires. S'il est vrai que nombre de manifestations de la
culture victimaire véhiculent l'image d'une féminité infan-
tile et impuissante, cela ne doit pas occulter l'autre face
du phénomène, à savoir le développement d'un activisme
procédurier, d'un individualisme judiciaire, aux antipodes précisément des attitudes traditionnelles de résignation. Évitons de parler d'involution de l'idéal de maîtrise
de son destin : en réalité, il ne fait que se concrétiser d'une
nouvelle manière dans les protestations indignées et la
demande de droits. Aux surenchères des idéologies politiques se sont substituées celles de l'autonomie par le
droit : non régression de l'autonomie mais revendication
hyperbolique des droits de la femme.

Impossible de ramener l'esprit du temps à une apologie
de la douleur et de l'impuissance. Que visent les femmes
blessées sinon recouvrer leur fierté, leur respect et estime
d'elles-mêmes ? L'autoportrait de soi en victime est moins
sous-tendu par une volonté d'impuissance que par une
volonté de réaffirmation et de régénération de soi. Recréer
une conscience positive de soi, combattre l'autodéprécia-
tion, regagner la confiance, l'amour et l'estime de soi, réta-
blir un sens positif de son identité : quelle que soit la force
du référentiel de genre, le dispositif victimal s'inscrit
encore dans l'orbite des aspirations individualistes, du *self
help*, des technologies de production et de reconquête du
soi. D'un côté, la rhétorique de la déploration peut sem-
bler déprécier les valeurs de responsabilité individuelle ;
de l'autre, elle reconduit l'éthos individualiste avec son
refus du donné, son exigence de dignité et de valorisation
individuelle. Le self-made man se faisait à partir de rien ;

aujourd'hui, il s'agit de « se reconstruire » à partir de ses blessures[1]. L'idéal de possession et d'autoconstruction de soi-même ne décline pas, il annexe, via le psychologisme et le judiciaire, le domaine de l'estime de soi. Dans l'inflation du ressentiment et des accusations portées contre les hommes, le processus de l'*egobuilding* féminin se poursuit.

HARCÈLEMENT SEXUEL ET DÉMOCRATIE

La levée d'un tabou

Dans les démocraties avancées un nouveau délit a fait son apparition : le harcèlement sexuel. Aux États-Unis, le harcèlement sexuel a été reconnu et sanctionné pour la première fois en 1977. Entérinant la définition américaine, l'article premier de la recommandation de la commission des Communautés européennes de novembre 1991 déclare inacceptable aussi bien le harcèlement sexuel défini comme chantage que comme « climat d'intimidation, d'hostilité ou d'humiliation ». La Belgique, depuis 1992, est dotée de textes spécifiques destinés à combattre les agressions sexistes sur le lieu de travail. La même année, la notion de harcèlement sexuel fait son entrée dans le code pénal français.

Si la volonté de réprimer le harcèlement sexuel est désormais commune à diverses nations, elle s'accompagne de définitions et de dispositions juridiques passablement divergentes. En France, le harcèlement sexuel n'est reconnu juridiquement que comme un abus d'autorité destiné à obtenir des faveurs sexuelles : seuls les ordres, menaces, contraintes, pressions émanant d'un supérieur hiérarchique sont visés par la loi. Le harcèlement sexuel entre collègues égaux en grade n'a pas de réalité juridique

1. Michel Feher, « Identités en évolution : individu, famille, communauté aux États-Unis », *Esprit*, juin 1995, p. 130.

dans le droit français. L'écart avec la législation américaine est considérable pour autant qu'outre-Atlantique la notion de harcèlement sexuel ne désigne pas seulement les comportements menaçant directement ou indirectement l'emploi d'une personne par des sollicitations sexuelles mais beaucoup plus largement toute conduite ayant pour but ou effet de « gêner de façon substantielle la prestation de travail ou de créer un environnement intimidant, offensant ou hostile[1] ». En Amérique, le harcèlement sexuel est condamné en tant que discrimination sexiste ; en France, en tant que violation de la dignité humaine et de la liberté sexuelle. Ici, la loi sert à protéger la liberté sexuelle ; là-bas à assurer l'égalité des sexes sur le lieu de travail[2].

Cela étant, par-delà la diversité des dispositions législatives s'exprime une même volonté de ne plus tolérer des agissements jusqu'alors « acceptés », de les réprimer aussi bien disciplinairement que pénalement[3]. Le changement est net par rapport aux époques antérieures. Bien sûr, depuis la fin du siècle dernier, les congrès ouvriers et syndicaux ont inlassablement réclamé l'abolition du « droit de cuissage »[4], mais cette revendication n'est jamais devenue un objectif essentiel des luttes syndicales et ouvrières. L'idée dominait que l'agressivité de la sexualité masculine est naturelle et irrépressible et qu'il revient aux femmes de ne pas provoquer les hommes. « Si les femmes disent non, rien ne peut leur arriver » : toute la responsabilité était reportée sur les conduites féminines. « Cela arrive à celles qui le veulent bien » : un tel environnement culturel ne pouvait engendrer que la culpabilité féminine ainsi que des attitudes de silence et de non-dénonciation[5].

1. Nadine Zaretzky-Lambert, « Le harcèlement sexuel aux États-Unis », *Gazette du Palais*, 21 nov. 1992.
2. Françoise Dekeuwer-Defossez, « Le harcèlement sexuel en droit français : discrimination ou atteinte à la liberté ? », *La Semaine juridique*, Ed. G. n° 13.
3. Joëlle Pralus-Dupuy, « Le harcèlement sexuel : commentaire de l'article 222-33 du nouveau code pénal et de la loi n° 92-1179 du 2 novembre 1992 », *Actualité législative Dalloz*, 1993, 6e cahier.
4. Alain Corbin, *Les Filles de noce*, Paris, Flammarion, coll. Champs, 1982, p. 204.
5. Sur l'occultation des rôles d'agresseur, voir Sylvie Cromer, *Le Harcèlement sexuel en France*, Paris, La Documentation Française, 1995, p. 52.

Cet ensemble de représentations et d'attitudes a subi une mutation profonde : d'occulté qu'il était, le harcèlement sexuel a basculé dans l'ère de la visibilité et de la problématisation sociale. De nos jours, les femmes se sentent moins coupables, elles témoignent et saisissent les tribunaux ; des débats et des colloques sont organisés, la presse comme la télévision s'emparent du « scandale » ; les ouvrages et articles sur la question se multiplient. Le mur du silence s'est brisé : au processus de culpabilisation des femmes a succédé le geste de dénonciation des hommes. À présent, l'agresseur est désigné comme tel, le harcèlement sexuel est devenu une violence, un abus d'autorité dans les relations de travail, une atteinte à la liberté et à la dignité de la femme. Les menaces et les pressions masculines dans les relations de travail faisaient « partie des mœurs » : on les juge maintenant comme des délits méritant une sanction.

Nul doute qu'à la base de ce renversement de tendance ne se trouve la formidable poussée historique du droit des personnes à disposer d'elles-mêmes, à conduire librement leur vie privée. La culture de la consommation et du bien-être, la socialisation psychologique et relationnelle, l'émancipation sexuelle des femmes, le progrès des qualifications scolaires et professionnelles des femmes, tous ces facteurs ont impulsé un droit nouveau à la vie privée, une exigence accrue de respect de l'autonomie féminine, une intolérance croissante envers les formes d'empiétement de l'autre sur soi. Simultanément, les progrès de la sensibilité égalitaire ont enclenché un rejet ou un recul des rôles subordonnés de la femme et de l'idée de suprématie du masculin sur le féminin. Dans ce contexte marqué par la dévalorisation des démonstrations machistes et l'érosion des identités sociales traditionnelles vouant les femmes aux rôles d'obéissance et de passivité, les sollicitations masculines non désirées ont cessé d'aller de soi. Ce qui apparaissait comme une expression naturelle de la virilité s'est imposé comme une figure de la domination mâle, un abus de pouvoir incompatible avec les idéaux d'égalité, de dignité, de liberté individuelle. La nouvelle réprobation collective du harcèlement sexuel coïncide avec le processus de légitimation sociale de l'autonomie féminine et de délégitimation de la culture hiérarchique des genres.

On sait qu'en France, les lois sur le harcèlement sexuel n'ont pas été conquises au terme de grands combats collectifs : elles ont été adoptées sans conflit majeur, sans débat public, avec l'approbation massive des hommes. Inséparable du référentiel égalitaire, ce consensus traduit la nouvelle place et nouvelle signification sociale du travail féminin dans les démocraties, la reconnaissance récente du droit des femmes à une identité sociale conférée par l'activité professionnelle. Tant que l'identité féminine se construisait au travers des fonctions assumées au sein de la famille, la représentation des agressions sexuelles sur le lieu de travail ne pouvait dépasser le stade de rumeurs plus ou moins anecdotiques, la vraie place de la femme n'étant pas dans l'entreprise mais au foyer : la dévalorisation traditionnelle du travail féminin a contribué à tenir pour négligeables les comportements blessant les femmes dans leur cadre professionnel. Cette attitude a changé à mesure que le travail féminin s'est de mieux en mieux imposé comme un moyen d'affirmer une identité sociale autonome. Dès lors que l'identité professionnelle des femmes a acquis une large légitimité sociale, les agressions sexuelles sur le lieu de travail sont apparues intolérables parce que portant atteinte non seulement à la dignité personnelle, mais aussi à l'égalité et à la dignité professionnelles des femmes. Il faut voir dans les nouvelles incriminations de harcèlement sexuel moins le signe de la difficulté à définir les places de chaque genre[1], que l'expression de la nouvelle reconnaissance de la place du travail dans la construction de l'identité féminine.

Ce que nos sociétés attendent de la création de ce nouveau délit est manifeste : il s'agit de protéger les femmes

---

1. Alain Ehrenberg, « Le harcèlement sexuel, naissance d'un délit », *Esprit,* nov. 1993.

des inconduites masculines. Mais au-delà de cette évidence a été avancée l'idée que la culture du harcèlement sexuel trouvait moins sa vérité dans la défense du féminin que dans « une ruse de la femme pour ressusciter le désir, celui de l'homme mais aussi le sien [1] ». Dans une époque marquée par la désaffection sexuelle, la défaillance du masculin et les déceptions de la libération, la question du harcèlement sexuel exprimerait une « nostalgie de l'interdit » et pourrait se comprendre comme une stratégie destinée à contrecarrer la banalisation du sexe, à assurer la défense de la fonction sexuelle menacée par sa libération même. L'interprétation est provocatrice, elle n'est pas convaincante. En dépit de leur dramatisation, les offensives hyperboliques contre le harcèlement sexuel ne régénèrent rien, ne réactivent aucun mythe, ne réinjectent aucun enjeu ni sens dans l'ordre du sexe : elles *dissuadent,* amplifiant un peu plus la dynamique contemporaine de la distanciation masculine, le déplacement des désirs masculins vers des objets autres que la conquête des femmes. L'effet harcèlement sexuel accompagne en l'intensifiant le recul de la culture donjuanesque, la construction d'une identité masculine plus centrée sur soi qu'obsédée de trophées féminins. Ironie triste des surenchères de l'antiharcèlement sexuel : il s'agissait de libérer les femmes des avances masculines intempestives, ce sont les hommes qui s'émancipent un peu plus du « besoin » des femmes, de la centralité de celles-ci dans leur existence.

C'est pourquoi il est également difficile de partager les points de vue « optimistes » qui voient dans les conceptions maximalistes du harcèlement sexuel un mouvement capable de stimuler les « vocations artistiques », une dynamique contenant de « remarquables promesses pour le renouvellement de l'amour en Occident » [2]. Quel nouvel art d'aimer ? Peut-être les initiatives féminines seront-elles un peu plus fréquentes ou ingénieuses, mais cette ten-

1. Jean Baudrillard, « La sexualité comme maladie transmissible », *Libération,* 4 nov. 1995.
2. Michel Feher, « Érotisme et féminisme aux États-Unis : les exercices de la liberté », *Esprit,* nov. 1993, p. 128.

dance est déjà en cours et, de toute façon, a des limites. Les conditions sociales et culturelles ne sont pas réunies qui permettraient la recomposition d'un *ars amandi* aux formes sophistiquées. L'amour courtois, au Moyen Âge, s'est à coup sûr édifié à partir de « difficultés fécondes » : en interdisant l'agressivité et la précipitation masculines, le modèle courtois a donné jour à une nouvelle conception de l'amour, faite de sublimation de l'élan sexuel, de délicatesse et de lyrisme. Mais les « difficultés » créées par l'hyperféminisme n'ont rien à voir avec celles de la « fin' amor ». Au Moyen Âge, la rhétorique courtoise s'est développée sur fond de société structurée par des ordres hiérarchiques et par la disjonction radicale des positions sociales des deux genres. Le raffinement amoureux a permis aux seigneurs de marquer leur distance par rapport aux vilains, il a fonctionné comme un signe de distinction sociale en stylisant la division des rôles sexuels. Qui ne voit tout ce qui nous sépare de ces temps inégalitaires ? La nécessité de s'élever par les mots et les gestes au-dessus du commun, la soumission à la Dame, l'expression hyperbolique des sentiments, les serments éternels, tout cela a été remplacé par une culture exaltant l'égalité et l'autonomie des sujets, l'épanouissement sexuel, le naturel et l'authenticité des comportements. La culture moderne, tendanciellement, fonctionne à la déformalisation et à la déthéâtralisation des signes ; partout dans la vie privée domine le refus de la distance, partout les préciosités séductrices reculent devant l'exigence de la spontanéité et de la « vérité » du désir. Comment imaginer, dans ces conditions, que puisse resurgir un nouvel art érotique ? La lutte contre le viol et le harcèlement sexuel ne changera pas cette lame de fond de l'âge démocratique. « Donner un style à l'amour » : c'est ainsi que Huizinga caractérisait l'œuvre de l'amour courtois. Les temps ont changé irrémédiablement : nous nous reconnaissons toujours dans l'idéal amoureux, mais les conventions et les jeux esthétiques en moins.

De la femme harcelée à la femme ironique

On n'ignore pas les excès caricaturaux qui accompagnent la phobie du harcèlement sexuel en Amérique. Sa définition actuelle va jusqu'à inclure les sifflements, les regards appuyés, les allusions et plaisanteries sexuelles, les images sexistes ou choquantes, les remarques désobligeantes. C'est bien sûr cette extension de la notion qui explique les quelque 88 % d'étudiantes de Princeton « harcelées » et les déclarations de Catherine Mac Kinnon affirmant que seules 8 % des Américaines n'ont jamais été harcelées[1].

Aux États-Unis, des voix s'élèvent maintenant contre les mesures et les définitions maximalistes du harcèlement sexuel qui reconduisent les stéréotypes de l'homme agressif et concupiscent et ceux de la femme prude et fragile, qui institutionnalisent l'image de la femme victime naturelle de l'homme, qui recréent du formalisme dans les relations des professeurs avec leurs étudiantes, qui stérilisent l'environnement intersexuel[2]. D'autant plus que l'extension extrême de la notion de harcèlement sexuel protège plus les femmes en théorie qu'en pratique. Dans les universités américaines, les « coupables » sont rarement punis et les sanctions restent plus symboliques que réelles[3]. Dans le monde des employés fédéraux, un tiers des femmes ayant engagé une procédure trouvent que les choses ont empiré depuis[4]. Dans l'Illinois, 65 % des femmes ayant déposé plainte pour harcèlement sexuel ont été renvoyées de leur travail ; moins d'une fois sur trois, celles qui ont obtenu gain de cause ont reçu comme

1. Cité par Katie Roiphe, *The Morning After*, Londres, Hamish Hamilton, 1993, p. 99-100.
2. *Ibid.*
3. C. Robertson, C. E. Dyer et D. Campbell, « Campus Harassment : Sexual Harassment Policies and Procedures at Institutions of Higher Learning », *Signs : Journal of Women in Culture and Society*, n° 13, 1988, p. 792-812.
4. J. A. Livingston, « Responses to Sexual Harassment on the Job : Legal, Organizational and Individual Actions », *Journal of Social Issues* 38, n° 4, 1982, p. 5-22.

compensation financière une somme modeste (3 000 dollars en moyenne)[1]. Dès lors que l'infraction de harcèlement sexuel inclut jusqu'au climat hostile, les femmes peuvent certes davantage porter plainte, mais les résultats, au final, sont bien loin d'être à la hauteur de leur attente : souvent ceux-ci n'améliorent pas la condition salariale des femmes, ils ne compensent ni le stress ni les effets négatifs liés à une action de justice. Tout se passe comme si les dispositifs juridiques « hyperprotecteurs » du féminin s'accompagnaient d'effets pervers. Au-delà des cas de chantage sexuel, le délit de harcèlement sexuel se brouille, la condamnation des agresseurs cesse de s'imposer avec évidence. C'est ce qui conduit divers observateurs américains à prôner l'abandon de la catégorie d'« environnement hostile » dans la définition du harcèlement sexuel[2].

Les croisades contre le harcèlement sexuel n'entérinent pas seulement les stéréotypes traditionnels des genres, elles favorisent, paradoxalement, le désarmement des femmes dans leur rapport quotidien avec les hommes. D'un côté, le féminisme victimaire encourage les femmes à briser le silence, à saisir les tribunaux, à refuser la fatalité de la violence masculine. De l'autre, une culture exigeant toujours plus d'interventions publiques, de réglementations, de mesures répressives et préventives se développe au détriment de l'apprentissage d'une sociabilité inter-sexuelle inévitablement tissée de tensions, d'offensives et de défensives sexuelles. Réclamer toujours plus de protections légales et institutionnelles, se proclamer humiliée par la plus petite allusion sexuelle se retournent à la longue contre les femmes, tant ce type d'attitude les dépossède de toute une panoplie graduée d'autodéfenses, du pouvoir de rétorsion directe dans leur face-à-face avec les hommes. Les femmes ont maintenant plus de possibilités d'entamer des procédures judiciaires, mais n'est-ce pas au prix d'une moindre capacité à dépasser ou à résoudre par elles-

---

1. Stephanie Riger, « Gender Dilemmas in Sexual Harassment. Policies and Procedures » in Edmund Wall, *Sexual Harassment : Confrontations and Decisions*, New York, Prometheus Books, 1992, p. 208.
2. In Edmund Wall, *Ibid.*, « Talking Dirty », p. 227-228.

mêmes les situations problématiques quotidiennes avec les hommes ?

On ne songe pas un instant à nier le rôle irremplaçable des lois dans la protection du droit des femmes. Mais jamais le dehors institutionnel et juridique, aussi parfait soit-il, ne sera suffisant pour abolir toutes les situations délicates et empêcher les hommes de se montrer importuns, offensifs ou grossiers envers les femmes. De fait, la culture victimaire est sous-tendue par l'idée que seuls les lois, procès et programmes de formation sauront mettre le holà aux avances intolérables des hommes. Position fausse et à la longue inquiétante pour l'avenir de la socialité entre les genres. Les femmes ont intérêt à se convaincre que les armes dont elles disposent pour faire reculer les inacceptables empiétements et assiduités masculines ne se réduisent pas aux tribunaux et aux protections victimaires. Il faut valoriser une pédagogie de l'autodéfense féminine : si les hommes doivent respecter la sensibilité et la volonté des femmes, celles-ci doivent renforcer leur capacité de remettre les hommes à leur place et ne pas renoncer à les affronter directement. Le féminisme procédurier ne suffit pas : le pouvoir de réplique, la puissance de repartie et d'ironie sont autant d'objectifs que les femmes devraient viser pour s'affirmer, au moins dans certains de leurs conflits avec les hommes. Rire du masculin, savoir tenir les hommes à distance par l'esprit d'à-propos, cela n'est pas réhabiliter les réponses individuelles aux problèmes de la condition féminine, mais appeler de ses vœux une réorientation de la culture féministe vers une plus grande appropriation du pouvoir ironique.

Les règlements, lois et mobilisations publiques pourront progresser, cela n'éliminera pas les risques spécifiques auxquels sont inévitablement exposées les femmes. Ainsi y a-t-il un danger à soutenir dans l'absolu le credo féministe « Tout est politique ». Quelle que soit la nature future des lois et des sanctions, la prudence, le discernement, la responsabilité individuelle resteront des attitudes indépassables[1]. Sans nier d'aucune façon la nécessité de la politisa-

---

1. Camille Paglia, « Rape and the Modern Sex War » in Adele M. Stan, *Debating Sexual Correctness, op. cit.*, p. 21-25.

tion des revendications féminines, peut-être est-il bon d'en marquer les limites. L'émancipation féminine ne peut se réduire ni au militantisme, ni à la judiciarisation des conflits, ni à la satanisation du mâle. Après le tout-politique, il faut réinvestir la question de la socialisation du féminin ; après la femme victime, est-il utopique d'attendre la femme affirmative et ironique ?

L'ironie, écrivait Proudhon, est « le propre du génie philosophique et libéral, le sceau de l'esprit humain, l'instrument irrésistible du progrès » ; ce qui manque à notre génération, ajoutait-il, « ce n'est ni un Mirabeau, ni un Robespierre, ni un Bonaparte : c'est un Voltaire »[1]. On pourrait sans beaucoup de difficultés appliquer ce propos à l'hyperféminisme qui, sur ce plan, ne fait que prolonger une tradition séculaire marquée par le « monopole masculin de l'humour » et le « manichéisme moralisateur » des femmes[2]. Les conquêtes économiques, sociales et juridiques des femmes représentent des étapes majeures vers la liberté, mais celle-ci restera abstraite sans la raison indépendante et moqueuse, sans le rire et l'ironie. Féminisme du pouvoir[3] ? Certes. À condition qu'il ne ruine pas les chances du rire féminin, la capacité de prendre du recul vis-à-vis des allusions et des offensives masculines. Point de liberté réelle sans le pouvoir de s'imposer, de se défendre, de railler, voire de ridiculiser les attitudes machistes. Le politique n'est qu'une des voies vers la souveraineté du féminin : celle-ci se déploiera d'autant mieux qu'elle saura se montrer moqueuse à l'égard de la « supériorité » masculine.

Attitude qui présenterait l'avantage, de surcroît, d'éviter les vitupérations féministes contre la pornographie. Plutôt que de se déclarer offensé et harcelé, le féminin gagnerait, ici encore, à faire preuve d'humour. Le sujet est-il trop

---

1. Proudhon, *Confessions d'un révolutionnaire* (1849), textes choisis par B. Voyenne, Club Français du Livre, p. 169.
2. Évelyne Sullerot, *Demain les femmes*, Paris, Laffont, 1965, p. 232-233.
3. Sur la problématique du féminisme du pouvoir, voir Naomi Wolf, *Fire with Fire*, Londres, Vintage, 1994, p. 147-155.

grave qu'il en interdise l'exercice ? Que nenni. En réalité, la plupart des critiques que les féministes adressent à la pornographie ne sont pas recevables. Favorise-t-elle la violence sexuelle ? On peut plus raisonnablement penser qu'elle sert d'exutoire à la misère sexuelle masculine. Dégrade-t-elle l'image des femmes ? Mais en quoi avilit-elle plus les femmes que les hommes ? Contrecarre-t-elle leur promotion en véhiculant des stéréotypes de femmes soumises ? Pourtant, là où la pornographie est le plus libre, les femmes occupent des positions sociales et professionnelles beaucoup moins subalternes qu'ailleurs. La pornographie, naturellement, n'a contribué en rien à l'émancipation des femmes, mais elle n'en empêche nullement l'avancée. Loin de constituer une offensive criminelle et sadique[1] contre les femmes, elle fonctionne comme un théâtre sans conséquence ; elle ne renforce pas la hiérarchie des genres, elle exhibe une fantasmatique masculine qu'on ne peut ramener aux rapports de domination « politique » que par acrobatie théorique. Ceux-là mêmes qui prennent plaisir aux scènes pornos peuvent fort bien respecter la dignité et la liberté des femmes, être favorables à leur accès à toutes les sphères de la vie sociale et politique. La pornographie n'est pas un panégyrique de la supériorité mâle, c'est le spectacle du jeu hyperbolique des fantasmes libidinaux masculins ; sa logique ne relève pas de l'obsession machiste, mais de l'obsession moderne du réel, du désir de franchir toutes les limites, de tout voir, tout montrer, tout instrumentaliser. Face à la surenchère hard qui gadgétise le sexe, la réponse adéquate d'un féminisme adulte devrait être, précisément, le rire ou la dérision que nombre d'hommes, au demeurant, peuvent partager.

---

1. Andrea Dworkin, *Pornography : Men Possessing Women*, Londres, Plume Book, 1979.

LE SEXE, L'AMÉRIQUE ET NOUS

Du sexe puritain au sexe politique

On rattache souvent l'exception américaine en matière de rapport à la sexualité à son passé puritain. Dans la presse, des deux côtés de l'Atlantique, il est fréquent de présenter la culture américaine comme un produit de l'héritage des Pères pèlerins et de la pudibonderie de l'ascétisme protestant ; diverses analyses cherchent à montrer les liens qui existent entre une religion négative envers toute espèce d'élément sensuel et émotionnel et la « guerre des sexes » qui prévaut en Amérique. Rejet de toute médiation entre Dieu et l'individu, tradition de la confession publique, dévalorisation des réjouissances mondaines et de toutes les formes de superstition, division du monde entre élu et non-élu : autant de traits caractéristiques du rationalisme protestant qui peuvent rendre compte de la diabolisation de la séduction, du manichéisme féministe, de la désublimation du sexe, de l'exigence de transparence de la vie privée des hommes publics, de l'association du sexe à la violence, typique des États-Unis[1].

Que les traditions religieuses influencent en profondeur et sur la longue durée la culture du sexe ne fait guère de doute. Cela étant, on ne peut s'en tenir là : même juste, l'explication de la spécificité américaine par l'œuvre de longue haleine du rationalisme puritain n'en est pas moins insuffisante. D'abord, est-il besoin de le rappeler, l'ascétisme protestant ne s'est pas développé exclusivement sur le sol américain. Or, en Europe où il est né, ses effets sur le

---

1. Il va de soi que l'analyse détaillée des rapports entre puritanisme et culture américaine du sexe ne pouvait trouver sa place dans les limites de ce travail. Pour une approche élémentaire, voir par exemple Robert Dôle, *Le Cauchemar américain ; essai sur les vestiges du puritanisme dans la mentalité américaine actuelle*, Montréal, VLB, 1996.

rapport au sexe ne sont nulle part équivalents à ce qu'on peut observer outre-Atlantique. Ensuite, l'hypothèse puritaine ne permet pas de comprendre le fait nouveau que ce n'est plus la concupiscence comme telle qui se trouve vouée aux gémonies, mais le sexe en tant que rapport de pouvoir, le sexe comme asservissement et oppression du féminin. À la condamnation puritaine des plaisirs sensuels a succédé l'excommunication de tous les rapports de domination des hommes sur les femmes dans la sphère du sexe. Pareille politisation du sexe ne peut se réduire à un vestige de l'ascétisme séculier protestant.

Deux phénomènes contemporains illustrent exemplairement ce déplacement de la thématique de la chair vers celle du pouvoir. Soit, en premier lieu, l'affaire d'Anita Hill contre le juge Thomas. On a remarqué à juste titre que les accusations, dans ce cas, n'ont jamais porté sur la concupiscence mais seulement sur l'abus de pouvoir exercé sur une subordonnée : point de mise au pilori de la libido, mais dénonciation de l'« environnement hostile » créé par les obscénités et assiduités répétées d'un supérieur hiérarchique[1] : « Il s'agit de pouvoir, non de désir », titre alors le *New York Times*. Soit encore l'affaire fameuse du code d'Antioch. Automne 1993 : les étudiants d'Antioch College, dans l'Ohio, adoptent une charte exigeant que tout comportement sexuel entre un homme et une femme soit précédé d'un consentement verbal, chaque nouveau pas dans le rapport intime devant faire l'objet d'un accord explicite de la femme. Si un garçon veut embrasser une fille, lui enlever son corsage, lui caresser les seins, il doit, chaque fois, le lui demander et attendre une réponse positive pour passer à l'acte. Contrairement à ce qui a été parfois écrit sur cette question, ne s'exprime là ni une hostilité ni une culpabilisation du plaisir sexuel, mais la recherche d'un rapport sexuel « transparent », délivré de toute dimension d'assujettissement, de toute pression, de toute ambiguïté. L'Amérique n'a pas déclaré la guerre

1. Éric Fassin, « Pouvoirs sexuels. Le juge Thomas, la Cour suprême et la société américaine », *Esprit*, déc. 1991, p. 126-129.

au sexe, elle a, jusqu'au grotesque, politisé et juridicisé les rapports entre les sexes.

Par où s'affirme moins la tradition puritaine que la montée en puissance moderne du droit et du contrat. De même que la logique contractuelle fonde aux États-Unis le lien politique et les rapports du travail, de même la voit-on maintenant s'étendre aux rapports hommes-femmes. Tel est le sens des mesures antiharcèlement sexuel dont le but est de substituer aux relations floues entre les genres un rapport contractualisé, clair, empruntant sa forme à la logique juridique : l'Amérique est passée, selon l'heureuse formule de Françoise Gaillard « du droit au sexe au droit en matière de sexe »[1]. En s'employant à produire de nouvelles « règles », de nouveaux modes de comportement conformes à l'idéal de transparence et de contractualité démocratique, le nouvel esprit du temps prolonge moins le passé qu'il ne cherche à édifier les rapports entre les genres sur des bases « égalitaires » radicalement nouvelles. La juridicisation du monde libéral moderne a annexé un nouveau territoire. Si une pente des sociétés démocratiques crée de l'incertitude, un brouillage des places et des rôles de sexe, une autre pente, manifestement, travaille à réduire, voire à abolir, toute forme d'indétermination dans les rapports de l'un à l'autre genre.

Sans doute les principes de la relation contractuelle ne sont-ils pas propres à l'Amérique. Mais ils y ont plus qu'ailleurs une importance, un poids symbolique et institutionnel déterminant. Comme on le sait, l'Amérique s'est conçue, dès l'origine, comme une association d'individus égaux liés entre eux par un contrat soumis à l'approbation de tous les intéressés[2]. Par quoi l'égalité contractuelle et le respect des formes juridiques se donnent comme l'acte fondateur et le ciment de la société américaine. Cette prépondérance de la liberté contractuelle ne marque pas seulement la sphère politique, elle est au cœur de la gestion

1. Françoise Gaillard, « La démocratie et le sexe », *Les Lettres Françaises*, n° 19, 1992.
2. Alexis de Tocqueville, *De la démocratie en Amérique*, Paris, Gallimard, t. I, vol. 1, chap. II.

des entreprises américaines, dont Philippe d'Iribarne a bien montré qu'elle se caractérisait par le souci de préciser minutieusement les droits et devoirs de chacun, par une stricte application des règles, des dispositifs réglementaires stricts et détaillés, des procédures inspirées par les pratiques judiciaires[1]. C'est précisément cette recherche de protection contractuelle, cet attachement aux valeurs de *fairness* destiné à équilibrer les relations entre le « fort » et le « faible » qu'on voit à présent à l'œuvre dans les politiques du sexe. De même que, dans l'entreprise, les relations de travail doivent éliminer les imprécisions et les ambiguïtés, de même dans le rapport entre les genres est-il nécessaire que soit prohibée toute pratique déloyale, toute marge de jeu, toute équivoque. Lorsque les codes contre le harcèlement sexuel dans les entreprises ou les universités proscrivent jusqu'aux allusions et plaisanteries sexuelles, il s'agit de faire en sorte qu'entre hommes et femmes tout se passe au grand jour, que disparaissent les zones d'imprécision, les sources de malentendu, les formes inégalitaires et « manipulatrices » de la séduction. Juridicisation contre séduction : l'idéal moderne de liberté contractuelle s'emploie désormais à moraliser le sexe. La *sexual correctness* contemporaine exprime moins la hantise séculaire du sexe que l'exacerbation des passions modernes de l'égalité.

L'importance de la culture contractualiste n'explique pas à elle seule le rapport de l'Amérique aux affaires du sexe : plus largement, c'est la spécificité de sa culture politique qui sous-tend le phénomène. À la différence de la France, la nation américaine s'est affirmée d'emblée comme une et diverse, l'unité politique ne s'opposant pas mais reposant sur la reconnaissance de la multiplicité des groupes d'intérêt, des diverses communautés et « minorités ». La force traditionnelle du féminisme américain et le fait, notamment, que les droits politiques de la femme ont pu s'imposer beaucoup plus tôt qu'en France s'explique,

1. Philippe d'Iribarne, *La Logique de l'honneur*, Paris, Seuil, 1989, p. 133-176.

au moins en partie, par cette reconnaissance des intérêts particuliers, par une tradition utilitariste concevant les droits des femmes moins comme des droits universels que comme des droits d'un groupe spécifique : c'est en tant que femme et non en tant qu'individu égal ou abstrait que le deuxième sexe a conquis, en Amérique, le droit de vote[1]. On ne doit pas perdre de vue cette tradition politique de prise en considération de la multiciplicité des intérêts dans l'interprétation des changements qui affectent depuis une trentaine d'années la démocratie américaine : si nouvelle soit-elle, la « révolution des minorités » actuelle illustre malgré tout la continuité de la culture politique américaine[2].

Il n'en demeure pas moins qu'un seuil a été franchi. Jusqu'alors l'idéal coïncidait avec le fameux *melting pot*, l'assimilation ou l'intégration des diversités ; dans cette perspective, la défense des identités collectives s'effectuait dans une relative discrétion. De nos jours, au contraire, la société américaine est dominée par une logique de fragmentation culturelle, par l'antiuniversalisme des droits des minorités et des politiques de quotas, par la rhétorique véhémente de la différence multiculturaliste. L'Amérique se présente de plus en plus comme une mosaïque de groupes aux caractères et intérêts inconciliables, une « démocratie de minorités », une république fondée sur la promotion du pluralisme, ethnique, culturel et sexuel. C'est dans ce cadre des politiques de l'identité que doit se comprendre le maximalisme féministe américain, le relief pris par les discours sur la guerre des sexes, les statistiques délirantes sur la violence sexuelle, les philippiques contre le mâle. La société qui se pense en termes d'appartenance communautariste, de diversités hétérogènes de races ou de genres exagère et creuse les différences, elle exacerbe les ressentiments et les antagonismes, elle favorise les attitudes victimaires, les suspicions et récriminations de tous les

1. Ce point est marqué avec force par Pierre Rosanvallon dans *Le Sacre du citoyen*, Paris, Gallimard, 1992, p. 395-396.
2. Philippe Raynaud, « La démocratie saisie par le droit », *Le Débat*, nov.-déc. 1995, p. 108-113.

groupes. En ce sens, l'intensité sociale des questions sexuelles, en Amérique, tient moins à des raisons religieuses qu'à des raisons politiques, à une culture ayant propulsé une efflorescence de revendications communautaristes et de politiques identitaires, un climat d'intolérance et de fermeture des groupes sur eux-mêmes. Si le féminisme a politisé le sexe, la tradition politique américaine a rendu possible sa dramatisation collective incomparable : elle est ce qui explique en grande partie l'écho social de la « guerre des sexes ». L'exceptionnalité de la culture américaine du sexe coïncide avec l'exceptionnalité de sa philosophie politique pluraliste.

Le déclin de l'empire américain ?

Du fait du poids réel et symbolique de l'Amérique, de son influence dans le monde, comment éviter la question : le modèle polémique des rapports entre les genres qui prévaut sur le Nouveau Continent ne désigne-t-il qu'une idiosyncrasie culturelle ou bien préfigure-t-il l'avenir des démocraties ? Faut-il voir dans l'Amérique le miroir de notre futur ou bien une version unique des passions démocratiques destinée à le rester ?

Remarquons d'abord que la culture extrémiste de la différence des sexes s'exporte fort mal. Aux États-Unis, la thématique de la guerre des sexes fait florès ; ici, elle fait horreur ; en dehors de l'Amérique, le mouvement de *political correctness* n'a aucun impact réel, il suscite davantage le rire et la dérision que l'adhésion. En France comme dans nombre de pays européens, les protestations des femmes n'empruntent que marginalement la voie de l'excommunication du masculin ; le sexe ne se pense pas comme un rapport de forces et de pouvoir ; l'homme n'est pas assimilé à un agresseur-né ou un ennemi « héréditaire ». Signe révélateur : les Françaises n'aiment pas se définir comme féministes, terme à leurs yeux trop chargé d'agressivité et de rejet des hommes. S'agit-il d'un « retard » européen par rapport à l'« avance » américaine ? On ne s'engagera pas dans cette voie. L'idée d'un modèle plus « archaïque » que l'autre n'est pas acceptable : ce que l'on observe est la cohabitation de deux variantes postmodernes de la culture démocratique, impossible à penser dans le cadre d'une théorie linéaire opposant progressisme et conservatisme, avant-gardisme et anachronisme.

Le modèle américain est dominé par un radicalisme agressif rejetant la connivence des sexes, les rituels de séduction et l'ambiguïté des codes régissant les rapports hommes-femmes. Face à ce dispositif, le modèle européen apparaît comme un compromis entre les idéaux égalitaires et les normes héritées du passé. L'exigence égalitaire entre les sexes, en effet, progresse sans que pour autant les jeux de la séduction perdent leur légitimité : en Europe, les codes anciens ne sont pas anathémisés, ils sont réaménagés en fonction des exigences de l'individualisme démocratique. Pareille version du rapport entre les genres ne traduit pas un déficit de modernité, elle illustre plutôt la nouvelle tendance des sociétés démocratiques à la réhabilitation du passé, au dialogue du présent avec la mémoire, au recyclage postmoderne des formes anciennes. Le modèle européen n'a rien de passéiste, il incarne la manière postmoderne de changer les rapports entre les sexes sans faire table rase du passé. L'ultraféminisme ne voit dans les rapports de séduction que des règles préjudiciables aux femmes ; la culture européenne y reconnaît toujours une positivité, une occasion de jeu, de diversité et d'identité nullement antagoniste avec le droit des femmes à se gouverner elles-mêmes. Si le modèle américain exige de plus en plus que tout, entre les sexes, soit clair, égal, transparent, le nôtre fait cohabiter l'égalité avec les jeux et les indéterminations traditionnels de la sociabilité intersexuelle. Dans un cas, les normes du passé sont frappées d'indignité sociale ; dans l'autre, elles gardent leur valeur à condition d'être retraduites en fonction des nouvelles attentes féminines.

Quelles chances a le modèle américain de s'exporter ? Contrairement à ce que l'on avance parfois, celles-ci paraissent très faibles. Sans doute voit-on progresser, en

Europe, la « tentation du droit », les législations sur le harcèlement sexuel, les demandes d'interdiction de la pornographie, les exigences de parité entre les hommes et les
femmes. Mais nulle part les relations entre les genres
n'adoptent le modèle américain de la guerre des sexes. Si,
comme on l'a vu, cette culture s'enracine dans la singularité politique américaine, la diffusion d'un tel modèle est
fort peu probable. La version américaine a certes pour elle
d'être en phase avec ces courants profonds de l'époque
contemporaine que sont la promotion du droit comme
régulateur des démocraties, l'exigence de transparence, le
rejet de la subordination féminine, la déformalisation des
manières. Mais en même temps l'extrémisme polémique
de ce modèle le rabat en quelque sorte sur un moment
« primitif » des démocraties, celui des grands combats et
des manichéismes idéologico-politiques. Par tout un côté,
le modèle américain est en consonance avec les nouvelles
démocraties juridiques ; par un autre, il est en retard par
rapport à l'éclipse postmoderne des religions politiques.

Europe-Amérique : sans doute faut-il prendre garde à ne
pas figer les deux continents dans des particularismes sta-
tiques. En Europe, les luttes des femmes pour l'égalité se
poursuivent et investissent de nouveaux territoires. De son
côté l'Amérique est très loin d'être monolithique : nombre
de féministes refusent l'excommunication de la pornographie et la définition du harcèlement sexuel en termes
d'« environnement hostile » ; beaucoup dénoncent le différentialisme ainsi que la satanisation des hommes et
l'obsession victimaire. D'ores et déjà le féminisme éclate
en tendances hétérogènes, les conceptions les plus antinomiques cohabitant dans un patchwork appelé sans
aucun doute à se prolonger. Par quoi l'Amérique n'est pas
condamnée irrémédiablement à la guerre des sexes, à
l'assimilation des rapports de genres à des rapports de
pouvoir : des forces existent qui peuvent européaniser
l'Amérique. D'autant plus que les offensives lancées contre
toutes les formes d'ambiguïté dans les relations hommes-
femmes ont des limites : même aux États-Unis, le code
d'Antioch a fait l'unanimité contre lui, l'exigence de trans-

parence et de liberté contractuelle contrecarrant, à partir d'un certain moment, jusqu'au déploiement du jeu érotique lui-même. Cela étant, gardons-nous de partager l'illusion d'une grande synthèse ou d'une réconciliation finale entre les deux mondes. De toute évidence, les « tempéraments nationaux », les traditions séculaires, les cultures religieuses et politiques continueront d'imprimer leur marque aux relations entre les sexes si, comme l'écrit Tocqueville « les peuples se ressentent toujours de leur origine ». Malgré les forces homogénéisatrices de la culture moderne, les héritages tant politiques que culturels ont toutes les chances de prolonger, d'une manière ou d'une autre, l'originalité du modèle américain mais aussi, pour les mêmes raisons, de faire obstacle à l'irrésistible expansion que d'aucuns lui promettent. Bonne nouvelle : demain la planète sexe ne sera pas américanisée, le Vieux Monde n'a pas dit son dernier mot dans la construction à venir des rapports entre les hommes et les femmes.

II

Le beau sexe

1

L'INVENTION DU BEAU SEXE

Les images le montrent, les comportements le prouvent, les attentes le confirment : la beauté n'a pas la même valeur au masculin et au féminin. Les affiches publicitaires comme les couvertures des magazines, le langage comme les chansons, la mode comme les mannequins, le regard des hommes comme le désir des femmes, tout nous rappelle avec insistance le statut privilégié de la beauté de la femme, l'identification de celle-ci avec le « beau sexe ».

C'est un beau roman, c'est une vieille histoire. Souvenons-nous des contes, des reines et de leurs inquiétudes lancinantes : « Miroir, miroir, dis-moi quelle est la plus belle. » Tout au long des siècles les poètes se sont émerveillés des charmes de la belle, les peintres et les sculpteurs ont glorifié la plastique de Vénus, les livres de « secrets » ont propagé les recettes de la séduction féminine. De nos jours encore, les photographies de mode, les instituts et concours de beauté, les conseils et produits cosmétiques ne cessent de recomposer le primat de la beauté féminine, de reproduire l'importance du paraître dans l'identité féminine. Quelle femme ne rêve-t-elle pas d'être belle et quel homme ne rêve-t-il pas de jolies femmes ? Une femme n'est jamais trop belle : plus elle l'est, plus rayonne sa féminité. Rien de tel pour les hommes : l'image de la virilité n'est pas fonction de la beauté. Aujourd'hui comme hier, les attentes envers la beauté et le prix qu'on lui accorde ne sont pas équivalents au masculin et au féminin. Pour nous l'équation va de soi : deuxième sexe et beau sexe, c'est tout un.

Pourtant, il n'en a pas toujours été ainsi. Pendant la plus longue partie de l'histoire de l'humanité, la femme n'a nullement fait figure d'incarnation suprême de la beauté, ses charmes n'ont bénéficié ni d'un statut suréminent ni d'un traitement artistique privilégié. Leçon incomparable de la plongée dans le passé le plus reculé : il n'y a aucune permanence ou nécessité transhistorique du « beau sexe ». Celui-ci est un phénomène de part en part historique, une institution sociale, un « construit » dont l'origine ne remonte guère au-delà de l'aube des temps modernes.

QUAND LES FEMMES N'ÉTAIENT PAS LE BEAU SEXE

Dans toutes les formations sociales, la beauté féminine a été reconnue et appréciée en fonction de critères esthétiques plus ou moins variables. En revanche, toutes les sociétés n'ont pas porté au pinacle la beauté féminine en établissant une hiérarchie esthétique des genres dans laquelle le féminin occupe le rang supérieur. À l'échelle de l'histoire universelle, pareille consécration du féminin est manifestement l'exception. Tel est l'enseignement que l'on peut tirer de l'étude de la préhistoire et des sociétés sauvages.

Vénus stéatopyges et femmes sauvages

L'art du paléolithique supérieur offre déjà, on le sait, un certain nombre de représentations et de signes féminins, quoiqu'en nombre très inférieur aux figures d'animaux. Dès l'époque aurignacienne apparaissent des représentations vulvaires, des triangles pubiens, des signes ovales gravés sur du calcaire. Existent également les fameuses statuettes de femmes nues, les Vénus stéatopyges aux seins hypertrophiés et flasques, au ventre et au bassin énormes, à l'aspect globulaire (Vénus de Willendorf, dame de Dolni Vestonice). Leurs hanches et torses massifs contrastent avec des bras minces et des jambes se terminant en pointe. Les têtes, petites, anonymes, ne présentent généralement aucune indication de traits[1]. Le fait que ces figures soient centrées sur la poitrine, les hanches et l'abdomen, qu'elles offrent des têtes souvent atrophiées autorise à les considérer comme des symboles de fécondité. Réalistes ou abstraites, de face ou de profil, tracées ou sculptées, toutes ces représentations ne soulignant que les parties du corps féminin impliquées dans la perpétuation de l'espèce ont ceci en commun qu'elles n'expriment en rien une idolâtrie esthétique du deuxième sexe.

Avec l'art du néolithique, qui commence vers 8000 ans avant Jésus-Christ au Proche-Orient, un changement majeur s'opère en ce que les représentations féminines deviennent prédominantes par rapport aux représentations animales. Présentant des fesses et des seins volumineux, un sexe très marqué, un visage peu élaboré, les figures féminines en terre cuite ou en pierre que l'on trouve à Mureybet, par exemple, ne sont pas fondamentalement différentes des Vénus paléolithiques. Vers 6000 ans avant notre ère, des statuettes féminines sont réalisées ayant des yeux indiqués par des traits peints ou des incrustations d'obsidienne : l'image féminine « s'humanise » par une nouvelle attention portée au visage et au regard. Dans tout le Proche-Orient se répandent des figurines féminines aux formes plantureuses, à l'aspect parfois terrifiant, dont les exagérations et déformations expriment non seulement un culte rendu à la fécondité mais aussi un vrai système hiérarchisé, un sacré « au-dessus » de l'homme. Avec leur aspect massif et hiératique, ces figures féminines en train d'accoucher, assises sur un trône de panthères, représentent les premières déesses mères, les premières divinités[2]. Ici encore l'attribut souligné n'est pas

---

1. André Leroi-Gourhan, *Préhistoire de l'art occidental*, Paris, Mazenod, 1971.
2. Jacques Cauvin, *Les Premiers Villages de Syrie-Palestine du IXe au VIIe millénaire avant Jésus-Christ*, Lyon, Maison de l'Orient méditerranéen ancien,

la beauté féminine mais la fécondité, la puissance supérieure de vie et de mort. La déesse n'est pas célébrée pour sa beauté, elle l'est en tant que maîtresse des animaux et des forces incontrôlées, pouvoir divin de vie et de mort.

Ce que l'on observe dans les sociétés dites sauvages ne conduit pas davantage à la suprématie esthétique du féminin ; ni les œuvres d'art, ni les discours, ni les chansons n'expriment l'idée du « beau sexe ». Dans les contes et récits de la tradition orale, la beauté féminine n'est pas plus exaltée, plus décrite, plus admirée que celle des hommes, elle n'apparaît pas comme une propriété distinctive de la femme. Sans doute les ornements, tatouages et déformations corporelles peuvent-ils, ici ou là, être plus spectaculaires ou riches au féminin qu'au masculin mais cela ne témoigne en rien d'une religion esthétique de la femme tant ces signes sont toujours chargés de valeurs symboliques, mythologiques, identitaires, magiques, rituelles. Au demeurant, dans diverses tribus, les marques décoratives viriles se manifestent avec plus d'éclat que celles des femmes. Chez les Chambuli, en Océanie, observe Margaret Mead, ce sont les hommes qui portent les plus beaux ornements et qui se préoccupent le plus de leur apparence[1]. Chez les Massa et les Moussey, en Afrique, « l'homme est le point de mire de l'esthétique corporelle[2] » ; chez les Maori, les hommes arborent des tatouages plus chargés, plus denses que ceux des femmes[3] ; chez les Wodabé du Niger, lors d'une fête, ce sont les femmes qui élisent le plus bel homme de la tribu[4]. Dans les sociétés sans écriture, la beauté des deux genres est socialement reconnue et chantée, les parures et marques du corps se différencient chez l'homme et chez la

---

1978 ; du même auteur, « L'apparition des premières divinités », *La Recherche*, n° 194, déc. 1987.

1. Margaret Mead, *Mœurs et sexualités en Océanie*, Paris, Plon, 1963.

2. Igor de Garine, « Massa et Moussey ; la question de l'embonpoint », *Autrement*, n° 91, juin 1987, p. 108.

3. P. et F. De Dekker, *Ta'aroa, l'univers polynésien*, Bruxelles, Crédit Communal, 1982.

4. Carol Beckwith et Marion Van Offelen, *Nomads of Niger*, Londres, William Collins Sons & Co, 1984.

femme mais celle-ci n'est pas exaltée en tant que personnification supérieure de la beauté.

Gardons-nous de croire que ce « refus » social de sacrali-
ser la beauté féminine soit une caractéristique des âges
« primitifs » de l'humanité. En réalité, cette attitude s'est
prolongée dans les cultures paysannes bien après l'émergence historique de l'État et jusqu'à l'aube du xxᵉ siècle.
Les innombrables proverbes relatifs à la beauté féminine
témoignent de l'absence de culte du beau sexe dans le
monde rural traditionnel : partout domine la tendance à la
dépréciation des charmes féminins. Il s'agit avant tout de
mettre en garde les garçons contre les appâts fugitifs et
dangereux de la beauté : « Belle rose devient gratte-cul »
(Provence-Languedoc) ; « Beau et bon ça ne peut être »
(Aube) ; « La beauté, on n'en mange ni on n'en boit »
(Gascogne) [1]. À coup sûr, ces anciens proverbes révèlent la
puissance d'attraction de la beauté féminine mais, loin de
s'en émerveiller et de l'encenser, la mentalité paysanne
s'est attachée à la dévaloriser, voire à la diaboliser : « Fille
belle est haute comme la moitié du diable » (haute Bretagne).

Quelles logiques sociales sous-tendent le statut de la
beauté féminine dans les sociétés primitives ? Impossible
de comprendre un tel dispositif sans le rattacher à la
manière dont se construit, dans ce contexte, l'identité du
genre féminin. Dans les formations sociales sauvages, être
femme ne relève jamais simplement de l'ordre naturel
mais toujours en même temps de l'ordre symbolique ; en
particulier, ce qui donne à la jeune fille le statut de femme,
ce n'est ni le sexe anatomique, ni la perte de sa virginité, ni
le mariage, mais essentiellement la fécondité [2]. Ainsi la
femme reconnue stérile n'est-elle pas considérée comme
une vraie femme : elle ne l'est qu'après avoir procréé.
Chez les Samo, la femme sans enfant est inhumée sans
honneur dans le cimetière des enfants. Chez les Nuer, elle

---

1. Jean-Louis Flandrin, *Les Amours paysannes (xviᵉ-xixᵉ siècle)*, Paris, Gallimard, 1993, p. 166-169.
2. Françoise Héritier, *Masculin/Féminin*, Paris, Odile Jacob, 1996, p. 230.

peut se constituer un capital et même obtenir une
« épouse » : les enfants que celle-ci mettra au monde
appelleront la femme stérile « père », créditée qu'elle est
d'une essence masculine. Être inachevé et incomplet, la
femme inféconde est méprisée parce qu'elle rend impossible l'accomplissement du « devoir de descendance » et
l'accès au statut d'ancêtre[1]. Tant que le statut de femme
s'est identifié à la fécondité, leur beauté n'a pu bénéficier
d'hommages exclusifs et apparaître comme une propriété
distinctive du féminin, la procréation seule permettant de
constituer la différence entre les deux genres.

On n'ignore pas non plus que, dans la société primitive,
la division sexuelle des tâches s'agence de telle sorte que
s'affirme partout la suprématie de l'homme. Les activités
nobles et valorisées sont celles qu'exercent les hommes ;
les fonctions subalternes et méprisées, au contraire, sont
dévolues aux femmes. En tout, l'homme est considéré et se
considère comme supérieur aux femmes. Sans doute
celles-ci ont-elles des pouvoirs reconnus mais aucun de
ceux-ci ne les met en position de s'approprier les formes
symboliques du pouvoir et de la reconnaissance sociale :
les marques de gloire, les hommages, le prestige appar-
tiennent en propre aux hommes. L'idolâtrie sociale de la
beauté féminine, dans ce contexte, ne peut voir le jour
tant elle libérerait un foyer de consécration féminine antinomique avec le principe du monopole masculin du prestige et de la supériorité sociale. Dans une culture qui se
caractérise par la mise en correspondance systématique et
totalisatrice de toutes les dimensions de l'univers[2] et qui,
partant, interdit l'autonomie de tout sous-ensemble, aucun
code social n'est pensable qui permettrait l'adulation du
féminin toujours associé dans les systèmes de classification
à la valeur subalterne ou négative. De même qu'il faut
empêcher l'apparition du désir masculin du pouvoir politique coercitif[3], de même faut-il conjurer l'avènement

---

1. *Ibid.*, p. 259-268.
2. Claude Lévi-Strauss. *La Pensée sauvage*, Paris, Plon, 1962.
3. Pierre Clastres, *La Société contre l'État*, Paris, Minuit, 1974.

d'une norme capable de conférer un prestige suréminent aux femmes et de les élever en « souveraines » de l'homme. Les sociétés exotiques s'opposent à la sacralisation du beau sexe, lequel en créant une rente de distinction honorifique propre aux femmes permettrait non seulement d'instituer leur ascendant sur les hommes mais la poursuite de fins individuelles risquant d'échapper au contrôle de l'ordre collectif.

Absence de religion esthétique des femmes qui ne peut pas davantage être séparée de leur place dans l'organisation du travail. Dans l'ordre social primitif, point de classes possédantes et point non plus de femmes oisives : même les épouses des chefs doivent participer aux activités économiques, toutes les femmes ont charge d'exécuter des tâches spécifiques fixées par les normes sociales. Tant que toutes les femmes ont dû assurer un rôle de productrices, la valorisation de la beauté comme caractéristique distinctive du féminin n'a pu prendre corps. Pour qu'advienne l'idolâtrie du beau sexe, il a fallu — condition nécessaire mais à coup sûr non suffisante — que surgisse la division sociale entre classes riches et classes pauvres, classes nobles et classes laborieuses avec pour corrélat une catégorie de femmes exemptées du travail. Ces nouvelles conditions sociales ont permis de rattacher plus étroitement féminité et pratiques de beauté : pendant les longues heures de désœuvrement dont disposent les femmes des classes supérieures, elles s'emploient désormais à se maquiller, se parer, se faire belles pour se distraire et plaire à leur mari. Dès l'Antiquité grecque, puis romaine, divers textes font état de cet usage féminin des fards qui, certes, ne signifie pas culture du « beau sexe » mais associe plus étroitement la femme à la recherche de l'embellissement de soi. Simultanément des critères apparaissent qui conduisent à ne juger belles que les femmes dégagées de l'impératif du travail productif. Exigence du teint blanc, culte des petits pieds en Chine, emploi des fards, coiffures sophistiquées, parures luxueuses, corsets et talons hauts : autant de codes ou d'artifices destinés à marquer un rang social supérieur et qui révèlent les liens unissant le culte de la beauté féminine et les valeurs aristocratiques. Femmes belles, femmes oisives : désormais la beauté sera tenue pour incompatible avec le travail féminin. Soulignant l'indissociabilité de l'estimation esthétique et de l'estimation honorifique, Thorstein Veblen remarque qu'« il y a des articles de la beauté pécuniaire et culturelle qui ont fini par tenir lieu d'éléments de la féminité idéale[1] ». La culture du beau sexe a requis l'inégalité sociale, le luxe et le mépris du travail productif des *leisured classes*.

Aphrodite, Ève et Satan

Avec l'apparition de l'État et des classes sociales, la reconnaissance sociale de la beauté féminine entre dans une nouvelle phase de son histoire. Il suffit de considérer la culture grecque, pourtant marquée par une homosexualité masculine légitime et répandue, pour s'en convaincre.

Les poètes grecs ont rendu de nombreux hommages à la beauté féminine, ils en ont souligné la puissance tout à la fois merveilleuse et redoutable. À commencer par les déesses du Panthéon (Héra, Artémis, Athéna, Aphrodite), qui sont dépeintes comme la quintessence de la beauté[2]. D'autre part, dans *Les Travaux et les Jours*, Hésiode expose le mythe de la première femme, Pandora, créée par Héphaïstos avec un « beau corps désirable de vierge à l'image des déesses immortelles » et parée somptueusement par Athéna : de là est sortie la « race » des femmes. Si la femme est un mal, elle l'est d'autant plus qu'elle est belle et séductrice. Pindare et le poète spartiate Alcman ont composé des *parthenia*, « chants pour des chœurs de vierges » qui célèbrent de jeunes beautés féminines par

---

1. Thorstein Veblen, *Théorie de la classe des loisirs*, Paris, Gallimard, 1970.
2. Nicole Loraux, « Qu'est-ce qu'une déesse ? », *Histoire des femmes*, Paris, Plon, 1991, t. I., p. 39 ; Catherine Fouquet et Yvonne Knibiehler, *La Beauté, pour quoi faire ? Essai sur l'histoire de la beauté féminine*, Paris, Temps Actuels, 1982, p. 18-26 ; sur les Sirènes et la nymphe Calypso comme figures de séduction et de mort, voir Jean-Pierre Vernant, *L'Individu, la mort, l'amour*, Paris, Gallimard, 1989, p. 144-152.

leur nom. Sappho a écrit des poèmes passionnés en l'honneur du corps féminin : « Les uns estiment que la plus belle chose qui soit sur la terre sombre, c'est une troupe de cavaliers ou de fantassins ; les autres, une escadre de navires. Pour moi, la plus belle chose du monde, c'est pour chacun celle dont il est épris[1] ». Dans ces poèmes lyriques apparaît le nom des femmes dont Sappho était amoureuse. Les éloges de la beauté ne sont plus impersonnels, ils renvoient à des femmes vivantes : Aspasie, l'hétaïre dont Périclès s'éprit et eut un fils, a été célébrée pour sa beauté et son intelligence. On sait également qu'à Lesbos, à Trenedos, à Elis existaient des concours de beauté pour les femmes[2].

En même temps, les sculpteurs ont chanté comme jamais auparavant les formes physiques de la femme. Drapé, puis nu, le corps féminin accède aux proportions idéales, qui guideront le travail des artistes jusqu'à la fin du XIXe siècle. Harmonie des parties avec le tout, seins pleins, taille fine, balancement de la hanche faisant reposer le poids du corps sur une jambe : la sculpture grecque a pour ambition de créer la perfection physique du féminin. Non plus une célébration religieuse du pouvoir de fécondité mais la purification formelle du corps, la visée de la beauté idéale dont Pline rapporte qu'elle doit se réaliser en choisissant parmi une multitude de modèles ceux qui sont réputés les plus beaux. La beauté féminine s'est imposée comme une source d'inspiration pour les artistes, une fin en soi capable de susciter l'enthousiasme de tous les amateurs d'art de l'Antiquité, en particulier à partir de Praxitèle et de la célèbre *Aphrodite* de Cnide.

Mais si les Grecs ont loué les charmes féminins, ils n'ont jamais placé la femme au zénith de la beauté. Sans doute existait-il des concours de beauté féminine mais il n'est pas sans importance de souligner que, précisément, ce n'étaient pas les hommes qui jugeaient et distribuaient les

1. Sappho, *Poésies*, I, 27, trad. Reinach.
2. Henri-Irenée Marrou, *Histoire de l'éducation dans l'Antiquité*, Paris, Seuil, coll. Points, t. I, 1981, p. 67.

prix. En Grèce les expressions d'admiration envers la perfection physique virile sont plus fréquentes que celles concernant les femmes. En témoignent la poésie homosexuelle, les dialogues de Platon, les épigrammes homosexuelles, les graffiti sur les murs et autres supports[1]. Les arts plastiques n'illustrent pas moins cette tendance. Alors que les nus féminins sont tardifs et rares jusqu'à Praxitèle, les artistes, depuis l'époque archaïque ont réalisé de nombreuses statues d'athlètes nus. La célèbre *Aphrodite* nue de Praxitèle, acquise par la cité de Cnide, fit scandale et fut refusée par les habitants de Cos. La prédominance du nu masculin sur le nu féminin s'exprime également dans la peinture des vases : les femmes ne sont, le plus souvent, présentées dénudées que dans les scènes de toilette. De surcroît, jusqu'au milieu du ve siècle, les représentations féminines sont fortement marquées par le modèle du corps masculin : elles apparaissent musclées, de même taille que les hommes, avec des épaules larges et un thorax viril ; seuls les seins signalent l'identité féminine[2].

Les nombreuses images de jeunes gens poursuivis, sollicités, ou en train de faire l'amour montrent que les modèles de beauté virile sont davantage prisés que les modèles féminins. Sur les inscriptions gravées à la pointe sur les vases de céramique et qui proclament la beauté d'une personne, les noms de femmes sont beaucoup plus rares que les noms d'hommes. « Par Zeus, Theognis est beau », « Sostratos est extrêmement beau » : les exclamations admiratives s'adressent principalement aux éphèbes[3]. Toutes ces manifestations révèlent la valeur suréminente accordée à la beauté des jeunes garçons, la prééminence esthétique du corps viril, dont on sait qu'il s'exhibait intégralement nu dans les gymnases et sur les terrains de jeux.

L'Antiquité grecque a certes salué la beauté féminine

1. K. J. Dover, *L'Homosexualité grecque*, Grenoble, La Pensée Sauvage, 1982, p. 23-29.
2. François Lissarrague, « Femmes au figuré », *Histoire des femmes, op. cit.* t. I, p. 222-223.
3. K. J. Dover, *L'Homosexualité grecque, op. cit.*, p. 139-154.

mais la culture pédérastique a conduit à privilégier la beauté des jeunes hommes, à rejeter l'identification des femmes au beau sexe, à refuser une hiérarchie esthétique des genres sous la dominance du féminin. Dans la société grecque, l'homme personnifie avec plus d'éclat la beauté que la femme et Ganymède, dont la beauté enflamma Zeus lui-même, représente sans aucun doute un idéal esthétique plus attirant que les statues de déesses. C'est pourquoi les sex-symbols les plus illustres ont été des hommes, à l'instar de l'Athénien Léagre, dont la beauté a été proclamée pendant près d'un demi-siècle[1]. Survalorisation de la beauté mâle qu'on ne peut limiter au corps. Il est vrai que sur les vases peints, les hommes sont vus, à la différence des femmes, dans leurs exercices gymniques, et que le miroir est un objet exclusivement féminin. Mais cela n'autorise pas à dire que « toute la beauté des éphèbes est dans leur corps » et que « au soin du corps de l'athlète correspond le souci du regard chez la femme[2] ». À preuve ce passage du *Charmide* : « Que penses-tu de ce jeune homme, Socrate ? me dit Chéréphon. N'a-t-il pas un beau visage ? — Merveilleux, répondis-je[3]. » Sans doute, pour les hommes, le corps est-il le critère prépondérant de la beauté. Reste qu'une anecdote célèbre montre le jeune Alcibiade refusant d'apprendre l'*aulos* (le hautbois) sous prétexte que cela lui déformait le visage[4].

La culture homosexuelle n'explique pas seule l'absence d'un culte triomphant de la beauté féminine. En Grèce comme dans les autres civilisations antiques, la beauté féminine est toujours chargée de résonances négatives. C'est de Pandora qu'est sortie l'« engeance maudite des femmes » et c'est la beauté d'Hélène qui sert de prétexte à la guerre contre Troie. Pour les Grecs, la femme est un « terrible fléau installé au milieu des hommes mortels », un être de ruse et de mensonge, un danger redoutable qui se cache sous les traits de la séduction. Comment glorifier

1. *Ibid.*, p. 148.
2. François Lissarrague, « Femmes au figuré », art. cité, p. 220 et 224.
3. Platon, *Charmide*, 154 cd.
4. Henri-Irenée Marrou, *Histoire de l'éducation...*, *op. cit.*, p. 202.

la beauté féminine lorsqu'elle est assimilée à un piège maléfique, lorsque domine une misogynie considérant la femme comme un être perfide et néfaste ? Les textes sont nombreux qui énumèrent les vices féminins et adressent des reproches aux stratagèmes qu'elles utilisent pour séduire les hommes. En particulier la coquetterie féminine et l'usage des fards sont systématiquement condamnés[1]. Dès le vi[e] siècle avant Jésus-Christ s'est établie une solide tradition de dénigrement des « subterfuges de la coquetterie », des « drogues de l'art du maquillage » jugés comme étant des ruses diaboliques, des supercheries malhonnêtes, typiques du genre féminin[2].

La tradition judéo-chrétienne s'est également caractérisée par la mise à l'index de la beauté féminine. Même si, dans la Genèse, rien n'est précisé au sujet de la beauté d'Ève, on peut penser que c'est par ses charmes qu'elle a réussi à précipiter Adam dans la voie du péché. Dans la Bible, la beauté des héroïnes (Sarah, Salomé, Judith) a partie liée avec le piège, le mensonge et la ruse[3] : puissance trompeuse, elle doit moins susciter l'émerveillement que la méfiance. Tout au long du Moyen Âge et bien au-delà s'est prolongée cette tradition d'hostilité et de suspicion à l'égard de l'apparence féminine. « Porte du diable », puissance tentatrice, les attraits féminins subissent les foudres de l'Église. Rappelons seulement la violence des assauts d'un Odon, abbé de Cluny (xe siècle) : « La beauté physique ne va pas au-delà de la peau. Si les hommes voyaient ce qui est sous la peau, la vue des femmes leur soulèverait le cœur. Quand nous ne pouvons toucher du bout du doigt un crachat ou de la crotte, comment pouvons-nous désirer embrasser ce sac de fiente[4] ? » Mis à part le code de l'amour courtois, la culture médié-

---

1. Bernard Grillet, *Les Femmes et les Fards dans l'Antiquité grecque*, Lyon, CNRS, 1975.
2. Dans l'Antiquité, Ovide est un des rares auteurs qui encourage et valorise les moyens d'embellissement des femmes.
3. Corinne Chaponnière, *Le Mystère féminin*, Paris, Orban, 1989, p. 15-24.
4. Cité par Jean Delumeau, *La Peur en Occident*, Paris, Fayard, coll. Pluriel, 1978, p. 409.

vale refuse toute célébration de la femme, celle-ci étant identifiée à un piège tendu par le Malin. D'impitoyables réquisitoires sont lancés par les clercs contre les appas des femmes, leur ruse, leur vanité, leur coquetterie. Seule la Vierge Marie, dont le culte et les représentations iconographiques s'amplifient à partir du XIIe siècle, est épargnée et possède l'innocuité de la beauté. Mais vierge et mère du Christ, elle est tout sauf le symbole de la femme. Exalter la Vierge ne signifiait pas vouloir rendre hommage au genre féminin, lequel est resté la racine du mal, l'« arme du Diable ».

L'art médiéval a traduit en images cette stigmatisation chrétienne de la beauté féminine. Ainsi voit-on dans certaines fresques le Diable se travestir en belle jeune fille. Ailleurs la femme apparaît sous les traits de serpents anthropomorphes, de créatures au visage diabolique ; elle peut être également représentée aux côtés de monstres répugnants afin de détourner les hommes de ses charmes funestes. L'art médiéval ne cherche pas à susciter l'admiration du corps séducteur : il s'emploie à inculquer la peur de la beauté féminine, à exprimer ses liens avec la chute et Satan. Point d'hymnes au beau sexe tant que l'art s'est fixé pour mission, non de représenter le monde des apparences visibles mais de traduire la vérité de l'Écriture, de symboliser le sacré invisible. Pour que se constitue le sacre du beau sexe, il a fallu non seulement que la beauté féminine soit chargée d'une nouvelle signification positive, mais aussi que l'art lui-même se donne une finalité autre que celle d'être un strict langage théologique.

LE CULTE DE LA BEAUTÉ FÉMININE

L'idolâtrie du « beau sexe » est une invention de la Renaissance : il faut attendre, en effet, les XVe et XVIe siècles pour que la femme soit portée au pinacle en tant que personnification suprême de la beauté. Pour la première fois dans l'histoire se réalise la conjonction des deux logiques instituant le règne culturel du « beau sexe » : reconnaissance explicite et « théorisé » de la supériorité esthétique du féminin, glorification hyperbolique de ses attributs physiques et spirituels.

Le chef-d'œuvre de Dieu

« Une belle femme est l'objet le plus beau qui se puisse voir et la beauté le plus grand don que Dieu ait jamais élargi à la créature humaine », écrit Firenzuola dans son célèbre *Discours sur la beauté des dames* (1548). Dans l'Europe de la Renaissance, le deuxième sexe devient le « beau sexe », l'incarnation privilégiée de la beauté, une perfection inspirant des hymnes aussi prolixes que fervents. En France, Liébaut dans ses *Trois Livres de l'embellissement du corps humain* (1582) déclare : « Il semble que Dieu créant le corps de la femme ait amassé en lui toutes les grâces que le monde universel pourrait comprendre. » Un peu plus tard, le Chevalier de l'Escale, dans un ouvrage au titre éloquent, fait dire à Dieu : « Vous êtes le chef-d'œuvre de mes mains, tant pour la forme que pour la matière[1]. » Jusqu'alors la femme était considérée comme l'« arme du diable », sa beauté étant indissociable de la malignité. La voici maintenant, dans les milieux lettrés et aristocratiques, consacrée émanation de la beauté divine, élevée au rang d'« ange[2] » supérieur à l'homme tant par sa beauté que par ses vertus : « Les femmes sont créatures plus ressemblantes à la divinité que nous autres, à cause de leur beauté ; car ce qui est beau est plus approchant de Dieu qui est tout beau que le laid qui appartient au Diable », déclare Brantôme dans ses *Dames galantes*. Femme belle,

---

1. *Le Champion des femmes, qui soutient qu'elles sont plus nobles, plus parfaites, et en tout plus vertueuses que les hommes*, Paris, 1618, cité par Pierre Darmon, *Mythologie de la femme dans l'Ancienne France*, Paris, Seuil, 1983, p. 18.
2. « La femme a été formée comme les anges dans le paradis terrestre », écrit Henri Corneille Agrippa dans *De l'excellence et de la supériorité de la femme* (1529).

femme « divine » : aux xvᵉ et xvıᵉ siècles s'est mis en place un processus exceptionnel de dignification de l'apparence féminine, de célébration de sa suprématie esthétique[1], dont nous sommes les héritiers directs.

À coup sûr la misogynie dominante ne désarme-t-elle pas : les pamphlets se perpétuent qui assimilent le deuxième sexe à un « ministre d'idolâtrie », un « animal dangereux et licencieux ». Mais en même temps se fait jour toute une littérature à la gloire des femmes. Depuis *Le Cantique des cantiques* les grâces physiques du féminin ont pu être chantées en riches métaphores mais, à partir du xvıᵉ siècle, les poètes et les gens de lettres passent manifestement à une vitesse supérieure en composant des éloges de plus en plus dithyrambiques en leur honneur. « Vous êtes le chef-d'œuvre de Dieu, le modèle de la perfection, l'image de la divinité, le miracle de la nature, l'abrégé du ciel et l'ornement de la terre », s'enthousiasme le Chevalier de l'Escale. Baïf ambitionne de célébrer Francine « en un style plus haut... qui d'icy à mille ans en portroit témoignage » (*Amours de Francine*). Ronsard s'émerveille des perfections de sa Dame : « Beauté dont la douceur pourrait vaincre les Rois » (*Le Bocage*). Le triomphe du beau sexe coïncide avec cette prolifération des hymnes au féminin, avec escalade dans les louanges adressées aux charmes des dames : le même excès qui donnait le ton aux accusations portées contre la beauté féminine s'est mis au service de son exaltation.

L'humanisme de la Renaissance s'est accompagné d'une nouvelle signification de la beauté féminine en rupture avec sa diabolisation traditionnelle. Érasme, More, Montaigne expriment leur estime et leur admiration pour la « beauté qualité puissante et avantageuse[2] ». Mais nul mieux que Ficin n'a contribué à promouvoir la nouvelle dignification de la beauté. Voulant réconcilier la philo-

---

1. Sanctification du beau sexe qui n'a empêché ni les jugements d'un Michel-Ange sur le nu masculin comme « élément divin », ni les spéculations et calculs sur les proportions idéales du corps en général (voir Erwin Panofsky, *L'Œuvre d'art et ses significations*, Paris, Gallimard, 1969, p. 83-99).
    2. Montaigne, *Les Essais*, Livre III, chap. xıı.

sophie platonicienne avec le dogme chrétien et prouver que la vie de l'univers et de l'homme est dominée par un « cercle spirituel » conduisant de Dieu au monde et du monde à Dieu, Ficin définit la beauté comme « acte ou rayon divin traversant l'univers[1] ». Loin d'être pure apparence sensible, la beauté est posée comme « splendeur du visage divin », manifestation de sa perfection et de sa sagesse. En gagnant une dimension métaphysique qu'elle avait perdue avec Thomas d'Aquin, la beauté redevient un moyen pour s'élever vers Dieu, le premier degré d'une ascension conduisant au Créateur. De cet ennoblissement divin de la beauté sensible est sorti le sacre du « beau sexe ». Dans le contexte chrétien, l'amour des jeunes gens ne pouvant être magnifié, c'est la beauté féminine qui a bénéficié de la *Weltanschauung* néoplatonicienne. Les hommes ayant le quasi-monopole des discours et des arts, la femme s'est imposée comme la quintessence de la beauté, l'être le plus beau de la création divine. C'est moins un geste d'autonomisation profane de la beauté féminine qui a permis sa glorification qu'une réinterprétation religieuse fondée sur la volonté d'abolir toute limite entre le sacré et le profane. Point de déchristianisation de la pensée mais un nouveau mysticisme prolongeant la définition plotinienne de la beauté comme « splendeur de la divine lumière ».

À partir du Quattrocento, dans les milieux florentins marqués par l'humanisme néoplatonicien, la beauté féminine se détache de son ancienne association avec le péché. Jusqu'alors elle était du côté des puissances diaboliques de la tentation, elle se donne à présent comme reflet de la bonté divine et signe d'une beauté intérieure. Après Ficin, Castiglione, dans son *Livre du courtisan*, paru en 1528 et qui fut un succès d'édition, exalte la beauté comme garantie de perfection morale : « La beauté extérieure est le vrai signe de la beauté intérieure... comme les arbres desquels

---

1. *Commentaire au « Banquet »* (1469), cité par André Chastel, *Marsile Ficin et l'art*, Genève, Droz, 1975, p. 88. Sur le néoplatonisme de Ficin, voir également Erwin Panofsky, *Essais d'iconologie*, Paris, Gallimard, 1967, p. 203-211.

la beauté des fleurs porte témoignage de la bonté des fruits[1]. » Habitée par la grâce de Dieu, inspirant l'amour, garante de la bonté, conduisant à la contemplation de Dieu, la beauté en général et celle des femmes en particulier acquiert ses titres de noblesse s'enveloppant d'une spiritualité que les peintres vont s'attacher à représenter. Au xve siècle, les représentations de Vénus deviennent le miroir d'une perfection morale et spirituelle, reflet d'un monde idéal, chemin d'une élévation : la *Naissance de Vénus*, de Botticelli, illustre exemplairement cet esprit néoplatonicien ayant détaché la beauté féminine de toute association avec le péché et permis de rapprocher l'image de Vénus de celle de Marie. Francastel note que ce tableau nous fait assister à la naissance d'une nouvelle divinité, au triomphe de la Beauté, à l'apothéose de la femme qui, nue, occupe à présent, seule, l'image : « Vénus remplace la Vierge[2]. » À ceci près qu'elle lui emprunte ses traits spécifiques, sa pureté, sa douceur céleste. Aérienne, d'une grâce linéaire et fluide, la Vénus du peintre florentin est empreinte de pudeur, de vie intérieure, d'une expressivité émouvante, son visage ressemble davantage à celui d'une Madone qu'à celui des déesses antiques[3] ; spiritualisée, la beauté de la femme s'affirme dans une positivité idéale délestée de toute connotation impure ou basse. De même, plus tard, dans le tableau de Titien, *L'Amour sacré et l'Amour profane*, la Vénus naturelle richement vêtue n'apparaîtra pas moins pure que la Vénus céleste nue. Dans le droit fil de la doctrine ficienne, ces deux Vénus sont « honorables et dignes d'éloges, chacune en son domaine propre[4] ».

Nulle autre époque dans le passé n'a autant représenté, commenté, porté au pinacle la beauté féminine, nulle autre ne lui a accordé une telle importance. Les charmes

1. Dans le même esprit, Gabriel de Minut publie en 1587 un ouvrage intitulé *De la beauté, discours, divers,... voulans signifier que ce qui est naturellement beau est aussi naturellement bon.*
2. Pierre Francastel, *La Figure et le Lieu : l'ordre visuel du Quattrocento*, Paris, Gallimard, 1967, p. 280.
3. Kenneth Clark, *Le Nu*, Paris, Livre de Poche, 1969, t. I. p. 168.
4. Ficin, *Commentaire au « Banquet »*, cité par Erwin Panofsky, *Essais d'iconologie, op. cit.*, p. 225.

féminins alimentent les débats philosophiques, inspirent les peintres et les poètes ; les hymnes enflammés à la beauté prolifèrent en même temps qu'on s'efforce avec une vigueur nouvelle de la définir, de la normaliser, de la classifier. Les listes de canons esthétiques qui fixent les critères des attraits féminins s'allongent, passant de 12 à 18 puis à 33. Les écrivains dédient à la femme une attention passionnée et glorifient les charmes de l'aimée en poèmes laudatifs. Au XVIe siècle, se répand un genre littéraire nouveau : les blasons célébrant une partie du corps féminin. Clément Marot lance le modèle avec son *Beau Tétin*, lequel sera suivi de nombreux poèmes de même facture centrés sur d'autres attraits féminins. En 1536, un tournoi de blasons consacre le succès de ce nouvel amusement poétique. Tandis que le « corps mignon » de la femme devient un thème primordial de la Renaissance française, des poèmes célèbres invitent les femmes à profiter de leur jeunesse et de leur beauté fugitive. Les femmes elles-mêmes prennent la plume pour s'émerveiller de leur beauté : « La matière de chair est-elle pas plus belle dont ce corps féminin fut bati sans modelle », écrit Marie de Romieu. Marguerite de Navarre fait dire à une mondaine : « J'aime mon corps, demandez-moi pourquoi. Pour ce que beau et plaisant je le vois[1]. » C'est encore l'époque où Brantôme peut déclarer : « Une cour sans dames, c'est un jardin sans aucune belle fleur. »

Les arts plastiques ont largement exprimé cette nouvelle sensibilité, ce nouveau prix accordé à la beauté féminine. Dès la première moitié du XVe siècle se manifeste le goût des princes et des seigneurs pour les peintures de femmes nues. Sous l'influence de la sculpture grecque, la Renaissance redécouvre les grâces de Vénus ; les nus féminins, en Europe, se multiplient, s'imposant comme un thème noble des artistes. Autour de 1500, Giorgione puis Titien font passer un souffle de sensualité et d'enthousiasme charnel sur l'idéal classique des formes de Vénus. Les déesses

---

1. Cités par Évelyne Sullerot dans *Histoire et mythologie de l'amour, op. cit.*, p. 90.

grecques étaient sobres et majestueuses : au xvie siècle, la beauté féminine devient plus théâtrale, plus « luxueuse », plus lyrique ; la pose des corps, leur langueur expriment davantage les rêves du plaisir. Les tableaux de l'école de Fontainebleau créent une atmosphère de sensualité glacée au travers de figures sophistiquées aux lignes élégantes et élancées, de femmes enveloppées de voiles transparents, ornées de bijoux précieux et dont le regard ne manque pas, parfois, d'équivoque (*Sabina Poppaea*). Avec la peinture maniériste, tous les thèmes, qu'ils soient mythologiques, bibliques ou historiques deviennent prétexte à déshabiller les femmes et célébrer la beauté de leurs formes[1]. À partir du xvie siècle, l'estampe allégorique, également, privilégie la représentation des femmes jugées plus plastiques, plus décoratives pour représenter les abstractions le plus en vogue : sur l'ensemble du siècle, les deux tiers des gravures allégoriques sont dédiées au deuxième sexe[2].

Dans l'art grec, les hommages rendus à la beauté s'adressaient davantage au corps masculin qu'au corps féminin. La Renaissance a manifestement renversé cette tendance. Le xvie siècle voit se développer un goût immodéré pour les Vénus, les Diane et autres Muses, parfois même débarrassées de tout prétexte mythologique. *Le Concert champêtre*, de Giorgione, ne se caractérise pas seulement par le fait qu'il ne raconte aucune histoire : il inverse le code classique, tant il est vrai que ce sont les hommes qui sont habillés et les femmes nues. Dans ce chapitre de la peinture que Manet fermera s'affirme déjà la prépondérance du nu féminin sur le nu masculin.

Les gestes, postures et positions des femmes traduisent de la même manière la suprématie de la beauté féminine. Ainsi se multiplient les tableaux où l'on voit une femme se regarder dans un miroir. *Jeune Femme à sa toilette* (Bellini), *Suzanne et les vieillards* (Tintoret), *Vénus à sa toilette* (école de Fontainebleau) : la femme est d'abord celle qui admire

---

1. J. Bousquet, *La Peinture maniériste*, Neuchâtel, 1962.
2. Sara F. Matthews Grieco, *Ange ou diablesse : la représentation de la femme au xvie siècle*, Paris, Flammarion, 1991, p. 96.

l'image d'elle-même. Non seulement la femme se regarde mais elle est regardée par les hommes. Dans le tableau du Tintoret, Suzanne, entourée d'ustensiles de toilette, est épiée par deux vieillards concupiscents ; dans la *Vénus au joueur d'orgues*, Titien peint un admirateur qui, en se retournant, plonge son regard sur le corps de la déesse allongée sur de somptueuses draperies. Parce qu'incarnant par excellence la beauté, la femme est montrée comme « à voir », spectacle contemplé narcissiquement par elle-même ou avidement par les hommes.

Le nu couché illustre d'une autre manière la consécration du beau sexe. On sait que l'idéal florentin de la beauté s'est exprimé en des figures verticales alors que l'idéal vénitien s'est concrétisé en des tableaux de Vénus couchées[1]. On doit à Giorgione le premier tableau d'une *Vénus endormie* (1505), archétype ignoré des Anciens et qui servira de modèle à toute l'histoire de la peinture[2]. Cette fortune de la femme horizontale mérite qu'on s'y arrête. Représenter la femme couchée a été une manière de sur-signifier le « beau sexe ». Exaltée en position alanguie ou endormie la femme se donne mieux que jamais comme l'être destiné à être contemplé et désiré. Allongée, abandonnée à ses rêves, la belle s'abandonne en même temps au regard du spectateur comme dans un rêve féerique. La Vénus endormie angélise la beauté féminine, elle la pacifie et tout à la fois la charge d'un supplément de sensualité. Indolente, délivrée de tout projet, la femme couchée exprime une beauté se réalisant pleinement dans l'exclusion de tout dynamisme volontaire, de toute action énergique, de toute activité utile[3]. À la différence de la beauté énergique immortalisée par les nus masculins de Michel-

---

1. Erwin Panofsky, *Essais d'iconologie, op. cit.*, p. 222.
2. L'image de la femme allongée ou endormie a également servi de modèle à la description de la « belle femme » dans tout le roman du XVIIᵉ siècle. Les romanciers dépeignent la femme telle que l'offrent les tableaux maniéristes. Sur l'influence de la peinture maniériste et de l'école de Fontainebleau sur les canons littéraires de la beauté, voir Jean Serroy, « Portraits de femmes ; la beauté féminine dans *L'Astrée* », in *Études sur Étienne Dolet*, Genève, Droz, 1993.
3. Corinne Chaponnière, *Le Mystère féminin, op. cit.* p. 117-127.

Ange, celle de la femme rime avec repos, langueur, mollesse des attitudes. Vénus couchée : manière d'illustrer la prédominance du rôle « décoratif » de la femme ; manière d'associer la beauté féminine à la passivité et à l'oisiveté ; manière d'esthétiser l'énigme du féminin et d'adoucir sa traditionnelle inaccessibilité. Manière enfin d'offrir la femme qui rêve, dépossédée d'elle-même, aux rêves de possession des hommes.

Culture du beau sexe, culture moderne

Quel sens social donner à cette promotion historique de la beauté féminine, à ce nouveau dispositif culturel ayant réussi à s'imposer comme un trait permanent de la civilisation occidentale moderne ? Pour avancer dans cette voie, la problématique proposée par Arthur Marwick ne manque pas d'intérêt. L'idée mise en avant est que l'histoire de la beauté sur la très longue durée s'ordonne autour d'une opposition majeure, que l'on peut formuler de la manière suivante : conception traditionnelle *versus* conception moderne. Jusqu'au XVIIIᵉ siècle domine la première, laquelle a pour caractéristique fondamentale de ne pas séparer la beauté physique des vertus morales. Reflet de la bonté morale, la beauté, dans les cultures traditionnelles n'a pas de statut autonome, elle ne fait qu'un avec le bien, toute perfection physique excluant la laideur de l'âme et toute laideur extérieure signifiant un vice intérieur[1]. Deux autres traits caractérisent encore la vision prémoderne. D'abord la beauté des personnes apparaît comme une qualité dotée socialement de peu de prix : en matière d'union matrimoniale, par exemple, elle ne joue à peu près aucun rôle, seuls comptent la richesse, le rang, la position sociale de la femme. Ensuite s'impose une hiérarchie esthétique des deux sexes dominée — Grèce antique mise à part — par le féminin et la prééminence de la valo

1. Arthur Marwick, *Beauty in History*, Londres, Thames and Hudson, 1988, chap. III.

risation sociale de la beauté féminine[1]. Ce n'est qu'à partir
de l'âge classique que progressivement ce modèle se défait
au bénéfice de la conception moderne dont le propre est
de définir la beauté comme une caractéristique strictement physique, une valeur autonome distincte de toute
valeur morale. Dès lors, la beauté ne renvoie à rien d'autre
qu'elle-même, elle se pense comme une qualité physique
pure n'ayant qu'une valeur esthétique et sexuelle[2]. La
dynamique de cette autonomisation du statut de l'apparence conduira beaucoup plus tard, en fait à partir des
années 60[3], à une plus grande valorisation de la beauté
masculine, à une égalisation tendancielle des deux genres
en matière de prix accordé à l'apparence physique.

Si l'on suit cette interprétation, le moment Renaissance
reste pour l'essentiel enfermé dans l'univers traditionnel
de la beauté. En concevant celle-ci comme le reflet d'une
bonté invisible, la philosophie néoplatonicienne a nié
toute autonomie de l'apparence physique dans le droit fil
d'un passé millénaire. Quant à la sacralisation de la beauté
féminine, elle n'a fait que renforcer le modèle inégalitaire
traditionnel de la beauté des deux sexes. Malgré d'im-
menses bouleversements artistiques, la Renaissance a
reconduit le cadre mental prémoderne de la beauté.

Disons-le clairement : nous nous inscrivons radicalement
en faux contre cette interprétation de l'histoire de la
beauté, qui limite beaucoup trop le sens de l'autonomisation du statut de la beauté et qui se trompe sur le sens historique de l'idolâtrie du beau sexe. Ce qui se joue à la
Renaissance est moins la répétition d'une vision traditionnelle que la première manifestation de l'univers
moderne de la beauté. L'idée selon laquelle la beauté, définie comme caractéristique physique autonome, serait le
critère séparant la vision moderne de la vision traditionnelle n'est pas acceptable. Sans doute y a-t-il eu, au cours
des siècles, émancipation de la dimension esthétique vis-à-

1. *Ibid.*, p. 60-62.
2. *Ibid.*, p. 15-17.
3. *Ibid.*, chap. VIII.

vis de la dimension morale, mais ce phénomène a une importance historique secondaire comparé à ce que représente le processus de valorisation et de dignification sociale de la beauté féminine. Ce n'est pas lorsque la beauté apparaît comme une propriété physique pure délestée de signification morale qu'elle bascule dans l'ère moderne, c'est au moment où la femme est portée aux nues en tant qu'incarnation suprême de la beauté. Quelle que soit la logique inégalitaire qui organise structurellement le sacre esthétique du féminin, celui-ci ne s'apparente qu'en surface à un dispositif traditionnel : dans sa vérité profonde, le culte du beau sexe exprime une culture et une hiérarchie d'essence moderne.

D'abord en ceci que la beauté féminine devient pour la première fois une question noble, un objet d'étude et de réflexion spécifiques. Jusqu'alors les écrits portant sur la seule beauté féminine étaient rares ; au contraire, à partir du XVIᵉ siècle, les charmes féminins inspirent une abondante littérature « spécialisée », dont témoignent les nombreux titres d'ouvrages où la femme est explicitement mentionnée[1]. En même temps se met en place un travail inédit de classification et de définition des termes utilisés pour dire la beauté : Firenzuola consacre de longues pages à préciser les termes *leggiadria, grazia, vaghezza, aria, maestà, venusta*. Les traités fixent plus minutieusement les critères de la beauté féminine, ils énumèrent et classent dans un esprit de système les qualités que doivent présenter les femmes pour être jugées parfaites, ils établissent les règles de la beauté non en général mais dans les plus petits détails. Chez Pétrarque et Boccace, seules les parties « nobles » du corps féminin bénéficient de l'attention poétique : plus tard, avec la mode des blasons anatomiques, aucune parcelle du corps féminin n'échappera à l'entreprise de glorification littéraire. De même que la Renaissance, avec la perspective linéaire, a ouvert la peinture à la

1. Outre le livre de Firenzuola, citons Federico Luigini, *Il Libro della bella donna* (1554) ; Nicoló Campani, *Bellezze della donna* (1566) ; Lodovico Domenichi, *La Nobiltà delle donne* (1549).

profondeur de l'infini, de même a-t-elle livré la totalité des formes féminines aux louanges poétiques. Le changement décisif tient en ce que la beauté féminine est entrée dans une époque d'interrogation, de conceptualisation et de valorisation spécifique, caractéristique de l'esprit moderne. Même si la culture du beau sexe s'est édifiée à partir du principe inégalitaire-hiérarchique et même si, dans le moment Renaissance, la beauté des femmes est restée pensée comme une manifestation de la vertu, il n'en demeure pas moins qu'elle s'est constituée en objet autonome d'étude, suscitant une avalanche d'observations et de descriptions, de louanges, de conseils, de prescriptions normatives. Telle est la modernité du « beau sexe ».

Moderne, la culture du beau sexe l'est encore par les liens qui l'unissent au processus général de spécialisation, de rationalisation et de différenciation accrue des fonctions sociales[1]. Monopolisation et centralisation de la force militaire et policière, utilisation régulière du calcul comptable dans les opérations marchandes, « civilisation des mœurs », représentation de l'espace à partir des principes de la géométrie euclidienne : autant de phénomènes qui relèvent de la rationalisation sociale moderne à laquelle la culture du beau sexe se rattache. À l'aube des temps modernes, la culture du beau sexe bascule dans une logique de spécialisation et de normalisation systématique. Les deux genres se distribuent hiérarchiquement par rapport à l'apparence physique, la femme est placée au sommet de la beauté, les normes esthétiques de l'un et l'autre sexe s'affichent avec méthode et précision. Pareille division des rôles et places esthétiques des sexes prolonge la révolution vestimentaire du milieu du xive siècle ayant institué une forte différenciation du paraître des hommes et des femmes : la robe longue pour la femme, le costume court et ajusté pour l'homme[2]. Plus tard, au xvie siècle, apparaissent pour les femmes les corsets rigides armés de

---

1. Norbert Elias, *La Dynamique de l'Occident*, Paris, Calmann-Lévy, 1975.
2. François Boucher, *Histoire du costume en Occident de l'Antiquité à nos jours*, Paris, Flammarion, 1965, p. 191-198.

baleines ainsi que le modèle de la femme opulente, bien en chair, permettant de rendre ostensible le clivage sexuel des apparences. Les livres de civilité également exhortent les femmes à affirmer leur féminité. Dans le troisième livre du *Courtisan*, Castiglione écrit : « Je prétends qu'une femme ne doit en aucune manière ressembler à un homme dans ses façons, ses manières, ses paroles, ses gestes et son comportement. » À n'en point douter, la culture hiérarchique du beau sexe fait partie de ce large mouvement de spécialisation intense et systématique des rôles de sexe, typique du processus de rationalisation moderne.

Il est clair que le triomphe esthétique du féminin n'a bouleversé en rien les rapports hiérarchiques réels subordonnant le féminin au masculin. À bien des égards, on peut soutenir qu'il a contribué à renforcer le stéréotype de la femme fragile et passive, de la femme inférieure en esprit, vouée à la dépendance vis-à-vis des hommes. D'autant plus que les hymnes à la beauté n'ont exalté qu'une femme fictive. Sur les estampes allégoriques sont représentées des femmes diaphanes dont les expressions idéalisées et non individualisées apparentent plus le deuxième sexe à un ange ou à une créature féerique qu'à un être réel[1]. D'autre part, les blasons anatomiques démembrent, morcellent le corps féminin à loisir comme s'il n'était que l'objet d'un jeu sophistiqué et élégant. Beauté en miettes, beauté décomposée et recomposée non seulement pour le plaisir mais surtout pour la gloire de l'artiste. De fait, tous ces poèmes laudatifs célèbrent moins la femme en tant que personne que l'acte de création lui-même, moins l'individualité féminine que le pouvoir de l'artiste pygmalion capable de transfigurer à volonté le corps de la femme : il s'agit d'abord pour le poète de se mettre en scène lui-même afin de gagner une renommée littéraire[2]. Le « beau sexe » ou la continuation de la domi-

---

1. Sara F. Matthews Grieco, *Ange ou diablesse…, op. cit.*, p. 147.
2. Jean-Paul Desaive, « Les ambiguïtés du discours littéraire », *Histoire des femmes*, t. III, p. 275-277 ; Francette Pacteau, *The Symptom of Beauty*, Londres, Reaktion Books, 1994, p. 26-30.

nation masculine et de la négation de la femme par d'autres moyens.

Mais ne s'agit-il que d'un piège littéraire réifiant les femmes ? Regardé sous l'angle de la très longue durée de l'histoire, l'avènement du beau sexe ne saurait se réduire à un geste construisant la « femme prétexte ». Depuis le fond des âges, les femmes ont toujours été dotées de pouvoirs spécifiques, pouvoirs rituels et magiques, pouvoirs de vie et de mort, pouvoirs de nuire et de guérir. Mais tous ces pouvoirs présentaient cette caractéristique de ne valoir aux femmes aucune considération ni reconnaissance sociale. Partout, les activités du deuxième sexe sont méprisées ou jugées inférieures aux activités masculines, partout les femmes sont écartées des fonctions nobles et associées aux puissances dangereuses du chaos. Si la fonction procréatrice échappe à la dévalorisation culturelle, elle ne s'accompagne pas néanmoins de louanges et de plus-values honorifiques. L'ordre social institue invariablement la suprématie des pouvoirs masculins et le monopole viril du prestige. Par rapport à cette loi sociale, le sacre du beau sexe apporte un changement majeur : désormais un pouvoir spécifiquement féminin se trouve dignifié, exalté, entouré d'hommages emphatiques. « Chaque belle femme est une reine », dit justement Balzac : après des millénaires de dépréciation, un pouvoir féminin est mis sur un piédestal, admiré, censé égaler, voire dépasser la puissance des monarques. Le nouveau tient en ce qu'un attribut féminin est devenu capable de conférer aux femmes des titres de noblesse, du prestige, de la richesse symbolique. Par où les hymnes au beau sexe ne peuvent être assimilés purement et simplement à un instrument d'aliénation du féminin ; concrétisant une reconnaissance et une valorisation inédites des prérogatives féminines, ils ont permis en même temps d'impulser une promotion sociale et symbolique des femmes, fût-elle exceptionnelle, à l'instar des Dames de Beauté et autres favorites du Roi[1].

---

1. Michèle Sarde, *Regard sur les Françaises, op. cit.*, p. 307-317.

Sans doute cette promotion de la femme est-elle beaucoup plus littéraire que sociale. Au xvie siècle, la suprématie masculine reste inchangée : on refuse aux femmes
toute éducation intellectuelle sérieuse, la femme mariée
devient une incapable, nombre de métiers jusqu'alors
féminins deviennent des monopoles masculins. Il n'en
demeure pas moins vrai que par l'intermédiaire du code
de la beauté, la femme a acquis une nouvelle position symbolique exprimant une vacillation dans la manière de percevoir la différence des sexes. D'un côté, la culture du
beau sexe relève d'une logique de type « archaïque » fondée sur l'inégalité et la dissemblance radicale entre les
sexes. Aux hommes la force et la raison ; aux femmes la faiblesse de l'esprit et la beauté du corps : l'un et l'autre sexe
sont appréhendés sous le signe de l'hétérogénéité des qualités dans le droit fil d'un passé immémorial. Mais d'un
autre côté, pareil sacre coïncide avec une déstabilisation
de l'économie traditionnelle de la dissimilarité des genres.
Même si les femmes ont toujours eu des rôles et des places
reconnus dans la société, elles n'en étaient pas moins reje-
tées dans l'ordre de la nature sauvage ou du chaos et, par
là, exclues des fonctions nobles de la culture. Avec l'époque du beau sexe, cette relégation cesse d'être absolue : les
femmes gagnent le droit aux hommages et à la notoriété
sociale. Un tel changement n'a pu se produire que parce
que l'absolue hétérogénéité de la femme a cessé d'aller de
soi : c'est sous-tendu par l'érosion de la perception de la
femme comme « engeance maudite » et « moitié dangereuse » de l'humanité qu'est advenu le règne du beau
sexe. Célébration esthétique qui est moins un geste prolongeant l'univers traditionnel de la séparation absolue entre
les sexes que le commencement moderne du recul de
l'altérité rédhibitoire du féminin[1]. Malgré un code esthétique réinscrivant avec emphase une division de nature
entre les sexes, la femme apparaît plus familière, plus

1. Cette interprétation du sacre du beau sexe rejoint l'orientation proposée par Marcel Gauchet et Gladys Swain dans leur analyse du « grand renfer-
mement » de la folie à l'âge classique (*La Pratique de l'esprit humain*, Paris,
Gallimard, 1980, p. 489-501).

proche, moins chargée d'étrangeté menaçante : la belle
n'est plus piège de Satan mais « parfaite amie », merveilleuse incarnation de l'« agréable espèce ». La suprématie
esthétique du féminin ne s'est affirmée que sur fond d'un
processus de réduction de sa dissemblance d'essence. Par-
delà la reconduction des signes de la disjonction des sexes,
il s'est produit un mouvement de résorption de l'extério-
rité dangereuse du féminin en même temps qu'une intégration des femmes dans l'ordre noble de la culture
humaine. Par quoi l'irruption historique du beau sexe doit
être moins interprétée comme une nouvelle figure de la
relégation du féminin que comme un des premiers jalons
de la dynamique moderne ayant engendré la reconnaissance de la dignité humaine et sociale de la femme.

2

LE BOOM DE LA BEAUTÉ

Jusqu'à la fin du XIXᵉ siècle, l'idolâtrie du beau sexe s'est déployée dans un cadre social étroit, les hommages artistiques à la femme et les pratiques esthétiques ne dépassant guère les limites du public riche et cultivé. En dehors des cercles supérieurs de la société, les valorisations poétiques et cosmétiques de la beauté de même que les images resplendissantes du féminin ont peu de diffusion sociale. Dans la société paysanne, jusqu'à la Première Guerre mondiale, les mises en accusation traditionnelles des charmes féminins l'emportent de beaucoup sur leur exaltation. Pendant près de cinq siècles, la célébration de la Belle a gardé une dimension élitaire : c'est un culte de type aristocratique qui caractérise le moment inaugural de l'histoire du beau sexe.

Cette logique n'est plus celle qui nous régit. Au cours du XXᵉ siècle, la presse féminine, la publicité, le cinéma, la photographie de mode ont propagé pour la première fois les normes et les images idéales du féminin à l'échelle du grand nombre. Avec les stars, les mannequins et les images de pin-up, les modèles superlatifs de la féminité sortent du royaume de la rareté et envahissent la vie quotidienne. Les magazines féminins et la publicité exaltent l'usage des produits cosmétiques pour toutes les femmes. En même temps s'enclenche une dynamique irrésistible d'industrialisation et de démocratisation des produits de beauté. Depuis un siècle, le culte du beau sexe a gagné une dimension sociale inédite : il est entré dans l'ère des masses. L'essor de la culture industrielle et médiatique a permis l'avènement d'une nouvelle phase de l'histoire du beau sexe, sa phase marchande et démocratique.

Toutes les anciennes limites au rayonnement social du beau sexe ont peu à peu volé en éclats. Limites sociologiques : les images et les pratiques, les conseils et les canons de la beauté se sont répandus dans tous les milieux. Limites des modes de production : l'artisanat a cédé le pas à l'industrialisation des produits cosmétiques. Limites de l'imaginaire : la beauté féminine s'est partout délestée de ses liens avec la mort et le vice. Limites d'âge : les pratiques de la beauté sont légitimes de plus en plus tôt et de plus en plus tard. Limites naturelles : avec la chirurgie esthétique et les produits de soins, il s'agit de triompher des disgrâces physiques et des injures du temps. Limites artistiques : pendant des siècles, la glorification du beau sexe a été l'œuvre des poètes et des artistes, elle est désormais le fait de la presse, des industries du cinéma, de la mode et des cosmétiques. Nous voici au stade *terminal* de la beauté, non certes au sens où son histoire serait achevée mais au sens où toutes les anciennes limites à son expansion se sont effondrées. Un nouveau cycle historique s'est ouvert sur fond de professionnalisation de l'idéal esthétique (stars et mannequins) et de consommation de masse d'images et de produits de beauté. Industrialisation et marchandisation de la beauté, diffusion généralisée des normes et images esthétiques du féminin, nouvelles carrières ouvertes à la beauté, disparition du thème de la beauté fatale, inflation des soins esthétiques du visage et du corps, c'est la conjonction de tous ces phénomènes qui fonde l'idée d'un nouveau moment de l'histoire de la beauté féminine. Après le cycle élitiste, le moment démocratique ; après le cycle artisanal, l'époque industrielle ; après la période artistique, l'âge économique-médiatique. Les démocraties modernes ne font pas décliner la culture du beau sexe, elles coïncident avec son apothéose historique.

LA FIÈVRE DE LA BEAUTÉ ET LE MARCHÉ DU CORPS

Rien n'illustre mieux le nouveau cours démocratique de la culture du beau sexe que l'essor des soins et pratiques de beauté. On sait que depuis l'Antiquité les femmes utilisent des fards et autres onguents afin de se montrer à leur avantage et de masquer certaines de leurs disgrâces. Mais pendant des millénaires et encore sous l'Ancien Régime, les soins cosmétiques sont restés l'apanage d'une élite sociale. Il faut attendre le XXe siècle pour que cette configuration aristocratique se défasse : dès lors, pour la première fois, les produits et pratiques d'embellissement ont cessé d'être un privilège de classe. S'il y a sens à parler d'un âge démocratique de la beauté, c'est d'abord en ceci que les soins esthétiques se sont diffusés dans toutes les couches sociales.

La consommation cosmétique augmente modérément jusqu'à la Grande Guerre et s'accélère dans les années 20 et 30. Le rouge à lèvres connaît un immense succès à partir de 1918 ; les huiles solaires et les vernis à ongles font fureur dans les années 30. Mais le plein essor de la consommation de masse des produits cosmétiques date du second demi-siècle. En France, le chiffre d'affaires de l'industrie des parfums et des produits de beauté est multiplié par 2,5 entre 1958 et 1968 ; de 1973 à 1993, il passe de 3,5 milliards à 28,7 milliards. Pendant ce temps, la consommation par habitant progresse de 106 francs à 840 francs. Du fait des progrès scientifiques, des méthodes industrielles et de l'élévation du niveau de vie, les produits de beauté sont devenus, dans nos sociétés, des articles de consommation courante, un « luxe » à la portée de tous.

Au cours des dernières décennies, cette démocratisation ne s'est pas seulement intensifiée, elle s'est accompagnée d'un déplacement de priorité, d'une nouvelle économie des pratiques féminines de beauté instituant la primauté du rapport au *corps*. Sans doute le souci féminin de paraître jeune n'a-t-il rien d'un phénomène récent. Mais, longtemps, les soins apportés à l'apparence ont été dominés par l'obsession du visage, par une logique *décorative* se concrétisant dans l'usage des produits de maquillage, dans les artifices de la mode et de la coiffure. Cette tendance n'est plus la nôtre : c'est le corps et son entretien qui mobilisent de plus en plus les passions et l'énergie esthétique féminines. À présent les pratiques de beauté cherchent moins à construire un spectacle en trompe-l'œil qu'à conserver un corps jeune et svelte ; elles sont moins finalisées par la sophistication du paraître que par le rajeunissement, la tonification, l'affermissement de la peau. À l'heure de l'antiâge et de l'antipoids, le centre de gravité s'est déplacé des techniques de camouflage à des techniques de prévention, des rituels du factice à des pratiques d'entretien du corps, des mises en scène artificialistes aux contraintes nutritionnelles, des surcharges baroques aux opérations de régénération de la peau.

L'esthétique de la minceur occupe bien sûr une place prépondérante dans la nouvelle planète beauté. Les journaux féminins sont de plus en plus envahis de guides-minceur, de rubriques exposant les mérites de l'alimentation équilibrée, des recettes allégées, d'exercices d'entretien et de forme. La publicité en faveur des produits amaigrissants prolifère, de même que les livres sur les régimes : en 1984, quelque 300 ouvrages de régimes ont été publiés en Amérique, et une douzaine d'entre eux ont fait des best-sellers. En France, le livre de Montignac, *Je mange, donc je maigris*, a été vendu à 1,5 million d'exemplaires. Les stars comme Jane Fonda ou Victoria Principal publient leurs méthodes pour vivre belle et svelte. Les publications scientifiques et techniques sur l'obésité se comptent par milliers. Désormais culte de la beauté et recettes de la minceur sont inséparables.

La minceur est devenue un marché de masse. Aux États-Unis, les industries de régime ont réalisé, en 1989, un chiffre d'affaires de 33 milliards de dollars et les séjours en clinique spécialisée ont rapporté quelque 10 milliards de dollars. L'heure est aux préparations diététiques hypocaloriques, aux substituts de repas et autres coupe-faim. En France on compte environ 5 000 références de produits allégés et 1 500 nouveaux produits *light* sont lancés chaque année de par le monde. À la fin des années 80, près de 100 millions d'Américains consommaient des produits allégés ; ceux-ci occupent actuellement 10 % du marché alimentaire dans les principaux pays européens.

Quelle femme, de nos jours, ne se rêve pas mince ? Même celles qui ne présentent aucun excès de poids souhaitent parfois maigrir. En 1993, 4 Françaises sur 10 voulaient maigrir, dont 70 % pour des raisons esthétiques. Aux États-Unis, 75 % des femmes se jugent trop grosses, leur nombre ayant doublé au cours des années 70 et 80. Tandis que Sylvester Stallone déclare dans *Time* qu'il aime les femmes d'allure « anorexique », on voit une proportion non négligeable d'Américaines affirmer que ce qu'elles craignent le plus au monde est de devenir grosses[1]. Les efforts pour maigrir connaissent un développement fulgurant : 1 Française sur 2 et 8 Américaines sur 10 ont au moins une fois tenté de maigrir. Les plus jeunes ne sont pas épargnées : 63 % des étudiantes américaines font des régimes ; 80 % des fillettes entre 10 et 13 ans déclarent avoir cherché à maigrir[2].

À quoi s'ajoute l'usage des crèmes amincissantes. Parce que les régimes ne font pas maigrir « là où il faut », les femmes utilisent massivement les crèmes anticellulite dont les effets, au demeurant, sont très loin d'être probants si l'on en croit les essais comparatifs réalisés par les associations de consommateurs : en 1993, les Françaises ont acheté 1,5 million de tubes, 1 sur 7 a eu recours à une crème liporéductrice, soit deux fois plus que la moyenne européenne[3]. Mais, surtout, les femmes font de plus en plus d'activités physiques et d'entraînement : 1 pratiquant sur 2 d'un sport, en France, est une femme. Partout dans

1. Kim Chernin, *The Obsession : Reflections on the Tyranny of Slenderness*, New York, Harper Perennial, 1981, p. 36.
2. Gérard Apfeldorfer, *Je mange, donc je suis*, Paris, Petite Bibliothèque Payot, 1993, p. 51-53.
3. *50 Millions de consommateurs*, mars 1995.

nos sociétés se multiplient les activités de forme, les gymnastiques, toniques ou douces, le jogging, les exercices de musculation et de raffermissement des chairs. La conquête de la beauté ne se conçoit plus sans la sveltesse, sans les restrictions alimentaires et les exercices corporels.

En même temps, les impératifs de la minceur deviennent de plus en plus stricts. L'évolution des mensurations des mannequins et des candidates au titre de Miss Amérique en témoigne : au début des années 20, l'une des premières Miss Amérique mesurait 1,73 mètre et pesait 63,5 kilos ; en 1954, les concurrentes mesuraient en moyenne 1,71 mètre et pesaient 54,9 kilos. Entre 1980 et 1983, le poids moyen d'une concurrente mesurant 1,76 mètre était de 53 kilos[1]. Évolution telle qu'aujourd'hui les Vénus des années 50 peuvent nous paraître quelque peu « enrobées ». Il est vrai que l'idéal féminin de la minceur trouve ses limites : les top models actuels s'éloignent de l'esthétique « fil de fer » et illustrent un certain retour des « formes » féminines. Mais, en même temps, jamais les femmes n'ont autant fait la chasse à tout ce qui fait figure de flasque, de gras, de mou. Il ne suffit plus de ne pas être grosse, il s'agit de construire un corps ferme, musclé et tonique, débarrassé de toute marque de relâchement ou de mollesse.

Deux normes dominent la nouvelle galaxie féminine de la beauté : l'antipoids et l'antivieillissement. Cette tendance se lit dans l'évolution de la consommation des produits cosmétiques. Désormais, parmi ceux-ci ce sont les produits de soins qui se classent au premier rang des ventes. En 1995, ils représentaient 23,6 % du total du chiffre d'affaires des industries de la parfumerie, contre 11,4 % pour les produits de maquillage, 14,2 % pour la parfumerie, 16,2 % pour les produits de toilette. À eux seuls, les soins antiâge ou antirides ont réalisé un chiffre d'affaires de 1,2 milliard, dépassant celui des produits de

---

1. Roberta Pollack Seid, *Never Too Thin*, New York, Prentice Hall, 1989 ; B. Silverstein, B. Peterson, L. Perdue, « Some Correlates of the Thin Standard of Bodily Attractiveness for Women », *International Journal of Eating Desorders*, n° 5, 1986.

maquillage des lèvres, des yeux ou du visage. Au cours des années 80, les ventes des produits de soins ont été multipliées par quatre. L'évolution est similaire aux États-Unis, où les ventes de produits de soins dépassent celles des produits de maquillage.

L'obsession de l'âge et des rides se manifeste également dans la démocratisation de la chirurgie esthétique. Aux États-Unis, entre 1981 et 1989, les interventions chirurgicales ont augmenté de 80 % ; certaines évaluations avancent le nombre de 1,5 million interventions par an, 1 Américaine sur 60 s'est fait poser des implants mammaires[1]. Depuis les années 60, le nombre de praticiens américains a été multiplié par cinq ; en France leur nombre a doublé en dix ans. Il s'effectue, dans l'Hexagone, quelque 100 000 interventions par an. Avec près de 50 000 actes par an en France et 400 000 aux États-Unis, la liposuccion est la plus demandée des interventions. Autrefois taboue, la chirurgie esthétique apparaît de plus en plus comme une technique dédramatisée, un moyen légitime de rajeunissement et d'embellissement. Le combat contre les rides et les volumes indésirés ne se limite plus aux régimes, exercices physiques et artifices du maquillage : il s'agit désormais de se « refaire », de remodeler son apparence en défiant les effets du temps.

Le constat s'impose. Si la mode vestimentaire est de moins en moins directive et capte une part de moins en moins importante des budgets, les critères esthétiques du corps exercent leur souveraineté avec une puissance décuplée. Moins la mode est homogène, plus le corps svelte et ferme devient une norme consensuelle. Moins il y a de théâtralité vestimentaire, plus il y a de pratiques corporelles à visée esthétique ; plus s'affirment les idéaux de personnalité et d'authenticité, plus la culture du corps devient technicienne et volontariste ; plus s'impose l'idéal d'autonomie individuelle, plus s'accroît l'exigence de conformité aux modèles sociaux du corps. Paradoxalement, l'essor de l'individualisme féminin et l'intensifica-

---

1. Susan Faludi, *Backlash*, Paris, Des femmes, 1993, p. 249.

tion des pressions sociales des normes du corps vont ensemble. D'un côté, le corps féminin s'est largement émancipé de ses anciennes servitudes, qu'elles soient sexuelles, procréatrices ou vestimentaires ; de l'autre, le voilà soumis à des contraintes esthétiques plus régulières, plus impératives, plus anxiogènes qu'autrefois.

ESTHÉTIQUE DE LA LIGNE
ET CULTURE DÉMOCRATIQUE

Comment rendre compte de cette spirale des contraintes esthétiques dont la minceur est l'épicentre ? Quel sens revêt cette « tyrannie » de la beauté à l'heure où pourtant les femmes rejettent en masse leur assignation au rôle d'objet décoratif ?

Il n'est guère douteux que le phénomène soit à relier aux politiques industrielle et marchande investissant le corps comme un nouveau marché aux ramifications innombrables. Mais rien ne serait plus réducteur que de s'en tenir à cette dimension économique de l'offre et de la « consommation dirigée ». Les féministes l'ont bien compris qui se sont efforcées de débusquer, par-delà les offensives du marketing du corps, le sens social du phéno-mène, son lien avec la différenciation des genres. Dans cette perspective, la fièvre de la beauté-minceur-jeunesse signifierait autant une puissance et une extension inédites de l'offre économique qu'une réaction sociale et culturelle dirigée contre la marche des femmes vers l'égalité, une pièce constitutive du choc en retour dont les femmes sont victimes et dont les manifestations se multiplient depuis la fin des années 70. « Revanche esthétique[1] » : au moment où les anciennes idéologies domestiques, sexuelles, reli-gieuses perdent de leur capacité à contrôler socialement

---

1. *Ibid.*, p. 231-257 ; Naomi Wolf, *The Beauty Myth*, Londres, Vintage, 1990.

les femmes, les injonctions à la beauté constitueraient l'ultime moyen de recomposer la hiérarchie traditionnelle des sexes, de « remettre les femmes à leur place », les réinstaller dans un statut d'êtres existant davantage par leur paraître que par leur « faire » social. En brisant psychologiquement et physiquement les femmes, en leur faisant perdre confiance en elles-mêmes, en les absorbant dans des préoccupations esthétiques-narcissiques, le culte de la beauté fonctionnerait comme une police du féminin, une arme destinée à arrêter leur progression sociale. Succédant à la prison domestique, la prison esthétique permettrait de reproduire la subordination traditionnelle des femmes.

Culte de la minceur-jeunesse : instrument d'écrasement social et psychologique des femmes ? L'interprétation est pour le moins courte quand on observe que ces normes s'imposent de nos jours au sexe fort lui-même. À coup sûr, les femmes sont beaucoup plus « tyrannisées » que les hommes, beaucoup plus concernées qu'eux par l'idéal du corps sans graisse. Il n'en demeure pas moins que ceux-ci, dans nos sociétés, veulent également maigrir, ils surveillent leur poids et leur alimentation, font des exercices physiques pour garder la ligne et la forme. Les femmes ne sont pas seules à connaître la montée en puissance de la culture lipophobe : au cours des années 80, la proportion d'hommes qui, en France, se trouvent trop gros, est passée de 24 % à 43 %.

Impossible d'interpréter la mystique de la beauté-minceur comme une machine de guerre lancée contre les nouvelles avancées sociales des femmes, tant elle apparaît comme l'intensification d'une tendance s'inscrivant dans la longue durée de la culture moderne. Dès le début du siècle surgissent les premières réprobations des corps plantureux. Dans l'entre-deux-guerres, la duchesse de Windsor lance le célèbre slogan « Aucune femme ne peut être trop mince ou trop riche », annonçant avec trente ans d'avance les maigreurs de Twiggy. Tout au long du siècle les stars et les mannequins ont propagé l'idéal esthétique de la femme moderne, svelte et élancée. À partir des années 60, la nouvelle culture juvénile diffuse des modèles esthétiques adolescents ; les idoles à l'allure jeune, mince, décontractée font fureur. Le maître mot n'est plus « faire riche » mais « faire jeune » ; tous les signes symbolisant l'âge, les « croulants », la lourdeur bourgeoise se trouvent tendanciellement dévalorisés. Ce que nous voyons aujourd'hui exprime d'abord l'apogée d'une dynamique liée aux métamorphoses de la culture de masse, de la mode et des loisirs dans les sociétés modernes depuis cent ans. Il faut souligner à cet égard le rôle majeur joué par la promotion des activités de plage et de loisirs, l'essor des sports, la dénudation du corps (short, bikini, monokini), les transformations de la mode des années 20 puis des années 60 : robes droites, port du pantalon, jupes courtes découvrant les jambes et les cuisses, vêtements près du corps. Tous ces changements ont ceci de commun qu'ils ont contribué à valoriser le corps mobile, mince et jeune, ils ont disqualifié les marques de l'inertie, de la sédentarité féminine, dont l'embonpoint était une des expressions.

Les transformations de l'art moderne, depuis un siècle, ont également contribué à la promotion sociale de la « ligne ». Loin d'être une esthétique « à part », la beauté longiligne a partie liée avec l'art moderne, dont une des tendances réside dans le rejet de l'ornementation, des boursouflures et autres emphases stylistiques. Les figures en aplat, les angles cubistes, les surfaces abstraites, les arêtes constructivistes, le fonctionnalisme design n'ont pas seulement mis en scène une simplification des formes artistiques, ils ont, plus largement, éduqué l'œil à la beauté des formes sans enflure. Au refus de la surcharge décorative correspond la haine de la surcharge pondérale. « *Less is more* », disait Mies van der Rohe. L'esthétique de la ligne est à la femme ce que le dépouillement et l'abstraction sont à l'art moderne. La dévalorisation du modèle de la femme potelée coïncide avec l'avancée d'un art d'essence démocratique réfractaire à la grandiloquence et à la théâtralité emphatique. La beauté-minceur exprime davantage le triomphe de l'esthétique « minimale » de l'art démocratique du XXe siècle qu'une politique machiste.

Mais rien sans doute n'explique mieux l'extraordinaire

adhésion des femmes à l'esthétique de la minceur que les bouleversements de leur identité sociale sous-tendus par les progrès de la contraception et les nouvelles motivations professionnelles. Dans les sociétés qui nous ont précédés, la corpulence féminine était valorisée parce que associée à la fécondité, destin suprême de la condition féminine traditionnelle. L'essor des méthodes contraceptives et le nouvel engagement professionnel des femmes ont transformé radicalement non seulement les conditions de vie féminine mais, dans la même foulée, leur rapport à l'apparence. L'envolée des valeurs individualistes, la légitimité du travail salarié féminin, la maîtrise des naissances ont fait perdre à la maternité son ancienne position dans la vie sociale et individuelle. À présent, avoir des enfants et les élever ne constituent plus le but exclusif de l'existence féminine ; et ce n'est plus essentiellement au travers de la fonction maternelle que se construit l'identité féminine. Le règne de la minceur fait écho à ces transformations, il exprime le refus de l'identification du corps féminin à la maternité, l'affaiblissement de la considération sociale attachée à la femme mère[1] et corrélativement la valorisation sociale de la femme active, indépendante.

À la racine de l'allergie féminine aux volumes adipeux, il y a le nouveau désir de neutraliser les marques trop emphatiques de la féminité et la volonté d'être jugé moins comme corps et plus comme sujet maître de lui-même. La passion de la minceur traduit, sur le plan esthétique, le désir d'émancipation des femmes vis-à-vis de leur destin traditionnel d'objets sexuels et de mères de même qu'une exigence de contrôle sur soi. Si, de nos jours, la cellulite, les plis, le ramolli, le flasque déclenchent autant de réactions négatives de la part des femmes, c'est que le svelte et le ferme ont valeur de maîtrise de soi, de réussite, de *self management*. Toute femme qui se veut mince dit au travers de son corps sa volonté de s'approprier les qualités de volonté, d'autonomie, d'efficacité, de puissance sur soi tra-

---

1. Jacques Bichot et Philippe Sentis, *Activité féminine et statut social de la mère de famille*, Paris, rapport CNAF, mars 1989.

ditionnellement attribuées aux mâles. Même si le code de la minceur n'a pas la même emprise sur les hommes et sur les femmes, il doit se penser davantage sous le signe de l'égalisation des conditions que comme un vecteur d'oppression du féminin.

VERS UNE CULTURE DÉMIURGIQUE
DE LA BEAUTÉ

Plus que jamais la beauté féminine est jugée chose sérieuse non seulement pour la vie privée des hommes et des femmes mais pour le fonctionnement de l'ordre social lui-même. Certaines féministes avancent ainsi l'idée que la culture du beau sexe présente, de nos jours, tous les traits d'un culte *religieux*, d'un dispositif liturgique au sein même des sociétés libérales désenchantées. Au terme de sa démarche, la déconstruction radicale du mythe de la beauté aboutit à cette conclusion fracassante : la fièvre contemporaine de la beauté féminine est la continuation de la religion par d'autres moyens.

Kim Chernin voit dans l'obsession de la minceur le prolongement des valeurs ascétiques millénaires, une expression de haine contre la chair, identique à celle que professaient les théologiens du Moyen Âge[1]. Susan Bordo suggère qu'il y a continuité entre les pratiques de mortification des saints médiévaux et les régimes draconiens que s'infligent les femmes de notre époque[2]. Naomi Wolf parle de « nouvelle Église » remplaçant les autorités religieuses traditionnelles, de « nouvel Évangile » recomposant des rites archaïques au cœur de l'hypermodernité, hypnotisant et manipulant les « fidèles », prêchant le renoncement aux plaisirs de la bonne chère, culpabilisant les femmes au moyen d'un catéchisme dont le centre est la

1. Kim Chernin, *The Obsession...*, *op. cit.*, p. 42-44.
2. Susan Bordo, *Unbearable Weight*, Berkeley, University of California Press, 1993, p. 68.

diabolisation du péché de graisse. Désormais, les élues sont les top models et les non-élues les femmes grosses et ridées. Comme tous les cultes religieux, la beauté a son système d'endoctrinement (la publicité des produits cosmétiques), ses textes sacrés (les méthodes d'amaigrissement), ses cycles de purification (les régimes), ses gourous (Jane Fonda), ses groupes rituels (Weight Watchers), ses croyances en la résurrection (les crèmes revitalisantes), ses anges (produits de beauté), ses sauveurs (les chirurgiens plasticiens) [1]. En brisant la confiance des femmes en elles-mêmes, en exacerbant la peur névrotique de leurs désirs et de leur corps, la « théologie » de la beauté contribue à maintenir les femmes dans une situation d'infériorité psychologique et sociale, dans le droit fil du fameux opium du peuple.

Soyons clair : pour être stimulantes, ces analyses sont loin d'emporter la conviction. Comment assimiler les « rites » contemporains de la beauté à un nouveau « fondamentalisme » quand les différentes méthodes de la « ligne » sont contestées et discutées sur la scène publique, quand les associations de consommateurs testent les crèmes amincissantes, quand les media mettent en garde le public contre les impostures ou les dangers des programmes miracles. C'est la logique moderne de l'information et du comparatif qui est à l'œuvre beaucoup plus que celle des « superstitions médiévales ». De tous côtés, le scepticisme sur les marques et l'efficacité des produits se fait jour ; même les consommatrices des produits cosmétiques expriment fréquemment leurs doutes au sujet des promesses mirobolantes des marchands de beauté. Non pas une mystique des produits de beauté mais une consommation volontariste, un optimisme de volonté n'éliminant jamais tout à fait la distance et la perplexité. Au même titre que les autres sphères de la vie sociale, l'univers de la beauté est marqué par la dynamique moderne du libre examen, de l'interrogation critique, du débat collectif.

Que les femmes se montrent friandes des nouveaux pro-

---

1. Naomi Wolf, *The Beauty Myth*, *op. cit.*, p. 86-130.

duits de beauté ne traduit ni un infantilisme ni un hyp-
notisme de masse mais une volonté plus ou moins appuyée
d'être acteur par rapport à son corps. Rien à voir avec les
pratiques ascétiques des âges de religion, lesquelles visaient
la seule perfection de l'âme : les méthodes actives de la
beauté-minceur ne sont finalisées que par un idéal de perfectionnement physique[1]. À la négation métaphysique de la
chair s'est substitué un activisme fonctionnaliste du corps,
l'engouement des remises en forme, la passion des produits
toniques et restructurants disponibles sur le marché. Le système contemporain de la beauté ne reconduit pas une
logique « primitive », il élargit la logique moderne de la
consommation. À l'opposé de l'univers sacral du sens et de
l'absolu, celui de la beauté est dominé par les mécanismes
du marché et l'obsolescence des produits. Sa logique parti-
cipe davantage de la marchandisation du monde que de
l'imposition d'une foi, davantage du « management par
objectif » appliqué au corps que de l'absolutisme liturgique, davantage de l'esprit « expérimental » que de
l'esprit dogmatique.

Reviviscence d'une mentalité archaïque ? Ultime credo
analogue aux fondamentalismes et autres cultes religieux
« primitifs » ? On ne peut imaginer contresens plus
complet sur la question. Ce qui se déploie, au travers des
pratiques féminines de la beauté, illustre au plus profond
le triomphe de la raison prométhéenne, la poussée de la
culture de l'efficacité et de la maîtrise technicienne caractéristique des modernes. Depuis le début des temps
modernes, les sociétés occidentales se sont engagées dans
l'entreprise illimitée de la domination et de la technicisa-
tion du réel. Cette logique a désormais gagné le rapport à
l'apparence. De quoi s'agit-il dans les nouvelles pratiques
de beauté, sinon de se rendre « comme maître et posses-
seur » du corps, de corriger l'œuvre de la nature, de
vaincre les ravages occasionnés par la marche du temps, de
substituer un corps construit à un corps reçu. Rester jeune

1. Joan Jacobs Brumberg, *Fasting Girls : the Emergence of Anorexia Nervosa as
a Modern Disease*, Cambridge, Harvard University Press, 1988, p. 46.

et svelte : sous la raison esthétique, c'est encore la raison démiurgique moderne qui avance, le refus du destin, le procès de rationalisation et d'optimisation sans fin de nos moyens. De même que la technoscience s'emploie à prendre possession de la Terre, de même vise-t-elle maintenant à arraisonner l'apparence du corps. À rebours d'un dispositif archaïque, le culte contemporain de la beauté doit se comprendre sous le signe moderne de la non-acceptation de la fatalité, de la montée en puissance des valeurs conquérantes d'appropriation du monde et du soi. L'individualisme féminin se manifeste moins désormais dans les artifices ostentatoires du paraître que dans un volontarisme réparateur et constructiviste, dans le refus d'abandonner l'organisme aux seules lois de la nature, dans les projets activistes du *body management*. Narcisse et Prométhée ont cessé de symboliser des destins singuliers : ensemble ils illustrent à présent le même ethos de *travail* transformateur, la même entreprise de domination illimitée de ce que l'on a reçu des mains de la nature. Au principe du boom de la beauté ne se trouve pas la haine nihiliste et millénaire du corps mais l'extension des idéaux de maîtrise du monde et de possession de soi-même constitutifs de la culture moderne de l'individu.

Rattacher la spirale de la beauté à la culture individualiste exige quelques précisions tant il est indéniable que les normes du corps s'accompagnent d'un conformisme de masse d'une ampleur exceptionnelle. L'obsession de la minceur, la multiplication des régimes et des activités de forme, les demandes de réduction des « culottes de cheval » et de façonnement des mêmes petits nez retroussés témoignent de la puissance normalisatrice des modèles, d'un désir accru de conformité esthétique qui heurte frontalement l'idéal individualiste et son exigence de personnalisation des sujets. Mais c'est avoir une vue très réductrice de l'individualisme que de l'assimiler au refus des modèles sociaux et à l'impératif d'originalité des personnes. Au plus profond, la culture de l'individu est ce qui substitue les règles autonomes du monde humain-social aux règles hétéronomes de la religion et de la tradition. En même temps le refus illimité du donné et le mérite par les œuvres prennent le pas sur l'acceptation du destin et les statuts reçus. Ce que nous voyons de nos jours constitue l'extension de cette logique artificialiste-méritocratique au corps féminin. Là où il y avait laisser-faire et laisser-aller dans le rapport au physique corporel, il y a maintenant volonté de maîtrise, combat contre la loi hétéronome du temps et du corps. L'idéal moderne du gouvernement de soi et de pleine possession de la collectivité sur elle-même s'est propagé à la relation au corps. Conformément aux valeurs individualistes-méritocratiques, le corps tend à devenir un objet qui se mérite par un travail constant de soi sur soi. Par où les désirs de conformité esthétique qui se déploient ne sont qu'apparemment en contradiction avec l'essor de la culture individualiste. Car plus se renforcent les impératifs du corps ferme, mince et jeune, plus s'affirme l'exigence de prise souveraine sur ses propres formes ; plus s'impose la puissance directrice des normes esthétiques, plus les femmes s'emploient à se prendre en charge, à se surveiller, à devenir acteurs d'elles-mêmes ; plus s'intensifient les prescriptions sociales de la beauté, plus le corps relève d'une logique de *self management* et de responsabilité individuelle.

LA BEAUTÉ POSTDISCIPLINAIRE

Surexposition médiatique des images idéales du corps féminin, despotisme de la minceur, démultiplication des conseils et des produits de beauté : la culture de la consommation et de la communication de masse coïncide avec la montée en puissance des normes esthétiques du corps. Comme on pouvait s'y attendre, ce phénomène n'a pas manqué d'être interprété comme une formidable extension des technologies du pouvoir disciplinaire moderne[1]. Avec ses gestes d'autosurveillance quotidienne,

1. Voir, en particulier, Susan Bordo, *Unbearable Weight*, *op. cit.*

ses coercitions microphysiques, ses mécanismes d'homogénéisation et de normalisation des apparences, ses exercices
répétitifs finalisés par la conservation d'un corps jeune et
svelte, le culte contemporain de la beauté trouverait sa
vérité dans l'entreprise de programmation disciplinaire
des corps.

Il est peu douteux que notre époque soit témoin d'une
nouvelle puissance sociale de normalisation et de « rationalisation » du corps. Mais c'est être aveugle que situer
cette logique sociale dans le prolongement de l'âge des
disciplines. Car en lieu et place des injonctions et règlements uniformes se déploie désormais une nébuleuse de
sollicitations, de produits et de recommandations qui
ouvrent l'espace du choix, de l'initiative individuelle, des
programmes à la carte. Au quadrillage autoritaire et diri-
giste a succédé la dérégulation consommative et sportive et
son cortège d'activités de forme et d'entretien, son foi-
sonnement de prescriptions diététiques et de méthodes
amaigrissantes, son supermarché des produits antirides et
antipoids. On est aux antipodes du *one best way* disciplinaire : l'époque est à l'éparpillement des recettes, à la poly-
phonie des sollicitations et des guides de la minceur. S'il
est indéniable que l'idéal de la sveltesse génère un processus d'homogénéisation de l'apparence, les voies qui y
mènent sont, elles, de plus en plus hétérogènes.

Les mécanismes de la discipline fonctionnent de telle
sorte que l'intervention de la conscience et de la volonté
puisse être en principe annulée au profit d'une obéissance
aveugle et mécanique du corps, d'une docilité automa-
tique des individus : le corps dressé agit idéalement sans
pensée ni réflexion, semblable en cela aux rouages d'une
machine parfaite. Mais telle n'est plus la logique qui nous
régit au moment où l'information et la diversification de
l'offre impliquent presque inévitablement le choix, la décision, la participation des individus. Plus s'impose la norme
homogène du corps mince et jeune et plus les sujets sont
contraints de s'informer des « nouveautés », de faire des
choix parmi les options diététiques et sportives qui
s'offrent à eux : l'individu acteur a pris la relève de l'indi-

vidu machine. Même si nombre de régimes restent rigides et draconiens, de plus en plus sont valorisés par les programmes personnalisés adaptés aux goûts alimentaires et aux modes de vie individuelle, les planifications souples, les méthodes de responsabilisation personnelle en matière d'alimentation[1]. Régimes à option, gestion active de l'alimentation, autogestion des comportements alimentaires : de même que déclinent les visées du corps machine, de même la conquête de la beauté minceur se donne-t-elle comme postdisciplinaire, l'encadrement mécaniste cédant partout le pas à des mécanismes d'autocontrôle qui, pour être contraignants, n'en mobilisent pas moins l'initiative, la conscience, la motivation individuelle.

Si la discipline est ce qui « fabrique des corps soumis et exercés, des corps dociles[2] », force est de constater que les normes postmodernes de la beauté sont loin d'être à la hauteur de cette ambition. Le plus remarquable, en effet, se lit dans l'échec de l'impératif minceur à produire des corps autocontrôlés, réguliers, esthétiquement conformes. Même si la minceur est devenue une obsession de masse, il n'en demeure pas moins que d'après les études réalisées par la Metropolitan Life Insurance Company, 12 % des Américaines âgées de 20 à 29 ans ont un poids supérieur de 20 % aux normes ; 25 % des femmes âgées de 30 à 39 ans sont dans ce cas ; dans le groupe des femmes de 40 à 49 ans, la proportion s'élève à 40 %[3]. Dans l'ensemble, 1 femme sur 3 présente un excès de poids. Sans doute, de plus en plus de femmes modifient leur alimentation et s'infligent des régimes pour maigrir mais, sur la durée, de 80 à 95 % d'entre elles reprennent leur poids initial[4]. Plus l'idéal de la minceur est intériorisé, plus se manifeste l'échec à maigrir durablement. Renforcement des contrôles disciplinaires ? Comment, dans cette hypothèse, comprendre l'augmentation des cas d'obésité ? Comment

1. Gérard Apfeldorfer, *Je mange, donc je suis, op. cit.*, p. 234-237.
2. Michel Foucault, *Surveiller et punir*, Paris, Gallimard, 1975, p. 140.
3. Kim Chernin, *The Obsession..., op. cit.*, p. 36.
4. *Ibid.*, p. 30, et Gérard Apfeldorfer, *Je mange, donc je suis, op. cit.*, p. 283.

rendre compte de ces phénomènes typiques de notre époque que sont les successions de régimes et de reprises pondérales, les « kilos yoyo », les alternances de restriction et de frénésie alimentaire ? Il est vrai que la norme du corps mince est créatrice de plus d'autocontraintes et d'auto-surveillance pour un nombre accru de personnes. Mais en même temps on voit progresser la déstructuration des manières de manger, les comportements erratiques, les compulsions, la *junk food*, les perturbations de la conduite et des habitudes alimentaires. Si notre culture voit triompher la tyrannie de la ligne, elle est tout autant marquée par le désencadrement des conduites alimentaires, l'effondrement des impositions collectives ayant trait au « manger ». Avec pour conséquences le désordre, le grignotage anarchique, l'alimentation vagabonde et déstructurée, caractéristique de notre culture « gastro-anomique[1] ». D'où la difficulté à soutenir la thèse de l'intensification des dispositifs disciplinaires. Si le corps est soumis indéniablement à des règles esthétiques plus impérieuses, en même temps d'autres contraintes collectives, à l'instar de l'alimentation, se délitent, qui ouvrent la voie à des comportements impulsifs ou désordonnés, générateurs de prise de poids.

Tout comme l'alimentation, les comportements sportifs illustrent la sortie de l'âge de la normalisation disciplinaire des corps. On sait que de plus en plus de femmes pratiquent des activités physiques et sportives : le jogging, le tennis, le ski, la gymnastique sont devenus des activités féminines de masse. Mais celles-ci sont davantage intermittentes que régulières ; pour le plus grand nombre, les pratiques occasionnelles l'emportent sur l'entraînement méthodique. L'esthétique de la minceur a indubitablement gagné mais, loin d'engendrer une rationalité disciplinaire, elle s'accompagne de pratiques instables et sismographiques oscillant entre activisme et inactivité, restriction et excès, mobilisation et désaffection, maîtrise et

1. Claude Fischler, *L'Homnivore*, Paris, Odile Jacob, rééd. coll. Points, 1993, p. 212-216.

relâchement. Si le code de la minceur crée de la culpabilité et de l'anxiété, il ne réussit que très imparfaitement à fabriquer des corps dociles, automaîtrisés, réguliers.

Cet « échec » n'a rien de surprenant dès lors qu'on le relie aux logiques antinomiques qui structurent notre culture. D'un côté, nos sociétés intensifient les prescriptions relatives au corps, elles renforcent les normes diététiques et sportives en même temps qu'elles enjoignent de combattre l'excès de poids. Mais, de l'autre, l'univers de la consommation exacerbe les désirs et le « tout, tout de suite », il favorise les impulsions et engouements passagers, il accroît la répugnance aux efforts réguliers et austères. Même les régimes se vendent maintenant en promettant plaisir, rapidité et facilité des méthodes. Si bien que les normes strictes du corps svelte cohabitent avec les sollicitations consommatives et hédonistes, l'excroissance des désirs de bien-être, la déstructuration des contraintes collectives pesant sur la conduite alimentaire. Les échecs à maigrir durablement, les va-et-vient entre surconsommation et restriction, l'anarchie alimentaire, les pratiques sportives sporadiques sont autant d'expressions d'une culture antinomienne qui prescrit des normes de maîtrise et de surveillance permanente de soi mais qui, dans le même temps, désagrège les structures sociales de l'alimentation, stimule les impulsions consommatives, érige la « tentation » en système.

POLITIQUE DE LA BEAUTÉ

On présente souvent la beauté comme le pouvoir spécifique du féminin. Un pouvoir décrété immense tant il permet de régner sur les hommes, d'obtenir les plus grands hommages, d'influencer en coulisses les grands de ce monde. Pouvoir réel ou pouvoir illusoire ? De nos jours, la pensée féministe porte des coups sévères au mythe de la beauté féminine, pouvoir subalterne puisque dépendant des hommes, pouvoir éphémère puisque inéluctablement appelé à sombrer avec l'âge, pouvoir sans mérite et frustrant puisque en grande partie « donné » par la nature[1]. Loin d'instituer l'empire du deuxième sexe, le mythe de la beauté ne fait qu'entériner le « pouvoir des faibles » et l'assujettissement des femmes aux hommes. Par où la question de la beauté féminine se charge d'une signification politique fondamentale. Pour le féminisme contemporain, déconstruire la beauté revient à l'analyser comme un instrument de domination des hommes sur les femmes, un dispositif *politique*, dont la finalité est de séparer les hommes des femmes, les races des races, les femmes des femmes[2].

La culture du beau sexe ne se borne pas à dresser les femmes les unes contre les autres, elle divise et blesse chaque femme en elle-même. Les images superlatives du féminin véhiculées par les media accentuent la terreur des griffures de l'âge, elles engendrent complexe d'infériorité, honte de soi, haine du corps. À présent, 1 Américaine sur 3 et 8 sur 10 autour de 18 ans se déclarent « très insatisfaites » de leur corps[3]. Tandis que la plupart des femmes se trouvent trop grosses, 95 % d'entre elles surestiment d'environ un quart les dimensions de leur corps[4]. Plus nos sociétés diffusent des conseils et des images esthétiques, plus les femmes vivent mal leur apparence physique : tendanciellement le beau sexe ne se voit pas beau. Longtemps la beauté féminine a été assimilée à un piège menaçant les hommes ; aujourd'hui, les féministes l'analysent comme un moyen d'oppression du féminin. Obsédées par leur poids, nombre de femmes font des régimes éprouvants et souffrent de troubles de leur conduite alimentaire : 90 % des anorexiques sont des femmes ; de 12 à 33 % des jeunes

1. Robin Tolmach Lakoff et Raquel L. Scherr, *Face Value : the Politics of Beauty*, Boston, Routledge & Kegan, 1984, p. 18-20 et 40-43.
2. *Ibid.*, p. 277.
3. T. Cash, D. Cash, J. Butters, « Mirror-Mirror on the Wall : Contrast Effects and Self-Evaluation of Physical Attractiveness », *Personality and Social Psychology Bulletin*, vol. IX (3), sept. 1983.
4. K. Thompson, « Larger than Life », *Psychology Today*, avril 1986, p. 39-44.

étudiantes s'efforcent de contrôler leur poids en se faisant vomir, en usant de laxatifs ou de diurétiques. Certaines études estiment que 1 femme sur 250, entre 13 et 22 ans, présente des troubles anorexiques[1] ; on voit même maintenant, aux États-Unis, des petites filles de 7 ou 8 ans se mettre au régime. Point de pouvoir réel de la beauté féminine, c'est au contraire celle-ci qui exerce une tyrannie implacable sur la condition des femmes.

En s'imposant des restrictions alimentaires, en utilisant tous les moyens pour se débarrasser des calories ingérées, les femmes altèrent leur santé physique et psychologique. Fatigue chronique, irritabilité, troubles menstruels, diminution du désir sexuel, lésions de l'estomac et de l'œsophage, troubles intestinaux, crises nerveuses, telles sont les conséquences des régimes, des abus de laxatifs et de vomissements. S'ajoute à cela le fait que l'échec fréquent des méthodes amaigrissantes s'accompagne de démoralisation, de dépression, d'un sentiment de culpabilité, de honte, de dévalorisation et de dégoût de soi-même. Derrière le culte des apparences serait à l'œuvre une entreprise de démolition psychologique des femmes, une machine infernale minant leur confiance et leur estime d'elles-mêmes[2]. Par où se révèle la fonction politique du code de la beauté féminine. Dévalorisées dans leur image d'elles-mêmes, anxieuses et complexées, les femmes se détournent de la combativité sociale et politique, elles se contentent d'emplois subalternes, acceptent des salaires inférieurs à ceux des hommes, partent moins qu'eux à l'assaut de la pyramide sociale, sont peu syndiquées, respectent davantage les hommes que les femmes, sont davantage préoccupées par leur physique que par les affaires publiques. Le fétichisme de la beauté féminine fonctionne comme un vecteur de reproduction d'une main-d'œuvre docile, peu solidaire, peu revendicative, au moment où les femmes commencent à se rapprocher des sphères du pouvoir[3].

---

1. Susan Bordo, *Unbearable Weight, op. cit.*, p. 140 et 154.
2. Naomi Wolf, *The Beauty Myth, op. cit.*, p. 49.
3. *Ibid.*, p. 20-57.

Moyen permettant d'enrayer la marche des femmes vers le sommet de la hiérarchie sociale, le mythe de la beauté féminine, dans nos sociétés, serait d'abord une contre-offensive politique dont l'objectif majeur est la perpétuation de l'hégémonie mâle et de la soumission féminine.

Comment douter un seul instant que la question de la beauté soit plus cruciale, plus identitaire, plus anxiogène au féminin qu'au masculin ? Mais autorise-t-elle à affirmer qu'elle engendre haine et dévalorisation de soi ? Il n'est pas inutile de noter que certaines études ne trouvent aucune relation directe entre l'apparence et l'estime de soi[1], les belles femmes ne montrant pas nécessairement une meilleure acceptation d'elles-mêmes que les autres. Le manque de confiance en soi est un phénomène psychologique trop complexe pour pouvoir s'expliquer unilatéralement à partir du seul facteur beauté. Même si la culture de la minceur et les images de rêve propagées par les magazines et la publicité contribuent à accroître l'insatisfaction féminine vis-à-vis de leur corps, rien ne confirme l'idée que la confiance des femmes en elles-mêmes régresse. Comment comprendre, dans ce cas, le fait que les femmes n'ont jamais autant manifesté de volonté à conquérir diplômes supérieurs et identité professionnelle, à s'affirmer socialement et individuellement ? Plus se multiplient les images et les sollicitations esthétiques, plus les femmes désirent et obtiennent des postes de responsabilité autrefois réservés exclusivement aux hommes. L'inégalité de la position de chacun des deux sexes par rapport aux normes de la beauté n'empêche nullement que, de plus en plus, les aspirations des femmes au travail se rapprochent de celles des hommes. À la fin des années 80, une enquête canadienne en milieu professionnel montrait que le degré d'estime de soi des hommes et des femmes cadres était plus similaire que dissemblable, les deux genres percevant aussi positivement leur image[2]. À observer le cours de

1. Rita Freedman, *Beauty Bound*, New York, Lexington Books, 1986, p. 34.
2. Carole Lamoureux et Line Cardinal, « Femmes cadres et estime de soi », *Tout savoir sur les femmes cadres d'ici*, actes du colloque de Montréal, Montréal, Les Presses HEC, 1988, p. 65-73.

l'évolution sociale, on est davantage frappé par la montée des ambitions professionnelles et intellectuelles des femmes que par la dégradation des sentiments positifs qu'elles entretiennent à leur endroit. En dépit des nuisances psychologiques générées par la culture de la beauté, le fait le plus marquant est l'affaiblissement de la fameuse « peur du succès » dont parlait Matina Horner ainsi que le recul de la disjonction traditionnelle entre désir de beauté et volonté professionnelle. Être belle en vue de faire un « bon » mariage ne constitue plus la charpente des ambitions féminines : désormais les femmes veulent être belles *et* réussir professionnellement.

Mais si le culte de la beauté ne réussit plus à étouffer les aspirations des femmes à l'autonomie, à la vie professionnelle, aux études supérieures, on a tout lieu de penser qu'il demeure un frein à leur engagement dans la conquête des plus hautes sphères du pouvoir. La femme est portée aux nues en tant que Belle, non en tant que Chef. C'est sans doute pourquoi les femmes donnent majoritairement leur préférence aux professions où l'apparence joue un rôle important et beaucoup plus rarement à celles qui impliquent l'autorité. Bien sûr, des changements majeurs sont apparus : les femmes revendiquent maintenant des positions de pouvoir dans la sphère du politique et le désir de plaire aux hommes ne s'accompagne plus de la peur de réussir. On voit même une ex-Miss Univers, Irene Saez, exercer les plus hautes charges municipales à Caracas. En même temps, tous les sondages montrent que les hommes approuvent l'arrivée des femmes au pouvoir ; et les jeunes femmes qui s'engagent dans les bastions réputés masculins ne sont plus perçues comme moins féminines que les autres[1]. Reste que la volonté de puissance, l'attitude autoritaire et agressive, les comportements de dominance sont toujours plus chargés de résonance négative au féminin qu'au masculin et ce parce qu'à contre-

1. H. Lanier et J. Byrne, « How High School Students View Women : the Relationship between Perceived Attractiveness, Occupation and Education », *Sex Roles*, 7, 1981, p. 145-148.

courant de l'impératif féminin de séduction, du stéréotype
de la grâce et de la sensibilité. C'est ainsi qu'en situation
expérimentale le leader d'un groupe mixte invité à coopé-
rer en équipe est toujours, statistiquement, un homme ;
partout dans ces cas les femmes réinvestissent des
conduites reproduisant l'image de la « femme femme »
occupant la position d'infériorité[1]. Même si les stéréotypes
opposant le charme féminin au pouvoir s'érodent, ils
continuent de constituer un handicap pour la promotion
des femmes dans la hiérarchie des organisations.

Assignées aux rôles esthétiques, les femmes sont pous-
sées à « démontrer » leur pouvoir ailleurs que dans les
organisations, à privilégier le pouvoir-séduction plutôt que
le pouvoir agonistique. La valorisation sociale de la beauté
féminine contribue à renforcer une vision féminine du
monde dans laquelle le pôle privé l'emporte sur le pôle
public. Par là même, la quête des positions suprêmes dans
les organisations a chez les femmes moins de sens identitaire que celle du « pouvoir » privé. Ce n'est nullement en
brisant la confiance et l'estime de soi des femmes que le
code de la beauté fonctionne comme une machine politique, c'est en orientant les rêves, les attentes et les passions féminines vers la réussite privée plutôt que vers la
réussite publique, vers le pouvoir informel plutôt que vers
le pouvoir formel, vers le relationnel plutôt que vers la
puissance dans les institutions. Sans doute les femmes ont-
elles maintenant, et de plus en plus, des ambitions professionnelles, entrepreneuriales et politiques. Il n'en
demeure pas moins que la valorisation de la beauté féminine ne cesse pas de travailler à donner plus de poids à la
réussite intime qu'à la réussite organisationnelle, plus
d'importance à la séduction intersexuelle qu'à la compétition avec les hommes. Les hymnes à la beauté ne sont plus
de nos jours suffisants pour briser la volonté féminine
d'affirmation individuelle et sociale, mais, parce qu'ils

1. Marianne Ehrlich et Geneviève Vinsonneau, « Observation de quelques stéréotypes liés au sexe et étude de leur impact sur la prise des rôles
hiérarchiques au cours de l'accomplissement d'une performance de tâche »
in *Le Sexe du pouvoir*, Paris, Desclée de Brouwer, 1986, p. 274-278.

valorisent le pouvoir-séduction au détriment du pouvoir hiérarchique et parce qu'ils tendent à recomposer la disjonction femme privée/homme public, ils continuent, de nos jours encore, à détourner tendanciellement les femmes de l'assaut des sommets.

3

ACTIVISME ESTHÉTIQUE
ET PRESSE FÉMININE

Le moment démocratique du beau sexe ne coïncide
pas seulement avec une production et une consommation
de masse des produits de beauté, il s'accompagne aussi
bien d'un nouveau système de communication et de promotion des normes esthétiques, dont la presse féminine
constitue depuis un siècle la clé de voûte. Avec la presse
féminine moderne, la diffusion sociale des modèles esthétiques a changé d'échelle, peu à peu les représentations
et les messages liés à la beauté féminine ont cessé d'être
des signes rares, ils ont envahi la vie quotidienne des
femmes de toutes conditions. Jamais civilisation n'a
autant produit et propagé de discours relatifs aux soins de
beauté ; jamais les images du beau sexe n'ont bénéficié
d'un tel rayonnement social. Ici, au moins, « déchaîne-
ment de la technique » ne rime pas avec paupérisme
esthétique. De même que les sociétés modernes se présentent comme une « immense accumulation de mar-
chandises », de même se caractérisent-elles, sur un tout
autre plan, par la profusion des représentations de la
beauté féminine. Au stade terminal du beau sexe, les
conseils, les informations et les images de la beauté sont
entrés dans une logique de production-consommation-
communication de masse.
Avec l'épanouissement de la presse féminine à grand
tirage apparaît une nouvelle manière de parler de l'apparence féminine. Jusqu'alors les discours sur la beauté fémi-

nine étaient soit l'œuvre des poètes, des romanciers et des médecins, soit des secrets chuchotés entre femmes. À partir du xxᵉ siècle, ce sont les magazines féminins qui deviennent les vecteurs principaux de la diffusion sociale des techniques esthétiques. S'adressant au grand nombre, une nouvelle rhétorique voit le jour qui conjugue beauté et consommation, adopte un ton euphorique ou humoristique, un langage direct et dynamique, parfois proche de la sollicitation publicitaire. À quoi s'ajoute un travail de mise en scène des discours, une présentation esthétique du texte et des images qui distinguent la presse féminine des autres publications. Dans celle-ci le contenu rédactionnel comme la forme exaltent la beauté, les messages comme les images confortent la définition du féminin comme genre dévolu à la beauté. Prolifération des images sublimes du féminin, diffusion de masse des informations esthétiques, association de la beauté et de la consommation, valorisation sociale des soins corporels, rhétorique publicitaire, volontarisme des messages, autant de dispositifs qui construisent l'âge démocratique du beau sexe.

PRESSE FÉMININE ET CULTURE MODERNE DE LA BEAUTÉ

Dans les dernières décennies du xixᵉ siècle la presse féminine devient une presse de grande diffusion. Les tirages s'envolent : né en 1879, *Le Petit Écho de la mode* atteint 200 000 exemplaires en 1893 et plus de 1 million en 1930. Aux États-Unis, *McCall's Magazine* paraît en 1870, *Harper's Bazaar* en 1867, *Ladies Home Journal* en 1883, *Vogue* en 1892 : les tirages s'élèvent à plusieurs millions d'exemplaires. Sans doute jusqu'en 1900 ces journaux ne donnent guère de conseils qu'en matière vestimentaire : moralité oblige, les suggestions se rapportant au maquillage sont rares et la publicité pour les produits de beauté discrète jusqu'en 1920. Néanmoins, par le canal de cette presse, la culture de la beauté féminine bascule dans un cycle de démocratisation de masse, de larges couches de la population étant désormais informées des modèles « dernier cri », pouvant s'habiller à la mode grâce aux patrons, pouvant admirer le charme des femmes élégantes présentées par les dessinateurs et les photographes. Les premières reproductions de photographies de mode apparaissent en 1892 dans *La Mode pratique*. En 1901 naît le journal *Les Modes*, illustré de photographies encore prises en atelier. Un peu plus tard, les frères Seeberger prennent sur le vif des aristocrates en grande toilette, et Paul Nadar, vers 1913, met en valeur les mannequins de Jeanne Lanvin.

Dans l'entre-deux-guerres, la presse féminine connaît une popularité grandissante, les titres se multiplient, s'adressant à des publics divers. *Le Jardin des modes* paraît en 1918, *Modes et Travaux* en 1919. Cette époque marque un tournant dans l'histoire de la presse féminine. L'essor de l'industrie cosmétique entraîne la création de nouveaux magazines exaltant la jeunesse, la recherche du bonheur, les soins de beauté. En 1937, le groupe Prouvost lance l'hebdomadaire *Marie-Claire*, qui, inspiré des périodiques américains, connaît un extraordinaire succès. Tiré d'emblée à 800 000 exemplaires, il dépasse le million à la veille de la Seconde Guerre. En France, il fait effet de révolution, et se présente comme « l'hebdomadaire de la femme tel qu'il n'a jamais été réalisé ». Bon marché, il vise un large public et se veut résolument moderne : les pages sont aérées, le graphisme et la typographie fréquemment renouvelés, la mise en page soignée. Innovation majeure, il illustre sa page de couverture d'un visage de jeune femme en gros plan, souriante, belle, maquillée. Le « *Vogue* du pauvre » est né, dont l'ambition est de démocratiser les outils de la séduction en diffusant une philosophie optimiste et consommative de la beauté[1].

À contre-pied d'une longue tradition de dénigrement des fards que le XIXe siècle a prolongée, la presse féminine

1. Évelyne Sullerot, *La Presse féminine*, Paris, Armand Colin, 1966, p. 52-56.

de l'entre-deux-guerres et surtout des années 30 exalte l'usage des produits cosmétiques, elle encourage les femmes de toute condition à rehausser par tous les moyens possibles la beauté de leur visage et de leur corps. On voit se multiplier les recommandations concernant l'apparence physique : les magazines enjoignent aux femmes de faire, chaque matin, de la gymnastique, de prendre des repas légers pour rester sveltes, d'utiliser des huiles solaires pour bronzer, de se maquiller les yeux et les lèvres, de s'épiler les sourcils, de se vernir les ongles des mains et des pieds. Cessant d'être associés à l'image des coquettes et des demi-mondaines, les artifices cosmétiques sont présentés comme l'accomplissement légitime de la beauté : non plus une pratique blâmable mais une obligation pour toute femme désireuse de garder son mari ; non plus une marque de mauvais goût mais un impératif de civilité. En 1932, évoquant le maquillage, Colette parle, dans *Beauté*, d'« un devoir de stricte politesse envers autrui, une affaire de courtoisie et presque de pudeur ».

En propageant auprès d'un public féminin de plus en plus large [1] des flots d'informations esthétiques, des photographies de mode, des conseils relatifs à l'apparence et à la séduction, la presse féminine s'est imposée comme un agent de démocratisation du rôle esthétique de la femme, comme un des grands instituteurs de la beauté féminine moderne, aux côtés des stars du cinéma. Les rubriques « Mode et beauté » occupent une place importante : outre la publicité, environ un cinquième des pages de *Marie-Claire*, de *Elle*, de *Marie-France* étaient consacrées, dans les années 60, à ces sujets [2]. À cela s'ajoute le poids détermi-

---

1. Après la Seconde Guerre mondiale, 5 femmes sur 6, en Angleterre, lisaient régulièrement un magazine féminin (voir Cynthia Leslie White, *Women's Magazines 1693-1968*, Londres, Joseph Michael, 1970, p. 216). En France, dans les années 80, on estimait que moins de 1 femme sur 2 achetait des journaux féminins (voir Samza-Martine Bonvoisin et Michèle Maignien, *La Presse féminine*, Paris, PUF, 1986, p. 75).

2. Évelyne Sullerot, *La Presse féminine, op. cit.*, p. 291-295. Dans la presse féminine contemporaine, la part des rubriques « Mode et beauté » est souvent plus importante, s'approchant ou dépassant 30 % de la pagination totale (voir Samza-Martine Bonvoisin et Michèle Maignien, *La Presse féminine, op. cit.*, p. 92).

nant du visuel, des photographies de corps et de visages parfaits, des images de mannequins qui, depuis les années 30, tendent à perdre leur ancien caractère figé au profit d'une allure plus « naturelle », plus mobile, plus fantaisiste, par là plus favorable aux courants d'imitation sociale des modèles. Par l'intermédiaire de la photographie et de la presse, les plus beaux modèles de séduction sont régulièrement vus et admirés par les femmes de toute condition : la beauté féminine est devenue un spectacle à feuilleter sur papier glacé, une invitation permanente à rêver, à rester jeune et à s'embellir.

Impossible également d'ignorer la place et le rôle des sollicitations publicitaires, partout présentes dans la presse féminine. En 1939, le *Ladies Home Journal* consacrait 44 % de ses pages à la publicité et, dans les années 60, de 50 à 70 % des pages de *Vogue*, de *Elle*, du *Jardin des modes* étaient occupées par des annonces publicitaires. Cette logique est toujours la nôtre : de nos jours, en France, l'équilibre financier des périodiques féminins repose pour plus de la moitié sur la publicité. Parmi ces annonces, les produits hygiène, mode et beauté viennent en tête[1]. Publi-reportages, conseils pratiques, encarts publicitaires, tout dans la presse féminine incite à l'embellissement féminin, à associer féminité et beauté, à stimuler une démarche consommative de la beauté.

Traditionnellement, les femmes se transmettaient leurs recettes de beauté entre amies ou entre mères et filles. Des ouvrages également, portant le nom de secrets et s'adressant à un public restreint, proposaient des recettes de parfums et de fards à confectionner chez soi[2]. C'est cette culture confidentielle et « magique » qu'a détruite la presse féminine. Aux « trucs » chuchotés entre femmes ont succédé les rubriques « Beauté hygiène santé », les publi-

---

1. Pascal Laîné, *La Femme et ses images*, Paris, Stock, 1974, p. 52 et 60. En 1989, la publicité hygiène et beauté a rapporté aux magazines américains 650 millions de dollars, soit dix fois plus que les annonces pour les produits d'entretien de la maison (voir Naomi Wolf, *The Beauty Myth, op. cit.*, p. 65).
2. Publié en 1879, le livre célèbre de Lola Montès s'intitule encore *L'Art de la beauté chez la femme : secrets de toilette*.

reportages, l'étalage des noms de marque, une communication de masse directe et récréative au ton euphorique et publicitaire. Le nouveau contexte économique et médiatique a balayé la tradition multiséculaire des secrets : à l'âge démocratique, la culture du beau sexe s'est délestée de ses anciens mystères au profit de la force de frappe publicitaire et de la stimulation consommative. Par où la presse féminine présente deux tendances hétérogènes. D'un côté, elle recompose un partage traditionnel entre univers féminin et univers masculin : un équivalent du gynécée est reproduit, avec ses confidences, ses conseils esthétiques, ses paroles de femmes. Mais, d'un autre côté, la presse féminine brise la culture ancestrale des secrets féminins. En s'adressant à toutes les femmes, en valorisant les moyens de séduction, en substituant l'information aux secrets, la presse féminine a fait entrer l'univers de la beauté dans l'ère moderne de l'éducation des masses et de la promotion de la consommation cosmétique par l'intermédiaire d'instances spécialisées. La logique que met en œuvre la presse féminine est la même, de ce point de vue, que celle qu'a instituée la haute couture à partir du milieu du XIXe siècle. Dans les deux cas, l'ordre autonome du social a cédé le pas à des instances professionnelles spécialisées[1]. Avec la presse féminine, la planète beauté a basculé de l'ordre traditionnel-aristocratique vers un ordre médiatique-publicitaire-démocratique. Par-delà l'atmosphère de rêve des magazines féminins s'est opéré un travail de *rationalisation* du monde de la beauté.

Presse féminine et publicité ont œuvré dans le même sens. Dès les années 20, aux États-Unis, la publicité s'emploie à changer les habitudes féminines traditionnelles, à éradiquer les « préjugés » freinant le royaume de la consommation. Les nouvelles annonces sont fabriquées afin de légitimer la séduction, le goût de la jeunesse, les passions narcissiques, la quête consommatrice de la beauté. S'embellir, se maquiller, vouloir rester jeune et

---

1. Gilles Lipovetsky, *L'Empire de l'éphémère, op. cit.*, p. 107-110.

plaire n'apparaissent plus comme un luxe plus ou moins coupable mais comme le *devoir* de toute femme soucieuse de conserver la fidélité de son mari et de consolider son couple. « Le premier devoir d'une femme, c'est d'être attirante », déclare une réclame de parfum des années 20. Au dénigrement traditionnel des artifices féminins succèdent les injonctions à la consommation : « Comme 999 femmes sur 1 000, vous devez mettre de la poudre et du rouge[1]. » Martelant l'idée que la beauté peut s'acheter, le monde de la réclame a éduqué les femmes à une vision consommative de la beauté.

L'action de la presse féminine en faveur de la beauté consommative ne coïncide pas seulement avec les intérêts des industries cosmétiques : elle exprime plus souterrainement la montée en puissance des valeurs modernes prométhéennes. Traditionnellement la beauté s'identifiait à un « don divin » ou à une œuvre de la nature impossible à conquérir par des moyens humains[2]. Dans cet univers de pensée, l'usage des fards est condamné, assimilé qu'il est à un mensonge, à un vice de coquette : la sagesse ne peut consister que dans l'acceptation de ce que nous avons reçu. Dans le cours de la seconde moitié du XIXe siècle, ce système de pensée s'effrite sous des attaques inédites. Dans son « Éloge du maquillage », Baudelaire réhabilite l'art des artifices : « La femme doit se dorer pour être adorée [...], le maquillage n'a pas à se cacher [...], il peut au contraire s'étaler, sinon avec affectation, au moins avec une espèce de candeur[3]. » Si pareille valorisation des artifices féminins reste isolée, en revanche les ouvrages et guides de beauté se multiplient qui s'emploient à légitimer la coquetterie féminine, les préoccupations et le soin de l'apparence phy-

---

1. Cité par Stuart Ewen, *Consciences sous influence : publicité et genèse de la société de consommation*, Paris, Aubier, 1983, p. 178 et 56.
2. Jean Chrysostome résume parfaitement cette attitude traditionnelle : « La femme qui est belle naturellement n'a pas besoin de procédés artificiels ; quant à celle qui est laide, l'usage du fard est néfaste car elle aura beau recourir à mille artifices pour se donner la beauté, elle ne saurait y parvenir » (cité par Bernard Grillet, *Les Femmes et les fards, op. cit.*, p. 148).
3. Baudelaire, « Éloge du maquillage », *Le Peintre de la vie moderne, Œuvres complètes*, Paris, Gallimard, La Pléiade, 1951, p. 905-906.

sique. La plupart des traités affirment que la beauté est non seulement un droit naturel des femmes, mais un *devoir.* Baudelaire écrit : « La femme est bien dans son droit, et même elle accomplit une espèce de devoir en s'appliquant à paraître magique et surnaturelle[1]. » De plus en plus de femmes rédigent des ouvrages destinés à enseigner aux femmes les moyens de parfaire leur apparence, d'être à la hauteur de leur vocation naturelle : être belles et plaire[2]. Blanche de Géry considère qu'« une femme qui ne prend point souci d'elle-même ne mérite pas de vivre au contact du monde... [...] Il est permis de n'être pas jolie, mais il est défendu d'être complètement laide[3] ». De même que les hommes ont l'obligation morale de travailler pour entretenir leur famille, de même les femmes se doivent d'offrir l'image de la beauté, de tout faire pour conserver l'éclat de leur jeunesse. Ne pas prendre soin de sa personne, ne pas chercher à corriger et à améliorer les disgrâces esthétiques s'apparente à une faute, d'une part parce que la femme est faite naturellement pour plaire et charmer, d'autre part parce que la beauté est un avantage considérable dans la lutte pour la vie, un moyen pour les femmes de conquérir bonheur, statut et fortune. Sans doute, depuis la Renaissance, être belle se donne comme une obligation pour les femmes des classes supérieures, mais avec la modernité démocratique, cet impératif s'étend au genre féminin dans son ensemble. Désormais il n'est plus vain ni condamnable de « souffrir pour être belle », il appartient à toutes les femmes de travailler sans relâche en vue de la conservation et du perfectionnement de leurs attraits.

En même temps, les imperfections esthétiques apparaissent moins rédhibitoires qu'autrefois. À coup sûr continue-t-on à voir dans la beauté physique le miroir de la

---

1. *Ibid.*, p. 905.
2. Comtesse de Norville, *Les Coulisses de la beauté,* Paris, 1894 ; O. de Jalin, *Les Secrets de la beauté,* Paris, 1904 ; marquise de Garches, *Les Secrets de beauté d'une Parisienne,* Paris, 1894.
3. Blanche de Géry, *Leçons de coquetterie et d'hygiène pratique,* Paris, 1885, p. 45.

beauté morale[1], mais de plus en plus s'affirment la légitimité et la possibilité des pratiques transformatrices de l'apparence. Harriet Hubbard Ayer condamne l'idée absurde et démoralisante selon laquelle une femme doit se résigner aux décrets de la Providence ; la baronne Staffe exprime sa foi dans la « science de la rhinoplastie » ; Annie Wolf soutient que la science rendra possible la perfection physique[2]. Dans nombre de traités, les femmes sont encouragées à suivre des régimes, à faire de la gymnastique, de la marche à pied et du tennis ; les massages et les crèmes pour l'entretien de la peau sont recommandés. Le maquillage lui-même gagne, à la fin du siècle, fût-ce partiellement, une nouvelle respectabilité, à condition qu'il reste *discret* et paraisse naturel[3] ; condamné chez les jeunes filles, il peut se justifier chez les femmes à partir d'un certain âge. Avec les modernes, le règne de la beauté-destin cède le pas à celui de la beauté-responsabilité : l'idée se renforce que le physique est perfectible, qu'il est possible de venir à bout des insuffisances esthétiques dès lors qu'on s'y emploie avec résolution. Dans cette perspective Arthur Lefebvre peut distinguer deux sortes de beauté : l'une tenant aux qualités inhérentes à la naissance, l'autre relevant d'une conquête individuelle[4]. La culture de la beauté féminine s'engage dans la voie du volontarisme moderne, dont le propre est de refuser de s'accommoder des réalités reçues de la nature.

Dans l'entre-deux-guerres, la presse féminine pousse d'un cran cette dynamique activiste en glorifiant l'usage des cosmétiques, en encourageant les femmes à tout faire pour améliorer leur charme. Désormais la beauté se présente comme une réussite personnelle, à laquelle n'importe quelle femme peut prétendre si elle s'y applique réellement. Dans *Marie-Claire*, Marcelle Auclair incite les lectrices à prendre leur destin en main : « Vous êtes toutes

1. Philippe Perrot, *Le Travail des apparences ou les Transformations du corps féminin*, XVIIIe-XIXe *siècle*, Paris, Seuil, 1984, p. 182-183.
2. Arthur Marwick, *Beauty in History*, *op. cit.*, p. 222.
3. Philippe Perrot, *Le Travail des apparences...*, *op. cit.*, p. 139-156.
4. Arthur Lefebvre, *L'Art d'être belle*, Paris, 1901.

jolies, le saviez-vous[1] ? » Dans *Vogue*, les articles se multiplient qui analysent la beauté comme une possibilité offerte à toute femme : « *A lovely girl is an accident ; a beautiful woman is an achievement*[2]. » En une formule, Zsa Zsa Gabor résumera, un peu plus tard, le nouvel optimisme esthétique : « Il n'y a pas de femmes laides, seulement des femmes paresseuses. » Avec le maquillage, les exercices d'entretien du corps, les artifices de l'élégance, il n'y a plus d'excuse à la laideur, chaque femme peut parvenir à offrir d'elle-même une image séduisante. La culture moderne a réussi à ruiner l'idée de fatalité esthétique : voici le rapport des femmes à la beauté réinterprété selon l'angle de vue de l'idéologie méritocratique. Beauté féminine : non plus un privilège de nature réservé à un petit nombre de femmes bien nées, mais un travail d'autoappropriation et d'autocréation, une conquête individuelle s'offrant aux mérites et aux talents de toute femme. Moyennant « travail », toute femme peut échapper à l'infortune de la laideur. Fini les barrières aristocratiques et naturelles, à l'âge démocratique, la beauté féminine se pense dans la même problématique que celle du *self-made man*.

Recul de la puissance du reçu, légitimation de l'artificialisme esthétique, reconnaissance du pouvoir d'autoconstruction de la beauté, tous ces bouleversements idéologiques ne coïncident pas seulement avec les intérêts commerciaux des industries cosmétiques, mais avec les référentiels de l'âge démocratique-individualiste. Point de sacre du volontarisme esthétique sans l'avènement du règne des individus émancipés de l'assujettissement au collectif. Il est vrai que l'idéal de pleine disposition de soi ne vise, au xixᵉ siècle et encore au début du xxᵉ siècle, que le genre masculin ; la femme, elle, n'est pas considérée comme un « vrai » individu autonome. Néanmoins l'idéal de souveraineté individuelle n'est pas resté absolument sans effet sur la manière de concevoir les attributs féminins : il a restructuré, en particulier, l'idéologie de la

---

1. Citée par Évelyne Sullerot dans *La Presse féminine, op. cit.*, p. 237.
2. Cité par Robin Tolmach Lakoff et Raquel L. Scherr, *Face Value...*, *op. cit.*, p. 81.

beauté, sphère traditionnellement dévolue au deuxième sexe. Le principe de libre possession de soi a délégitimé la culture de l'acceptation du donné, il a valorisé la volonté de prise souveraine sur l'apparence et fait tomber les anciennes résistances à l'optimisation de la beauté. Au schème traditionaliste définissant la beauté comme cadeau des cieux intangible a succédé le dispositif de la beauté appropriable, expression esthétique du principe moderne de maîtrise illimitée du monde. Au droit des hommes à exercer leur entier pouvoir sur la société a correspondu le droit des femmes à la transformation et à la maîtrise de l'apparence. Tout comme l'ordre politique et social s'est recomposé sur la base de la souveraineté individuelle, la beauté féminine a été repensée selon le principe moderne de la toute-puissance sur soi.

POUVOIRS MÉDIATIQUES
ET POUVOIRS DES FEMMES

Au cours du XXe siècle, la presse féminine a acquis un immense pouvoir d'influence sur les femmes. Elle a généralisé la passion de la mode, favorisé l'expansion sociale des produits de beauté, contribué à faire de l'apparence une dimension essentielle de l'identité féminine pour le plus grand nombre de femmes. Il en va au fond de la presse féminine comme du pouvoir politique dans les démocraties modernes : de même que la puissance publique n'a pas cessé de croître et de pénétrer la société civile, alors même que le pouvoir moderne se donne comme l'expression de la société, de même y a-t-il eu renforcement de l'emprise de la presse sur les femmes à mesure qu'elle s'est attachée à accroître le pouvoir de celles-ci sur leur propre apparence. Dans les deux cas, au nom du principe de souveraineté individuelle s'est amplifiée la puissance « extérieure » des instances de direction de la société et de l'opinion.

Depuis les années 60, le pouvoir d'influence des magazines féminins a été d'innombrables fois vilipendé. Rappelons les termes du procès. Inféodée aux exigences de
l'ordre marchand, la presse féminine soumet les femmes à
la dictature du consommable ; diffusant des images de rêve,
elle infériorise les femmes, intensifie les angoisses de l'âge,
crée le désir vain de ressembler aux modèles de séduction ;
donnant une large place aux rubriques « Mode et beauté »,
elle renforce les stéréotypes de la femme frivole et superficielle. Machine destructrice des différences individuelles
et ethniques, puissance d'uniformisation et de conformisme, instrument d'assujettissement des femmes aux
normes de l'apparence et de la séduction, de tous côtés
fusent les critiques contre une presse en surface légère, en
réalité tyrannique, sexiste et même raciste puisque imposant la suprématie des canons esthétiques occidentaux.

On n'en disconviendra pas : ces tirs croisés visent
souvent juste. Mais tout n'est pas dit pour autant. S'il est
indéniable, en particulier, que la presse féminine exerce
un pouvoir de normalisation de masse, encore faut-il ne
pas occulter l'autre face de son action. Parallèlement à
leur travail d'homogénéisation des apparences, les media
féminins se caractérisent également par une œuvre de
valorisation de l'individualité et de la personnalité. « Rien
ne résiste à la personnalité », lit-on déjà dans *Marie-Claire*
en 1935. La même année un article de *Vogue* défend l'idée
que la beauté résulte pour moitié de la personnalité, pour
un quart du maquillage et pour le dernier quart de la
nature[1]. À partir des années 60, la presse féminine s'est
employée à rendre l'élégance plus accessible, plus
décontractée, plus pratique. Sont prônées les valeurs de
fantaisie, de liberté, d'activité : la « nouvelle » femme est
celle qui porte ce qu'elle aime, qui s'habille comme elle
veut. « Maintenant la beauté est libre », titre, aux États-
Unis, le premier numéro de *Vogue* de 1968. Les media ne
sont certes pas à l'origine du mouvement contemporain
vers une plus grande indépendance vestimentaire, mais ils

---

1. *Ibid.*, p. 81.

l'ont accompagné en lui donnant une légitimité sociale, en le stylisant, en lui offrant des possibilités de se marier avec les exigences féminines de séduction. Et s'il est peu douteux que la presse féminine figure parmi les agents les plus efficaces de la propagation sociale des normes du corps svelte, il n'est pas juste de réduire cette dynamique à une entreprise univoque de dépersonnalisation et de dépossession de soi. On l'a vu ci-devant, les injonctions à la minceur ne sont pas en soi contradictoires avec la culture individualiste, car elles conduisent les femmes à « se prendre en main », à lutter contre le laisser-aller physique, à s'affirmer comme sujets face au corps et à la fatalité du temps. Par où les logiques standardisatrices de la ligne s'affirment aussi bien comme des instruments renforçant le pouvoir des femmes sur leur apparence physique. D'un côté les media féminins « condamnent » les femmes à se voir comme des « objets décoratifs » ; de l'autre ils diffusent une culture favorisant la responsabilisation individuelle vis-à-vis du corps et le principe d'autoconstruction de soi-même. Qu'ils intensifient les angoisses féminines touchant à l'apparence physique ne signifie pas qu'ils se réduisent à une entreprise de nivellement et de négation du Soi féminin.

Dans l'Amérique contemporaine en proie aux débats du multiculturalisme, les critiques des magazines féminins se déchaînent qui stigmatisent leur impérialisme esthétique se manifestant par la célébration des standards « blancs », des cheveux souples, des yeux clairs, des nez fins et réguliers. En instituant une beauté dominante et une beauté dominée, en imposant un modèle ethnocentrique de la beauté, les journaux féminins fonctionneraient comme des machines de pouvoir raciste et totalitaire. Avec pour conséquence le renforcement des barrières entre les races, l'accentuation des sentiments de doute, d'infériorité, de haine de soi dans les groupes minoritaires[1].

Mais ces réquisitoires visent-ils l'essence de la culture

---

1. *Ibid.*, p. 245-269, et Susan Bordo, *Unbearable Weight, op. cit.*, p. 24-25 et 254-265.

médiatique de masse ou seulement un moment de son développement ? Comment tenir pour négligeables les transformations survenues en ce domaine il y a deux ou trois décennies ? Dès les années 60 se déploie dans les démocraties un processus d'ouverture et de démultiplication des critères esthétiques. Dans la voie tracée par le slogan « *Black is beautiful* », *Vogue* offre, en 1974, pour la première fois, sa couverture à un top model noir. Au même moment, le look afro est mis à la mode, les images de beautés noires, asiatiques et « minoritaires » se multiplient. En 1983, une jeune Noire, Vanessa Williams, accède pour la première fois au titre de Miss America. Plus récemment Naomi Campbell, sacrée « *Black Magic Woman* », a fait la une de *Time*. Sans doute les standards du visage « blanc » restent-ils dominants : il n'en demeure pas moins que leur hégémonie n'exclut plus la reconnaissance des beautés de couleur. L'époque triomphante de l'autoglorification esthétique occidentale est derrière nous : le pluralisme esthétique représente davantage l'avenir de la presse féminine que l'éradication des différences et l'homogénéisation de la beauté.

On ne contestera pas le fait que les images de femmes sublimes diffusées par les multiples périodiques ont la capacité d'engendrer des doutes esthétiques sur soi, de complexer nombre de femmes vis-à-vis de leur corps. Cela dit, les magazines féminins n'ont pas le caractère tout-puissant qu'on leur prête souvent. D'abord leur influence ne s'exerce que sur fond d'une demande féminine de beauté qu'ils n'ont pas, de toute évidence, créée. Les media produisent moins le désir féminin de beauté qu'ils ne l'expriment et ne l'intensifient. Ensuite, des limites importantes existent à leur puissance dépréciative. Comment, en effet, concilier la prétendue omnipotence des images médiatiques avec le fait que, interrogées sur elles-mêmes, la plupart des femmes continuent de se trouver plutôt agréables à regarder ? Quand on leur demande de choisir, parmi six mots allant de belle à laide, celui qui correspond le mieux à leur apparence, une très forte majorité retient « belle », « séduisante », ou « mignonne », presque aucune ne se jugeant « laide »[1]. Sans doute, dans le même temps, d'autres études révèlent que les femmes, en grand nombre, sont insatisfaites, anxieuses ou déprimées lorsqu'elles regardent leur corps dans une glace. Mais la contradiction entre ces deux constats est moins radicale qu'il n'y paraît. Car si les femmes portent souvent des jugements sévères sur l'image de leur corps, il n'en va pas de même de leur visage. Les femmes se voient, certes, généralement trop grosses ou « mal faites » mais elles ne se voient pas pour autant laides, les traits du visage venant en quelque sorte sauver le tableau d'ensemble. Il y a une limite à l'action dévaluatrice des media féminins : en dépit des visages parfaits exhibés par la publicité et les photographies de mode, l'autoperception du visage féminin reste tendanciellement positive.

Loin de nous l'idée de dénier la puissance de conformité esthétique des media féminins. Mais on n'insiste pas suffisamment sur le fait que les lectrices de magazines ne ressemblent pas systématiquement à des êtres passifs, conformistes et dévalorisés dans leur image de soi par l'éclat des photographies de mode. Celles-ci fonctionnent aussi comme des suggestions positives, des sources d'idées permettant de changer de look, de se mettre en valeur, de mieux tirer parti de ses atouts. À coup sûr, les femmes imitent des modèles mais de plus en plus ceux-là seuls qu'elles jugent appropriables et conformes à l'image qu'elles ont d'elles-mêmes. En feuilletant les pages illustrées des magazines, les femmes sélectionnent tel type de maquillage, tel modèle de coiffure ou de vêtement, elles trient, éliminent, retiennent ce qui correspond à leur personnalité, à leurs attentes, à leurs goûts. Consommatrices d'images, les femmes n'en sont pas moins *acteurs*, faisant un usage personnel et « créatif » des modèles proposés en grand nombre. Gardons-nous de diaboliser les media féminins : il faut interpréter l'action de ceux-ci tout à la fois comme un moyen de direction collective des goûts et comme un vecteur de personnalisation et d'appropriation esthétiques de soi.

---

1. Robin Tolmach Lakoff et Raquel L. Scherr, *Face Value...*, *op. cit.*, p. 140.

4

L'ÉCLIPSE DE LA FEMME FATALE

Dans les sociétés qui nous ont précédés, le rapport des hommes à la beauté féminine présente une remarquable constante : les chants qui l'honorent s'accompagnent partout d'invectives et d'accusations misogynes d'une virulence souvent extrême. Dès l'Antiquité, la beauté féminine est célébrée par les artistes et tout à la fois assimilée à un piège mortifère. Éblouissante, la beauté des femmes fait peur ; objet de vénération, elle suscite la méfiance des hommes. L'apparition des discours à la gloire du beau sexe, à partir de la Renaissance, n'a nullement fait disparaître cette ambivalence : en fait, jusqu'à une date récente le thème de la beauté dangereuse a perduré dans les mœurs, dans l'art et, de manière systématique, dans les cultures paysannes.

Par rapport à ce dispositif de très longue durée, le xxᵉ siècle marque un changement profond. Pour la première fois, plus aucun système de représentations ne vient nourrir la suspicion à l'endroit des attributs physiques de la femme, toutes les images terrifiantes de la beauté, tous les dictons dépréciatifs des charmes du deuxième sexe sont tombés en déshérence. Délestée de ses liens traditionnels avec le péril et le vice, la beauté féminine s'affirme désormais comme une valeur sans ombre ni mal, une qualité tout entière positivée. Époque démocratique du beau sexe signifie, en ce sens, glorification sans partage de son règne, émancipation de la dimension beauté vis-à-vis des hantises et des litanies misogynes, autonomisation totale par rapport aux connotations morales et religieuses. Fin de l'ambivalence immémoriale des charmes féminins : avec le xxᵉ siècle triomphe l'ère de l'après-femme fatale.

DE LA BEAUTÉ MALÉFIQUE À LA PIN-UP

Les siècles chrétiens ont manifesté une hostilité toute particulière à l'égard de la séduction féminine. Tout au long du Moyen Âge, et parfois jusqu'au xviiiᵉ siècle, les théologiens se déchaînent contre la femme « ministre d'idolâtrie », créature vaniteuse et vicieuse, appât dont se sert Satan pour précipiter l'homme en Enfer. À la fin du xvᵉ siècle, Jacob Sprenger écrit au sujet de la femme : « Son aspect est beau, son contact fétide, sa compagnie mortelle. » Deux siècles plus tard, les anathèmes d'un Rolet ne sont pas moins paroxystiques : « N'êtes-vous pas honteux d'avoir fait l'amour à ce qui est si hideux, et d'avoir soupiré mille et mille fois après cette terre puante[1] ? » Incarnant le mal le corps de la femme ainsi que tout ce qui l'embellit, toilettes, fards, bijoux, sont cloués au pilori ; des cascades d'invectives accablent sans répit la séduction féminine et ses artifices mensongers en tant qu'abîme de perdition : chez les filles d'Ève, la beauté physique annonce l'Enfer et cache la laideur de l'âme.

Même en dehors des milieux ecclésiastiques, la beauté féminine inspire peur et méfiance. L'épouse trop belle peut-elle rester honnête ? Et comment protéger les jeunes filles de la scélératesse des séducteurs ? Aux xviiᵉ et xviiiᵉ siècles, les attraits naturels de la femme sont encore largement associés à la ruine et à la perdition. Si, pour une jeune femme riche, la beauté apparaît comme ce qui couronne ses qualités sociales et morales, pour une jeune fille

---

1. L. S. Rolet, *Le Tableau des piperies des femmes mondaines*, 1685, cité par Pierre Darmon, *Mythologie de la femme*, op. cit., p. 52.

du peuple elle est d'abord menace de déchéance : jolie
mais sans fortune, la jeune fille s'expose à devenir la proie
sans défense des séducteurs sans scrupules[1]. Et la beauté
féminine n'est pas seulement dangereuse pour les
hommes, elle l'est pour les femmes elles-mêmes[2]. « La
beauté provoque les voleurs plus même que l'or », s'écrie
Rosalinde dans *Comme il vous plaira*[3].

Encore au XIXᵉ siècle, la thématique de la beauté maudite semant la ruine parmi les hommes fait florès. Prolongeant une tradition littéraire qui remonte à l'Antiquité
classique, les romantiques et les courants « décadentistes »
ont donné un relief particulier au type de la femme vampirique, belle et impure, inhumaine et funeste. De Carmen
(Mérimée) à Salammbô (Flaubert), de Cécile (Sue) à
Marie Stuart (Swinburne), de Salomé (Wilde, Laforgue ou
Mallarmé) à Basiliola (D'Annunzio), de Madame de Stasse-
ville (Barbey d'Aurevilly) à Hyacinthe (Huysmans), toute
une galerie de portraits illustrent la figure de la « belle
dame sans merci » réunissant tous les vices et toutes les
voluptés[4]. Poètes, romanciers et peintres font triompher la
« beauté du mal » (Baudelaire), l'alliance du charme et de
la déchéance, la beauté méduséenne tout imprégnée de
tragique, de perversité et de mort. Les tableaux de Stuck,
Moreau, Khnopff, Klimt témoignent de cette fascination
envers la beauté démoniaque de la femme. En représen-
tant des femmes hiératiques au regard insondable, aux
traits immobiles et froids, aux gestes solennels, les artistes
fin-de-siècle et modern style ont cherché à exprimer la
cruauté infernale de la femme, créature sans âme qui fait
le mal, suscite la souffrance et la mort en ramenant
l'homme à l'anarchie des sens et au chaos[5]. Si l'art

1. Véronique Nahoum-Grappe, « La belle femme » in *Histoire des femmes*,
t. III, p. 99-100.
2. De *La Légende dorée* à *Blanche-Neige* il ne manque pas de contes et de
légendes qui soulignent le danger qu'encourt une femme à être belle.
3. Shakespeare, *Comme il vous plaira*, acte I, scène 3.
4. Mario Praz, *La Chair, la Mort et le Diable dans la littérature du XIXᵉ siècle*,
Paris, Denoël, 1977.
5. Claude Quiguer, *Femmes et machines de 1900 ; lecture d'une obsession
modern style*, Paris, Klincksieck, 1979.

moderne, dans les dernières décennies du xixᵉ siècle, a réussi à briser l'espace plastique hérité du Quattrocento, il est resté fidèle, malgré tout, à l'archétype millénaire de la femme diabolique. Les premiers temps de la sécularisation de la culture ne sont pas parvenus à dépasser l'imaginaire traditionnel de la séduction féminine confondue avec les maléfices d'Ève.

Au siècle dernier, les représentations de la femme s'ordonnaient principalement autour de l'opposition de deux grands stéréotypes classiques : la pureté et la luxure, l'ange et le démon, la beauté virginale et la beauté destructrice. *Vénus* chastes de Cabanel ou de Bouguereau d'un côté, *Ève* vénéneuses de Stuck ou de Félicien Rops de l'autre. Cette bipolarité antinomique des types féminins n'a perdu son caractère central qu'à partir du deuxième tiers du xxᵉ siècle : commence alors l'époque de l'après-femme fatale. Le cinéma marque le changement : sur les écrans apparaît la figure nouvelle de la *good-bad girl*, la femme à l'allure de vamp mais au cœur tendre, séductrice mais non perverse[1]. Avec le style glamour qu'incarnent les Rita Hayworth ou les Lauren Bacall, la beauté incendiaire se déleste de sa dimension satanique d'autrefois, l'opposition traditionnelle de l'ingénue et de la « mangeuse d'hommes » fait place à un nouvel archétype réconciliant apparence érotique et générosité des sentiments, sex-appeal et âme pure.

Mais rien n'illustre mieux la fin de l'imaginaire de la beauté maudite que l'esthétique sexy créée par les dessinateurs et les photographes des années 40 et 50. Au cours de cette période un nouveau style de beauté s'impose, la pin-up, dont les images envahissent peu à peu les supports les plus variés, des calendriers aux billards électriques, des panneaux publicitaires aux cartes postales. Avec leurs longues jambes, leur relief mammaire, leurs fesses galbées, les pin-up de Varga, de Petty ou de Driben sont agui-

---

1. Ce type féminin inédit a été analysé pour la première fois par Nathan Leites et Martha Wolfenstein (*Movies*, Glencoe, 1950) ; voir aussi Edgar Morin, *Les Stars*, Paris, Seuil, coll. Points, 1972, p. 27-28.

cheuses mais non perverses, provocatrices mais non dévoratrices. Élancée, saine, souriante, la pin-up n'a plus rien de diabolique, elle ressemble davantage à une poupée sexuelle mutine qu'à une mante religieuse. Pour la première fois, le sex-appeal se conjugue avec la bonne humeur et l'humour gai : sur les posters la pin-up apparaît sous des déguisements divers ou en situation cocasse, elle s'affiche en polissonne, heureuse de vivre, une lueur malicieuse dans le regard. La pin-up, c'est l'érotisme féminin, le satanisme de la chair en moins, la vitalité enjouée en plus.

Les jeunes beautés dessinées par Elvgren ou photographiées par Bunny Yeager ne trouvent plus leur modèle ni dans la vierge ni dans la putain, elles s'offrent comme des baby-dolls charmeuses, des allumeuses « sympa » destinées davantage aux amours sans conséquence qu'aux passions dévastatrices. Avant la « révolution sexuelle » des années 60 et 70, les images « explosives », colorées, juvéniles de la pin-up ont exprimé l'avènement d'un éros féminin délivré de tout mystère, de toute idée de faute. Commence l'époque des « Vénus en blue-jean », des beautés teenagers plus ludiques que ténébreuses, plus pop que romantiques, plus dynamiques qu'énigmatiques. Les figures de la pin-up sont à l'esthétique féminine ce que le rock est à la musique de variétés : la séduction féminine se marie désormais avec le culte moderne du rythme, de l'impact, de la jeunesse et de sa « fureur de vivre ». L'opposition de la beauté éthérée et de la beauté malsaine s'est défaite au bénéfice d'une beauté sexy, directe, tonique et désublimée, sans ombre ni profondeur.

Le cinéma également consacre le règne de la pin-up en mettant en scène des stars aux formes explosives, au sex-appeal ne jouant plus du mystère. Betty Grable, Marilyn Monroe, Jayne Mansfield aux États-Unis ; Anita Ekberg, Sophia Loren, et surtout Brigitte Bardot, en Europe, illustrent cette nouvelle féminité aux atouts agressifs projetant un érotisme désinhibé, naturel, juvénile, souligné par des robes décolletées, des jupes et des tricots moulants, des scènes de strip-tease et de baignade, des danses « tor-

rides ». Brigitte Bardot ou le « petit animal sexuel ». Dans
les premiers temps du cinéma, la sensualité s'était incarnée
dans le stéréotype de la vamp dont Theda Bara, Pola
Negri, Marlène Dietrich ont été les figures emblématiques.
Avec ses yeux insondables chargés de noir, ses parures
sophistiquées, ses longs fume-cigarette, la vamp évoquait
une féminité inaccessible et destructrice. Plus rien de tel
avec l'esthétique dédramatisée de la pin-up que Marilyn
Monroe a élevée au rang de mythe. L'équivoque impureté
de la vamp disparaît : la fragilité radieuse se substitue au
satanisme d'Éros, la beauté sensuelle se réconcilie avec
l'ingénuité, la joie de vivre franche et ouverte. Dans une
synthèse inédite de sensualité et d'innocence, de sex-
appeal et de vulnérabilité, de charme et de tendresse,
d'érotisme et de gaieté, la *sex goddess* hollywoodienne a
créé le plus resplendissant archétype de l'après-femme
fatale.

Dès les années 40 et 50, les images du féminin se sont
affranchies du référentiel séculaire de la beauté démoniaque au profit d'un sexy moderne, ludique et insouciant,
de jeunes femmes aux jambes fuselées, à la silhouette élancée et souple, à l'air naïf et provocant. Modernisme de la
pin-up qui ne s'est déployé qu'en reconduisant en même
temps des traits typiques d'une féminité marquée par le
primat des attentes masculines « classiques » envers le
corps féminin : poitrine volumineuse, rondeurs callipyges,
poses aguicheuses, hyperérotisation du regard et de la
bouche. Pour moderne qu'elle soit, la pin-up reste sur ce
plan une « femme mineure », un « objet sexuel » construit
ostensiblement en fonction des désirs et des fantasmes
masculins. Par où la pin-up se donne comme une formation de compromis entre deux logiques. D'un côté, une
logique moderne, se concrétisant dans l'esthétique du
corps élancé, les longues jambes, le *keep smiling*, un sex-
appeal dédramatisé et ludique. De l'autre, une logique
d'essence traditionnelle, recomposant une « femme
objet » définie par des appas érotiques *en excès* (poitrine,
fesses et poses provocantes), une féminité évoquant davantage le « repos du guerrier » que l'affirmation d'une iden-

tité féminine autonome. La conjugaison de ces deux logiques « hétérogènes » constitue l'originalité de la pin-up.

Le moment démocratique du beau sexe signifie éclipse de la mythologie de la femme fatale et corrélativement consécration d'une culture *euphorique* de la beauté expurgée de toute ambivalence, de toute négativité malsaine et mortifère. L'alliance millénaire des charmes féminins et de Thanatos a cédé le pas à une exaltation sans envers de la beauté. Le cinéma et la peinture en témoignent qui n'offrent plus d'images de beauté infernale : même dans les films centrés sur le thème classique de la femme fatale, les stars féminines n'apparaissent plus sous le signe de la beauté destructrice[1]. Dans la culture quotidienne, les accusations traditionnelles adressées à la séduction féminine ont totalement disparu. « Il n'y a si belle chaussure qu'elle ne devienne savate », disait-on dans les campagnes. Ou encore « Qui cherche une rose trouve souvent une bouse ». Tous ces proverbes sont tombés en déshérence, ils ne réussissent plus qu'à nous faire sourire comme autant de vestiges curieux d'une époque révolue. Fini les réquisitoires contre les avantages physiques de la femme ; fini les anathèmes contre les fards et la coquetterie : même les jeunes filles ont gagné le droit de se maquiller sans subir de jugements réprobateurs. Nous voici pour la première fois dans une culture de stimulation et d'optimisation sans fin de la beauté, une culture positive, rien que positive, du beau sexe. Nous n'avons plus d'images de la femme-sphinx, nous avons les figures radieuses des stars et des top-models ; nous n'avons plus de mises en garde contre les dangers de la beauté, nous avons des incitations systématiques à la parfaire. La beauté féminine ne fait plus signe vers le gouffre, mais vers le succès et le bien-être, l'équilibre et la réussite. Notre imaginaire social se reconnaît désormais sans réserve dans la célèbre définition de Stendhal : la beauté, à l'âge postmoderne, n'est plus qu'une

---

1. Dans le film de Louis Malle *Fatale*, Juliette Binoche a tout sauf l'apparence d'une allumeuse dévoratrice.

« promesse de bonheur ». Au romantisme noir de la beauté vénéneuse a succédé le *happy end* de la beauté pacifiée, lisse, univoque.

Il est clair que ce nouveau statut de la beauté féminine ne peut être détaché du procès de sécularisation moderne, de l'émancipation des représentations du féminin vis-à-vis de la tradition chrétienne l'assimilant à la racine du mal, du basculement de la culture du sexe péché vers celle du sexe plaisir. Mais le phénomène ne peut davantage être séparé du formidable développement de l'imaginaire égalitaire, lequel s'est déployé jusque dans la manière de percevoir la différence sexuelle. Les représentations de la beauté vampirique avaient partie liée avec l'organisation des sociétés fondées sur le clivage rédhibitoire des hommes et des femmes, avec des cultures inégalitaires constituant les deux genres selon le principe d'une hétérogénéité d'essence. Les accusations portées contre la beauté féminine n'ont été qu'une des manifestations de la peur de l'Autre enfermé dans sa différence radicale. La fin de l'archétype de la beauté démoniaque exprime précisément l'avancée d'une culture où la différence homme/femme ne renvoie plus à une disjonction ontologique, où la femme ne se pense plus comme « moitié dangereuse », où le sentiment de commune appartenance anthropologique l'emporte sur la hantise de l'altérité sexuelle. Par-delà la division sexuelle qu'elles réaffirment avec emphase, les images contemporaines du féminin traduisent davantage le progrès de l'imaginaire égalitaire que la perpétuation d'une culture misogyne.

STARS ET MANNEQUINS

Au stade terminal de la beauté, les charmes féminins ne sont plus associés à la déchéance et à la mort mais à la célébrité, au bonheur, à la fortune. Deux figures illustrent par excellence cette métamorphose : la star et le mannequin.

Dès les années 10, le cinéma donne naissance à ce qui constitue le plus grand archétype de la beauté moderne : la star. Point de star qui ne soit divinement belle ; point de star qui ne soit objet d'adoration et d'admiration des masses. Jamais la beauté féminine n'a été autant rattachée à la réussite sociale, à la richesse, à l'épanouissement individuel, à la « vraie vie ». L'image classique de la star est indissociable du luxe, des fêtes, des voyages, des passions extraordinaires. À partir des années 30, les grandes figures de vamps perverses cèdent le pas à des stars plus « humaines », moins inaccessibles. Loin d'incarner l'immoralité, leur vie amoureuse tumultueuse se donne sous le signe de la quête authentique de la passion. Si la star doit être belle, elle doit également être « bonne ». Ainsi la voit-on s'occuper attentivement de ses enfants, participer aux fêtes de charité, s'engager dans les combats pour les nobles causes. Aux antipodes de la beauté corruptrice, la star s'offre en idéal, en modèle de vie pour les masses : elle ne fait plus signe vers l'abîme, elle appartient à l'Olympe sublime.

Avec la divinisation des stars, le xx\ :sup:`e` siècle est témoin d'une exceptionnelle promotion de la valeur beauté. Phénomène inédit, la beauté féminine permet de gagner une notoriété égale, voire supérieure à celle de nombre d'hommes publics. Jusqu'alors, si les profits symboliques et matériels tirés de la beauté féminine étaient très importants, ils n'en étaient pas moins tributaires de l'action ou de la position sociale d'un homme, ils impliquaient une contrepartie sexuelle ou un lien matrimonial. Rien de tel au siècle du cinéma où la plus-value de la beauté féminine se concrétise sur un marché médiatique et non plus sexuel. C'est l'image de la beauté qui s'achète et se vend, non le corps de la femme. D'où l'émergence d'un nouveau pouvoir de la beauté féminine : gagner une célébrité planétaire, être admiré des masses, mener grand train grâce à une activité professionnelle reconnue socialement et indépendante de l'échange sexuel. Si la star est un phénomène inséparable de l'âge démocratique, ce n'est pas seulement parce que toutes les personnes de toute condition peuvent en droit prétendre accéder à la gloire médiatique, mais aussi parce qu'une valeur traditionnellement féminine, la beauté, permet d'élever les femmes à un niveau de consécration sociale égal à celui des hommes. L'époque de la beauté euphorique correspond au moment où sa professionnalisation se trouve expurgée de toute image malsaine et destructrice, au moment où la séduction féminine devient un véhicule sans pareil de reconnaissance sociale, de réussite professionnelle et matérielle.

Parallèlement au cinéma, l'univers de la mode, de la photographie et de la publicité a créé l'autre grand archétype de la beauté féminine moderne : le mannequin. Toujours en représentation, maquillée et élégante, la femme mannequin affiche certes classiquement un air détaché, un regard froid et inexpressif, mais cette inaccessibilité ne recompose nullement le type de la femme fatale. Si le pouvoir de celle-là, en effet, s'exerce sur les hommes, celui du mannequin a pour cible principale les femmes elles-mêmes. Incarnant une beauté pour-la-mode et non une beauté pour-le-désir-masculin, le mannequin et sa ligne « fil de fer » est un spectacle destiné à séduire en priorité les femmes en tant que consommatrices et lectrices de magazines. Ce sont elles et non plus les hommes qui, dans nos sociétés, constituent le public le plus attentif aux figures emblématiques de la séduction féminine. Même si le mannequin reconduit plus que jamais la place suréminente du rôle esthétique féminin, il reste que, par son intermédiaire, s'affirment des critères moins assujettis aux fantasmes masculins, une beauté plus distante des marques traditionnelles de la séduction féminine, une reconnaissance du point de vue des femmes. Avec le mannequin s'agence une beauté se donnant moins comme objet à conquérir par les hommes qu'à être admirée par les femmes.

À la différence de la beauté fatale, le mannequin s'affiche comme représentation pure, séduction superficielle, narcissisme frivole. En dépit de ses regards absents et de son allure de superbe insensibilité, le mannequin ne donne nulle part à voir la « Bête monstrueuse, indifférente, irresponsable, insensible, empoisonnant tout ce qui l'approche » dont parle des Esseintes à la vue de la *Salomé* de Gustave Moreau[1]. Pure vitrine de mode, le mannequin annule tout sens tragique dans le jeu sans fin des apparences : impossible de trouver quoi que ce soit de dépravé ou de destructeur quand il n'y a que féerie de l'élégance, beauté chic, superficialité de la mode. Non plus l'illustration de la beauté maléfique mais clin d'œil distancié, jeu au second degré avec les stéréotypes de la femme fatale. Le mannequin ne reproduit pas l'image de la beauté funeste, il crée un simulacre ludique et dépassionné de femme fatale, une beauté mode, une féminité enchantée réduite à son dehors. La beauté vampirique a cédé le pas à un hymne esthétique, rien qu'esthétique, au féminin, à la séduction, au plaisir narcissique d'être belle, de le savoir et de se donner à voir.

Tandis que les premiers mannequins apparaissent avec la haute couture dans la seconde moitié du XIXe siècle, la première agence de cover girls s'ouvre à New York en 1923 à l'initiative de John Powers. À la fin des années 50, Catherine Harlé à Paris et Lucie Clayton à Londres fondent les premières agences européennes. Mais pendant près d'un siècle l'activité de mannequin est restée socialement dévalorisée, incapable d'impulser une quelconque célébrité. C'est seulement au lendemain de la Seconde Guerre mondiale que la profession commence à faire rêver le grand public, devenant un modèle de vie pour les jeunes filles. Certains mannequins accèdent alors au vedettariat, la presse commente leurs amours et les nomme par leur prénom, Bettina, Praline, Lucky. Poser, défiler, vendre son image photogénique, autant d'activités qui ont gagné la respectabilité et la reconnaissance sociales.

Depuis les années 90, la médiatisation des mannequins ainsi que leur notoriété ont manifestement franchi une étape supplémentaire. On ne compte plus leurs interviews dans la presse ; des biographies en leur honneur paraissent

1. Karl-Joris Huysmans, *À rebours*, Paris, Gallimard, coll. Folio classique, 1977, p. 145.

en librairie ; on les voit sur les plateaux de télévision en compagnie de ministres ; leurs noms apparaissent dans les chansons. Un nouveau mensuel, *Elle top-model* est entièrement consacré au monde des mannequins. Simultanément les grandes divas bénéficient de contrats mirifiques [1] : « Nous ne nous levons jamais le matin pour moins de 10 000 dollars », déclarait il y a peu Linda Evangelista. Les nouvelles muses de la mode ont été hissées sur le piédestal autrefois réservé aux étoiles du cinéma. Les voici riches d'une notoriété égale sinon supérieure à celle des hommes politiques.

Pareille promotion de l'image sociale des top-models ne peut être séparée de tout un ensemble de phénomènes où figurent en particulier le déclin de l'aura des stars du cinéma ainsi que les nouvelles politiques de *personal management* des agences de mannequins [2]. Mais, si importants soient-ils, ces facteurs n'expliquent pas tout. Au travers de la starisation des top-models s'exprime une culture qui valorise avec de plus en plus de ferveur la beauté et la jeunesse du corps. Longtemps les stars du grand écran, les noms prestigieux de la haute couture, les collections et défilés de la mode ont fait rêver les femmes. À présent les nouveautés de la mode sont moins admirées que les mannequins qui les portent et les créateurs moins célèbres que les top-models. S'il n'est plus impératif de porter la dernière mode, il est de plus en plus important d'offrir de soi une image jeune et svelte. Dans nos sociétés, le prestige du vêtement, les dépenses d'habillement, le temps consacré au shopping, l'autorité de la mode déclinent ; en revanche l'énergie que l'on mobilise pour combattre les rides et l'excès de poids ne cesse de s'intensifier. Le succès des top-models est le miroir où se reflète le prix de plus en plus grand que nos sociétés attachent à l'apparence physique, à la tonicité du corps, à la jeunesse des formes. Au fétichisme contemporain du corps jeune, ferme, sans adiposité corres-

1. Avec Revlon, Cindy Crawford et Claudia Schiffer ont signé des contrats s'élevant respectivement à 7 millions et 10 millions de dollars.
2. Philip Souham, *Top-models, ces nouvelles stars*, Paris, Zelie, 1994.

pond l'idolâtrie des top-models. Plus l'idéal esthétique du corps féminin devient exigeant, plus il s'impose comme un facteur de consécration médiatique : l'apothéose des top-models vient couronner un idéal de beauté physique désormais hors d'atteinte pour le plus grand nombre, de même qu'un rêve de plus en plus insistant de jeunesse éternelle.

En dépit de tout ce qui sépare les stars des mannequins, ces deux figures idéales du féminin ont en commun le fait que leur beauté est le fruit d'un extraordinaire travail de métamorphose. Bien sûr les artifices ont toujours permis aux femmes de resplendir et d'apparaître « autres ». Mais ce qui jusqu'alors relevait du talent et du goût individuels dépend, dans l'univers médiatique moderne, d'un travail de professionnels de l'apparence. De même que la mode moderne, depuis le milieu du xixe siècle, a exproprié les femmes de l'initiative de la parure et institué le pouvoir tout-puissant du grand couturier, de même le star system a constitué le règne de la beauté « manufacturée », orchestrée de bout en bout par les spécialistes de la séduction. Les top-models ne font que prolonger ce processus de superproduction artificialiste. « Je suis une illusion d'optique », déclarait le supermodel Clotilde. Pour être plus exact, les femmes mannequins, au même titre que les stars du grand écran, ne sont ni irréelles ni fictives : elles sont recomposées et surréelles. « Même moi, je ne ressemble pas à Cindy Crawford quand je me réveille le matin », confiait récemment le célèbre top-model. Le stade radieux de la beauté coïncide avec le moment où la technique permet de construire des beautés vivantes plus sublimes que les créations imaginaires, où le mythe de la beauté devient véridique et les beautés de chair, images mythiques. Dans nos sociétés, la beauté féminine n'est plus accusée de produire le mal, elle est produite comme une image de rêve pour la consommation des masses : nos déesses ne trouvent plus leur modèle dans Pandora mais dans Galatée, à ceci près qu'il faut imaginer Pygmalion en entrepreneur. À la beauté trouble et maudite s'est substituée la beauté marchandise, une beauté fonctionnalisée au service de la promotion des marques et du chiffre d'affaires des industries de l'imaginaire.

LA BEAUTÉ : À QUEL PRIX ?

Beauté euphorique, beauté publicitaire. Nous sommes au moment où les représentations féminines classiques, dominées par la fonction *poétique* ont largement cédé le pas aux images *prescriptives*, destinées moins au plaisir esthétique qu'à la stimulation de la consommation, finalisées moins par la contemplation que par l'action correctrice de l'apparence : la beauté « désintéressée » des *Vénus* a été remplacée par une beauté « pragmatique ». Traditionnellement, les *Vénus* étaient peintes pour être admirées de loin, comme si elles étaient placées sur une scène de théâtre. À cette approche distanciée s'est substituée une vision rapprochée des corps et des visages pris au zoom : gros plan sur les lèvres ou les paupières, sur les seins et les cuisses, la publicité dessine une femme en morceaux, une image puzzle de la beauté. Non plus un corps offert au seul plaisir des yeux mais un corps appelant à l'action correctrice, à l'efficience et à l'optimisation esthétique. Du corps mosaïque publicitaire émane ce message : ceci n'est pas qu'une image, la beauté est appropriable, vous aussi pouvez ressembler à ce modèle. La beauté fatale était énigmatique, synonyme d'abîme et de chaos d'Éros ; la beauté euphorique, elle, est commandée par un esprit de programme et de performativité esthétique. La disparition des images maléfiques de la beauté féminine est allée de pair avec la prolifération de modèles prescriptifs, d'images forces invitant à l'amélioration permanente des qualités esthétiques. Avec pour conséquence, notamment, l'irrésistible montée de l'insatisfaction des femmes vis-à-vis de leur apparence physique.

Le fait est là : les critiques esthétiques des femmes quant à leur corps s'amplifient alors même que les stigmatisations du beau sexe s'éteignent. Moins la beauté signifie un pouvoir diabolique menaçant les hommes, plus elle terrorise les femmes ; moins elle est associée à la « méchanceté » féminine, plus les femmes se montrent implacables envers leurs formes. Fin de la beauté fatale ne veut pas dire abolition de sa dimension tragique mais intériorisation de celle-ci, intensification des autocritiques esthétiques en lieu et place des dénonciations morales, accentuation de l'image négative que les femmes se forgent de leur apparence corporelle.

La sphère professionnelle révèle d'une tout autre manière la face d'ombre de la beauté euphorique. Nombre de stéréotypes négatifs liés à la beauté féminine demeurent : qu'une jolie femme réussisse professionnellement, des propos peu délicats sur les conditions de son succès ne manquent pas d'être formulés. La beauté, le sex-appeal, le maquillage sont fréquemment perçus comme peu compatibles avec l'autorité, la compétence ou les activités de leadership. La valorisation masculine des charmes du deuxième sexe tend à déprécier la valeur du travail féminin. Afin de s'imposer dans le monde de l'entreprise, les femmes doivent neutraliser leur apparence, s'interdire les jupes courtes, les talons hauts, les décolletés, les cheveux trop longs, tous les signes connotant avec emphase la féminité et la fantaisie. Ce n'est qu'en masquant leurs formes que les femmes peuvent être prises au sérieux dans les organisations. La contradiction existant entre séduction féminine et travail professionnel place les femmes dans une situation de *double bind* : si une femme s'applique à faire valoir ses charmes, elle décrédibilise son image d'acteur professionnel compétent ; si au contraire elle s'emploie à les effacer, ses performances professionnelles sont moins remarquées et son image de féminité en pâtit[1]. À coup sûr, les stéréotypes négatifs accolés à la beauté féminine, dans nos sociétés, ont fortement reculé : les hommes jeunes en particulier jugent de moins en moins inconciliables la séduction féminine et l'exercice des res-

---

1. Rita Freedman, *Beauty Bound, op. cit.*, p. 102-103.

ponsabilités professionnelles, y compris dans les bastions masculins. La beauté féminine tend, de ce point de vue, à devenir un stéréotype *faible* ne barrant plus structurellement l'avancée sociale et professionnelle des femmes. Il serait naïf de croire, cependant, que la question de la beauté a cessé d'influer sur la vie et le parcours professionnel des femmes.

Le culte du beau sexe contribue en outre à perpétuer la division entre métiers masculins et métiers féminins. On n'ignore pas que les femmes sont toujours concentrées dans un éventail de professions beaucoup plus restreint que les hommes. Ce phénomène est bien sûr inséparable de stéréotypes et de rôles plongeant leurs racines dans l'histoire. Reste que la valorisation contemporaine du beau sexe ne fait que prolonger cette division sexuelle des activités professionnelles en favorisant l'orientation des jeunes filles vers les métiers de la beauté et de la mode. De surcroît l'importance accordée à la séduction et à l'apparence contribue plus ou moins directement à détourner les filles de tout un ensemble de métiers masculins blessant trop leur image de soi et leurs aspirations esthétiques. Et les activités qui font le mieux rêver les femmes, tout en étant les mieux rémunérées, sont celles où précisément l'apparence individuelle joue un rôle primordial (présentatrices de télévision, actrices, mannequins, relations publiques). Pareille valorisation des métiers liés à l'apparence constitue un piège pour les femmes. Rappelons qu'en France on ne recense que 3 000 mannequins ; parmi ceux-ci, seule une minorité peut vivre de cette activité. D'autre part, dans certaines professions la valorisation de la beauté féminine fonctionne comme un instrument de discrimination sexuelle : on a vu des entreprises refuser d'embaucher des femmes ou les licencier pour « apparence non conforme » liée au poids ou à l'âge[1]. Une célèbre enquête américaine portant sur les présentateurs de télévision a montré que 50 %

---

1. Shelley Bovey, *The Forbidden Body*, Londres, Pandora Press, 1994, p. 36-44.

des hommes mais seulement 3 % des femmes avaient plus
de 40 ans ; 18 % des hommes avaient plus de 50 ans mais
pas une seule femme n'atteignait cet âge [1]. Si la beauté
féminine n'a plus partie liée avec le mal, elle n'a pas cessé
pour autant de constituer un handicap pour l'égalité professionnelle entre les genres.

Il est vrai qu'à l'âge démocratique la beauté féminine
photogénique est devenue une profession reconnue et
source de revenus parfois considérables. Il n'en demeure
pas moins que les débats sur la rémunération et le prestige
liés à la beauté féminine ne sont nullement clos, comme
en témoignent les polémiques récentes au sujet des top-
models. Des créateurs jugent cette starisation excessive,
d'autres s'insurgent contre des tarifs exorbitants. La presse
se fait l'écho d'une inquiétude à propos d'une profession
qui aliène le public féminin et dans laquelle les élues sont
en nombre infime. Ces controverses ne sont superficielles
qu'en apparence ; en réalité elles traduisent le caractère
toujours problématique du statut de la beauté féminine
dans une culture d'essence méritocratique. D'un côté, la
culture démocratique et marchande travaille à dignifier
la beauté, à en rehausser la valeur sociale. Mais, de l'autre,
les sociétés démocratiques ne reconnaissent en principe
que les œuvres et le mérite individuel comme sources de
reconnaissance sociale : c'est ce que nous faisons qui est
digne d'être célébré. La polémique autour des top-models
exprime la difficulté d'une société méritocratique à déter-
miner le juste prix de ce que l'on est en quelque sorte par
naissance. Si le statut actuel des top-models suscite des
réactions hostiles que les stars du cinéma ont très peu
connu, c'est que ces dernières ne « vendaient » pas seulement une image esthétique mais un travail de composition. Dans nos sociétés, le statut de la beauté pure fait
structurellement problème parce qu'elle heurte le principe selon lequel seul ce que l'on fait par son travail mérite
la consécration sociale. Les sociétés démocratiques ont

1. Rita Freedman, *Beauty Bound, op. cit.*, p. 208.

détaché la beauté féminine de ses liens avec le mal; elles n'ont pas cessé pour autant d'y reconnaître une question trouble, toujours capable de provoquer le scandale et la réprobation.

5

L'AVENIR DU BEAU SEXE

En Occident, depuis six siècles rayonne le culte du beau sexe. Le remarquable, en ce domaine, est que l'avènement du monde démocratique n'a nullement fait reculer l'idolâtrie esthétique du féminin ; paradoxalement, il l'a intensifiée. Tandis qu'au milieu du XVIIIe siècle, Winckelmann soutient que seul le nu féminin est capable d'incarner la beauté, au siècle suivant se met en place le « grand renoncement », le refoulement moderne de la frivolité masculine illustré par l'habit noir bourgeois. Avec l'âge héroïque de l'égalité se creuse l'inégalité ostensible des deux sexes face à la beauté, les femmes monopolisant les emblèmes de la séduction, de l'élégance, de la mise en scène de soi. La haute couture, la presse féminine, les instituts et concours de beauté, la généralisation de la consommation cosmétique féminine sont autant de manifestations du renforcement moderne de la culture du beau sexe. De plus en plus, aux XIXe et XXe siècles, la beauté s'affirme comme une propriété distinctive du féminin.

Où en sommes-nous en notre fin de siècle ? Comment ne pas soulever la question face aux nouvelles attitudes qui, depuis trois décennies, réorientent peu ou prou le rapport des sexes à l'apparence ? Dès les années 60, de violentes critiques sont émises par les mouvements féministes contre la tyrannie de la beauté et les stéréotypes esthétiques véhiculés par les magazines féminins. Refusant le statut multiséculaire de « plus bel objet » de l'homme, les femmes en colère brûlent symboliquement leurs soutiens-gorge. « No more Miss America », clament en 1968 les féministes américaines[1]. Simultanément, les hommes manifestent un plus grand souci de leur apparence vestimentaire et physique, la mode masculine devient plus fantaisiste, les produits cosmétiques masculins commencent une nouvelle carrière.

Quelle signification sociale donner à ces changements ? Inflexion de portée réduite ou bouleversement de fond du rapport des deux sexes à la valeur beauté ? Au travers de cette question, c'est celle du destin historique de l'idéologie du beau sexe qui se trouve posée : la « révolution démocratique » en marche mine-t-elle la position inégalitaire du beau sexe ou bien contribue-t-elle à la recomposer ? Comment penser l'avenir de la prééminence traditionnelle de la beauté féminine dans une culture travaillée par l'esprit d'égalité entre les genres ?

LA PERSISTANCE DU BEAU SEXE

Si l'époque bourgeoise moderne s'est attachée à déposséder les hommes des signes flamboyants de la séduction, l'âge postmoderne s'est engagé dans un processus de réconciliation du masculin avec l'apparence. Les années 60 marquent le point de départ de la nouvelle promotion sociale de la beauté masculine. Se multiplient dans la presse magazine les articles concernant la mode et le paraître masculins. Des ouvrages destinés aux hommes sont publiés qui donnent des conseils esthétiques. La séduction masculine commence à être présentée comme un instrument de succès et de réussite sociale : à l'occasion de la célèbre rencontre télévisée Kennedy-Nixon sont lan-

1. En fait, dès 1914, dans les meetings les féministes américaines revendiquent le « droit d'ignorer la mode » (voir Nancy Cott, *The Grounding of Modern Feminism*, New Haven, Yale University Press, 1987, p. 12).

cés les premiers sondages sur l'influence du look des hommes politiques[1]. Tandis que les hommes regagnent le « droit » de s'intéresser à la mode et à l'apparence physique, les femmes, de leur côté, reconnaissent davantage que par le passé accorder un prix important à la beauté virile.

L'évolution de la consommation cosmétique n'illustre pas moins le processus postmoderne de réhabilitation de l'apparence masculine. En 1965, les produits masculins de parfumerie et de toilette représentaient 5,7 % du chiffre d'affaires total du secteur cosmétique ; trente ans plus tard, leur part s'élève à plus de 10 %. Les lotions et eaux de toilette représentaient 10 % des ventes globales de la parfumerie alcoolique en 1965 et plus de 30 % en 1995. De 266 millions en 1973, le chiffre d'affaires de la cosmétique masculine est passé à 3 milliards en 1995.

Au cours des trente dernières années, la beauté masculine a acquis indéniablement une valeur plus grande tant aux yeux des hommes que des femmes. Mais le phénomène tout aussi remarquable, faut-il aussitôt souligner, tient au fait que cette promotion sociale de l'apparence masculine n'a nullement déstabilisé la traditionnelle suprématie esthétique du féminin. Même si les hommes soignent davantage leur allure, aucune égalisation des rôles esthétiques ne s'est produite. Contrairement à une idée maintes fois exprimée, ce n'est pas le brouillage ou la convergence des genres par rapport à la valeur beauté qui caractérise la dynamique de nos sociétés, c'est la permanence de leur écart. Là réside le phénomène de fond qu'on a trop tendance aujourd'hui à sous-estimer ou à occulter : quelle que soit l'importance des changements survenus en ce domaine, la signification de la beauté pour les deux sexes reste dissymétrique, *structurellement* inégalitaire.

En veut-on des preuves ? Elles sont légion. La beauté est une qualité que l'on projette principalement, et dès leur

1. Sur l'importance des années 60 par rapport à la culture de la beauté, voir Arthur Marwick, *Beauty in History, op. cit.*, p. 343-396.

naissance, sur les filles : d'emblée elles sont décrites par leurs parents comme jolies, gentilles, mignonnes, tandis que les bébés mâles sont jugés robustes, grands, « costauds ». Un bébé vêtu de bleu est décrit comme fort et actif ; le même nourrisson habillé en rose est jugé fin et délicat[1]. Primauté de la beauté féminine qui se prolonge dans les jeux des petites filles avec les panoplies de coiffeuse, les poupées mannequins style Barbie, les petites garde-robes, les accessoires de la toilette, les tables et mallettes de maquillage. À l'autre extrémité de la vie, la dissimilarité des deux genres n'est pas moins manifeste. Certes les hommes comme les femmes sont jugés moins attractifs avec le grand âge, mais la dépréciation de l'apparence commence plus tôt pour les femmes que pour les hommes. Les jugements sur le sujet ont peu varié : l'âge et les rides, dit-on, « vont bien » aux hommes alors qu'ils meurtrissent la séduction féminine. La beauté exige davantage la jeunesse de la femme que celle de l'homme. On voit des acteurs grisonnants continuer de jouer les séducteurs ; ce n'est pas le cas des stars féminines. Les présentatrices de télévision âgées de plus de 40 ans sont beaucoup moins nombreuses que leurs homologues masculins. Cette tendance se lit aussi bien dans la publicité : sur trois décennies, les images publicitaires montrent 3 femmes sur 4 paraissant avoir moins de 30 ans et seulement 4 % plus de 40 ans[2].

La beauté n'a pas le même sens social au masculin et au féminin. Quel homme n'a-t-il pas rêvé d'être vu avec de jolies femmes ? La beauté féminine rehausse la valeur et le statut des hommes : un homme vu en compagnie d'une belle femme est jugé plus intelligent, plus compétent, plus important que lorsqu'il apparaît au côté d'une femme peu jolie[3]. Rien de tel au féminin : la beauté d'un homme ne

1. Zella Luria, « Genre et étiquetage : l'effet Pirandello » in Le Fait féminin, sous la dir. d'Évelyne Sullerot, Paris, Fayard, 1978, p. 237.

2. P. England, A. Kuhn et T. Gardener, « The Ages of Men and Women in Magazine Advertisements », Journalism Quarterly, n° 58, 1981, p. 468-471.

3. H. Sigall et D. Landy, « Radiating Beauty : Effects of Having a Physically Attractive Partner on Person Perception », Journal of Social Psychology, n° 28, 1973, p. 218-224.

bonifie pas l'image de la femme qui l'accompagne. En même temps, hommes et femmes ne valorisent pas de la même manière la beauté de leur partenaire et ne manifestent pas les mêmes attentes en matière d'apparence physique. Sans doute les jeunes femmes reconnaissent-elles aujourd'hui davantage que par le passé être séduites par le physique des hommes. Cependant lorsqu'on leur demande de classer par ordre de priorité les qualités qu'elles recherchent chez un homme, l'intelligence est placée en tête, la beauté seulement en cinquième position[1]. La hiérarchie des préférences masculines n'est manifestement pas identique : les hommes espèrent plus que les femmes rencontrer la beauté dans l'autre sexe ; ils accordent plus d'importance que les femmes aux qualités esthétiques de leur partenaire, et ce, à tout âge. Ainsi voit-on toujours des hommes du troisième âge épouser des femmes plus jeunes qu'eux, parfois beaucoup plus jeunes. La réciproque est exceptionnelle et continue d'être mal acceptée socialement.

Qui plus est, hommes et femmes ne jugent pas leur physique respectif avec la même sévérité. Si les critiques esthétiques que s'adressent les hommes ne dépassent généralement pas certaines zones circonscrites de leur personne (estomac, calvitie, rides du visage), celles des femmes portent sur la moindre parcelle, la moindre imperfection de leur visage et de leur corps : c'est le physique féminin dans son ensemble qui est objet d'inquiétude, qui suscite des désirs et des pratiques d'embellissement. Les femmes se montrent beaucoup plus mécontentes de leur corps que les hommes : seul 1 homme sur 10 se déclare très insatisfait de son corps, contre 1 femme sur 3. Alors que les hommes déforment plutôt positivement l'image de leur corps, les femmes, elles, ont tendance à déformer la vision de leur corps dans un sens négatif, notamment en se jugeant trop grosses[2]. En outre, le poids excessif des hommes est jugé avec plus d'indulgence que celui des femmes, et ce, par les

---

1. Jean-Claude Hagège, *Séduire*, Paris, Albin Michel, 1993, p. 62.
2. Naomi Wolf, *The Beauty Myth*, *op. cit.*, p. 94.

deux genres. Les hommes gros sont souvent décrits comme de « bons vivants », sympathiques, de contact facile et chaleureux. La femme obèse est davantage perçue comme sans volonté, coupable de ne pas savoir se maîtriser. Plus grande sévérité « morale » qui se double d'une plus grande sévérité esthétique, la grosseur étant jugée plus destructrice de la beauté féminine que de la beauté masculine.

La mode, au même titre que les pratiques cosmétiques, révèle également la pérennité de la suprématie esthétique du féminin. Quelle que soit la plus grande fantaisie actuelle de la mode masculine, celle-ci reste sage et effacée comparée à l'éclat de la mode féminine. Et les rubriques « Mode » de la presse féminine n'ont pas d'équivalent au masculin. Sans doute est-il vrai que le marché masculin des produits de parfumerie et de toilette s'est élargi ; encore faut-il ne pas perdre de vue les limites du phénomène. Jusqu'en 1985, les ventes de produits masculins ont progressé beaucoup plus rapidement que celles des produits féminins (environ 5 % de plus en moyenne chaque année). Depuis, ce rythme s'est ralenti et désormais l'écart entre les deux marchés reste à peu près stable. Les ventes des produits cosmétiques masculins, en 1982, étaient évaluées à 1 milliard sur les 11 milliards du chiffre d'affaires total ; en 1995, elles ont permis de réaliser quelque 3 milliards pour un chiffre d'affaires proche de 30 milliards : en treize ans, la part de la consommation masculine par rapport au marché global n'a donc guère varié, s'établissant autour de 10 % de l'ensemble. Si on ne prend en considération que les « produits de beauté » au sens strict, cette proportion est beaucoup plus faible. Le chiffre d'affaires global de ce secteur s'élevait en 1995 à 10,7 milliards, parmi lesquels les ventes masculines ne représentaient que 115 millions, soit guère plus de 1 % du total ! Les produits après-rasage, les déodorants, les eaux de toilette pour hommes ont fortement progressé ; en revanche le maquillage, comme on le sait, reste un *interdit* à peu près absolu pour les hommes — preuve entre autres de la persistance d'une dissymétrie structurelle des rôles esthétiques des hommes et des femmes. Afin d'étayer la thèse du déclin de la division sexuelle des rôles esthétiques ou de l'irrésistible montée de la « féminisation de la culture [1] », on se plaît aujourd'hui à souligner non seulement le nouveau souci masculin de la minceur et de la mode mais aussi l'essor de la consommation cosmétique masculine. Ainsi 25 % des hommes utiliseraient maintenant une crème hydratante et 20 % une crème pour les lèvres [2]. Soit. Mais avec quelle fréquence ? Ces statistiques doivent être utilisées avec beaucoup de précautions quand on sait que sur le total des ventes des produits de soins, soit 7,3 milliards en 1995, seuls 110 millions concernaient les produits masculins. Même si ces chiffres ne peuvent comptabiliser la consommation masculine de certains produits classés « féminins », on est très loin d'une culture dont la caractéristique serait l'adoption par les hommes de pratiques jusqu'alors spécifiquement féminines.

Force est de constater que le mouvement de réhabilitation contemporaine de la beauté masculine ne signifie aucunement diminution de la dissymétrie des rôles et des positions esthétiques des deux sexes. Car s'il est vrai que les hommes manifestent plus qu'autrefois un souci de l'apparence, les femmes dans le même temps ont redoublé d'efforts en ce qui concerne les pratiques esthétiques (régimes, produits de soins, exercices sportifs). La disjonction des comportements, des attentes et des inquiétudes de l'un et l'autre sexe, sur ce plan, ne s'est pas réduite. C'est toujours le féminin qui incarne le beau sexe. Depuis leur apparition aux États-Unis, en 1921, les concours de beauté se perpétuent à peu près exclusivement au féminin. Les top-models masculins ont certes gagné une reconnaissance sociale, mais leur notoriété ne peut se comparer avec celle des grandes égéries : preuve en est qu'ils touchent des cachets cinq ou six fois moins élevés que les supermannequins femmes. La chirurgie

---

1. Claude Fischler, « Une féminisation des mœurs ? » *Esprit*, nov. 1993, p. 9-28.
2. *Le Figaro*, 28 nov. 1996.

esthétique se démocratise mais de 85 à 90 % des interventions en France et 75 % aux États-Unis concernent des femmes. Aujourd'hui comme hier, les compliments esthétiques s'adressent avant tout aux femmes : il est toujours rare de voir un homme hétérosexuel exprimer son admiration envers la beauté d'un autre homme. Qu'une femme « se fasse une beauté » en public devant son miroir n'a rien qui choque ; qu'un homme s'appesantisse devant son image ne manque pas de faire sourire.

Autant d'observations qui relativisent la signification des changements survenus dans le domaine de l'apparence. Même si les hommes se montrent plus attentifs qu'autrefois au paraître, le fait dominant reste la permanence du clivage sexuel des rôles esthétiques, la reproduction sociale de la femme comme beau sexe. Les femmes sont toujours dévolues au rôle esthétique, ce sont elles qui sont de très loin les plus grandes consommatrices des soins de beauté, elles qui sont les plus affectées psychologiquement par les imperfections physiques. L'avancée de l'égalité démocratique et la promotion de la beauté masculine n'ont aboli en rien l'inégalité structurelle constitutive du règne du beau sexe.

LA BEAUTÉ OU L'AVENIR DU FÉMININ

Comment rendre compte de cette reproduction sociale de la hiérarchie esthétique des sexes au cœur même des sociétés démocratiques ? Pourquoi la prédominance esthétique de la femme continue-t-elle de s'affirmer avec éclat alors que les revendications égalitaires ne cessent de gagner du terrain ? Impossible naturellement de séparer la pérennité de la prééminence féminine de la beauté du poids d'un passé millénaire, de la force des rôles de sexes plongeant leur racine dans la très longue durée de l'histoire. Mais l'héritage n'explique pas tout : si ce phénomène se prolonge avec une telle force, c'est qu'il est sous-tendu par des valeurs et des aspirations issues de la culture moderne elle-même. Sous la poussée d'une part de l'industrie de la beauté, d'autre part des désirs d'autonomie et d'accomplissement personnel, les anciennes attitudes hostiles à l'amour du corps, au narcissisme, au maquillage déclinent massivement. S'aimer soi-même, se plaire et plaire aux autres, s'améliorer physiquement sont devenus des attitudes et des aspirations légitimes. Dans nos sociétés, les nouvelles normes du corps exacerbent les passions narcissiques d'autosurveillance, d'entretien de soi et d'optimisation de l'apparence, toutes nos valeurs techno-prométhéennes, individualistes et consommatives conduisent à vouloir ce qu'il y a de meilleur pour soi, à moins accepter le reçu, à refuser la fatalité des disgrâces physiques et les flétrissures de l'âge. À partir de quoi, l'investissement féminin de l'apparence doit moins se penser comme une survivance que comme l'effet des normes contemporaines du corps et de l'ego, du mieux-être et de la souveraineté sur soi.

Sans doute ces nouvelles normes touchent-elles également les hommes. C'est pourquoi le masculin s'attache davantage que par le passé à bonifier son apparence. Cependant l'asymétrie des sexes par rapport à la valorisation de la beauté persiste. La question demeure de savoir pourquoi la dynamique narcissique et consommative ne parvient pas à subvertir la division sexuelle traditionnelle des rôles esthétiques. Pourquoi la culture du beau sexe continue-t-elle de faire échec à la dynamique égalitaire ?

De ce que les sociétés modernes visent l'égalité il ne s'ensuit pas que disparaissent les autres exigences sociales plus ou moins antinomiques avec celle-ci. En particulier l'exigence de construire les identités sexuelles, de signifier par des marques ostensibles la différence des genres. Aucune société n'a échappé jusqu'à ce jour à l'impératif de symboliser le partage des sexes, de construire le système des oppositions réglées entre les hommes et les femmes, de socialiser la différence masculin/féminin. Structuration sociale à ce point permanente qu'il est fondé de la rattacher à des mécanismes cognitifs de catégorisation inhérents à l'esprit humain, à une tendance universelle déjà présente chez les très jeunes enfants, à savoir classer par sexe, coder les autres à partir des catégories binaires de sexe. Observant la manière dont les enfants, très tôt, évitent de jouer avec des camarades de sexe opposé et tendent à former des groupes avec des partenaires du même sexe, Eleanor Maccoby aboutit à cette conclusion : « On peut présumer que nous disposerons toujours et des codes binaires et des stéréotypes[1]. » Les contenus de la division des genres varient d'une culture à l'autre, mais les processus de différenciation et de ségrégation sexuelles, eux, sont universels. Même si nos sociétés dénoncent maintenant les stéréotypes de genres et les distinctions inégalitaires entre les sexes, il est naïf de croire qu'elles puissent échapper à la construction des catégories de sexes ainsi qu'à l'édification corrélative des stéréotypes sexuels. Que la société affiche des ambitions égalitaires n'élimine pas le besoin de coder, d'affirmer, d'une manière ou d'une autre, les identités sexuelles. La prééminence esthétique du féminin, dans nos sociétés, remplit cette fonction de marquage de la différence sexuelle au moment où les femmes revendiquent de plus en plus les mêmes activités et responsabilités que les hommes. C'est parce que les normes égalitaires entre les sexes progressent que, paradoxalement, l'idéal inégalitaire de la beauté féminine se prolonge, et ce, en tant qu'instrument d'inscription sociale de l'identité sexuelle. Moins les femmes seront dévolues impérativement à des rôles sociaux « lourds », plus la dissimilarité des rôles « légers » aura des chances de persister.

Ainsi la survalorisation de la beauté féminine permet-elle de contrebalancer le processus contemporain de déstabilisation des rôles de sexes. Comment ne pas remarquer qu'aujourd'hui les revendications d'autonomie individuelle progressent en même temps que les emblèmes esthétiques de la différence sexuelle : les autodafés de soutiens-gorge ont disparu et l'unisexe reste d'extension limi-

---

1. Eleanor E. Maccoby, « Le sexe, catégorie sociale », *Actes de la recherche en sciences sociales*, n° 83, 1990, p. 16-25.

tée. On assiste au contraire au regain des dessous affriolants, au succès du Wonderbra, des jupes courtes, du maquillage chez les jeunes filles, des top-models sexy éloignés de l'esthétique fil-de-fer. La mode, le maquillage, le « retour » des formes féminines, tout indique sur ce plan la limite du travail de l'égalité : avec l'épuisement des idéologies révolutionnaires, les femmes veulent tout, sauf effacer leur féminité. L'heure n'est plus à la négation des signes esthétiques de la différence mais à la réaffirmation des identités. Les femmes veulent pouvoir se comporter à l'égal des hommes. Elles ne veulent pas pour autant leur ressembler. Elles dénoncent leur exclusion de la sphère du pouvoir, la « double journée », les inégalités de salaire, mais elles rejettent généralement avec moins de véhémence le rôle esthétique qui leur est imparti. L'exigence d'égalité s'est désormais réconciliée avec les revendications de la différence esthétique. La perpétuation de la suprématie de la beauté féminine ne constitue pas un archaïsme, elle se prolonge moins par inertie qu'en correspondance avec les nouveaux besoins identitaires et la réhabilitation postmoderne des différences.

D'autres facteurs s'enracinant dans le présent reconduisent la primauté de la beauté féminine. Parmi ceux-ci figure l'activité professionnelle des femmes. Au début du siècle, d'aucuns pensaient qu'il y avait contradiction entre le travail des femmes et l'idéal de beauté : « La femme future, absorbée par son métier, ne pourra, faute de loisirs, se donner les soins que réclame l'entretien de la beauté[1]. » Rien de tel en fait ne s'est produit : les femmes s'engagent de plus en plus dans l'activité professionnelle sans que leurs préoccupations esthétiques déclinent le moins du monde. De fait, plus s'affirment les motivations professionnelles féminines et plus se développent les soins portés à l'apparence. Les femmes qui travaillent se maquillent plus fréquemment que les femmes inactives, elles consacrent plus de temps à leur toilette, vont davan-

---

1. Marcel Braunschwig, *La Femme et la Beauté*, Paris, Armand Colin, 1928, p. 241.

tage chez le coiffeur, font plus de sport et d'activités d'entretien, approuvent davantage le recours à la chirurgie esthétique pour rajeunir que les femmes au foyer[1]. Désormais la vie professionnelle fonctionne comme un facteur supplémentaire poussant les femmes à investir temps, efforts et argent en vue d'une meilleure présentation d'elles-mêmes, et ce, d'autant plus que dans nombre de métiers privilégiés par les femmes l'apparence revêt une importance particulière. Loin de faire reculer l'investissement féminin du paraître, les conditions actuelles de la vie active l'élargissent à des catégories nouvelles de salariées. À l'heure de l'entrée massive des femmes dans le salariat, celles-ci veulent être tout à la fois autonomes matériellement et séduisantes, égales sur le plan professionnel mais différentes sur le plan esthétique, performantes mais belles. L'essor de la culture individualiste méritocratique a permis de réconcilier l'ancien et le nouveau, son bond en avant a aboli la traditionnelle antinomie de la beauté féminine et du travail, du narcissisme esthétique et de l'activité productive.

À toutes ces raisons s'ajoute encore le fait qu'hommes et femmes n'ont pas les mêmes armes pour gagner au jeu de la séduction. Depuis le fond des âges, les hommes, pour conquérir les femmes, ont à leur disposition de multiples moyens : richesse, statut, prestige, force, intelligence, pouvoir, humour. Tel n'est pas le cas des femmes, dont l'« arme » majeure a toujours été l'apparence. Chez les hommes, le pouvoir, la notoriété ou l'argent peuvent remplacer un physique peu attractif ; chez les femmes, force est de reconnaître qu'il n'en est rien. La fortune ne parvient pas à compenser la disgrâce physique, le prestige d'une femme ne la rend ni désirable ni séduisante. L'important à souligner est que cette inégalité séductive reste profondément stable : de nos jours encore ce sont des hommes âgés que l'on voit en couple avec de jeunes femmes, non l'inverse ; et aujourd'hui comme hier les hommes attendent et valorisent la beauté de leur parte-

---

1. Pierre Bourdieu, *La Distinction*, Paris, Minuit, 1979, p. 226.

naire davantage que les femmes. La dynamique égalitaire
n'a changé en rien ce régime asymétrique de la séduction
chez les deux sexes et aucun signe ne laisse entrevoir une
vraie inflexion de tendance. Les hommes sont d'abord
séduits par l'apparence des femmes et c'est pourquoi
celles-ci accordent à leur beauté une importance particulière. Dans ces conditions, on ne voit pas ce qui pourrait
faire décliner la survalorisation traditionnelle de la beauté
féminine. Ni la dynamique de l'égalité, ni les progrès de
l'autonomie individuelle, ni le développement du marché
de la beauté ne se montrent capables de venir à bout de la
prééminence féminine de l'apparence. La révolution
démocratique touche ici à une de ses limites. Demain la
valorisation de la beauté ne sera pas semblable au masculin
et au féminin : la spirale des valeurs égalitaires n'a aucune
chance de faire disparaître l'inégalité sexuelle des rôles
esthétiques.

III

L'après-femme au foyer

1

LE SACRE DE LA MÈRE AU FOYER

Une tendance lourde redessine le visage des démocraties occidentales contemporaines : la montée de l'activité professionnelle des femmes. Depuis trois décennies, les femmes se présentent toujours plus massivement, toujours plus continûment sur le marché du travail. En 1960, moins de 7 millions de Françaises étaient actives, elles sont maintenant plus de 11 millions ; elles représentaient alors 34 % de la population active, contre près de 45 % en 1994. De nos jours, seule 1 femme sur 10 à l'âge de 30 ans n'a jamais eu d'emploi salarié ; le taux d'activité des femmes âgées de 25 à 49 ans est passé de 46 % en 1968 à plus de 78 % en 1996. Cette entrée massive des femmes sur le marché de l'emploi n'est pas un phénomène spécifiquement français : partout dans les démocraties occidentales s'observe une évolution similaire, même si les taux d'activité varient sensiblement d'une nation à l'autre[1].

Non seulement le salariat féminin s'est fortement accru mais de nouveaux comportements d'activité sont apparus, les femmes étant de plus en plus nombreuses à ne pas s'arrêter de travailler après le mariage et la naissance d'un premier et d'un second enfant : 2 mères sur 3 ayant deux enfants sont désormais actives. À la différence du passé, la

---

1. En 1992, le taux d'activité des femmes âgées de 25 à 49 ans atteignait 88 % au Danemark, près de 74 % au Royaume-Uni et en Allemagne, 56 % en Italie, 53 % en Espagne.

continuité de l'emploi féminin s'impose comme la norme dominante et les couples à deux actifs ont dépassé de beaucoup, en nombre, les familles où l'homme seul travaille. Tandis que le travail féminin bénéficie d'un nouveau droit de cité, les femmes ont accès en principe à tous les secteurs de l'emploi et partent de plus en plus à l'assaut des bastions masculins. Un nouveau cycle historique est en place dans les sociétés démocratiques : celui de la femme au travail.

Ce phénomène ne bouleverse pas seulement le monde de l'emploi mais aussi le rapport des filles aux études, les relations entre les sexes, le pouvoir au sein du couple : parallèlement à la maîtrise de la fécondité, l'activité féminine exprime la promotion historique de la femme disposant du gouvernement d'elle-même ainsi qu'une nouvelle position identitaire du féminin. En cela, tout sépare le travail des femmes tel qu'il se déploie dans nos sociétés de ce qu'il fut autrefois. Car, est-il besoin de le rappeler, les femmes, dans le passé, ont toujours travaillé. Dans les sociétés préindustrielles, tous les membres de la famille s'adonnent à des tâches productives, fussent-elles différenciées selon l'âge et le sexe. À la ville comme à la campagne, les filles non mariées travaillent soit au foyer paternel, soit dans d'autres familles, comme domestiques, servantes de ferme ou apprenties. Dans les fermes, les femmes mariées s'occupent des bêtes et du potager, vendent les produits, parfois sèment, moissonnent, conduisent l'attelage. À la ville, les épouses des artisans aident leur mari à la préparation et à la finition des produits, mènent les transactions, tiennent les comptes[1]. Tandis que le mariage fonctionne comme une association exigeant le travail productif de chaque conjoint, nul ne remet en cause l'idée que le rôle d'une femme soit de participer au fonctionnement économique de la famille : « Seul un imbécile prendra pour épouse une femme dont il doit gagner le pain sans qu'elle

---

1. Sur le travail des femmes dans les sociétés préindustrielles, voir Louise A. Tilly et Joan W. Scott, *Les Femmes, le Travail et la Famille*, Paris, Rivage, 1987, 1ʳᵉ partie.

y contribue », lit-on dans un ouvrage destiné aux adolescentes du xviiie siècle[1].

À partir du xixe siècle, le processus d'industrialisation a favorisé l'extension du travail féminin salarié. Pour un nombre croissant de femmes, travailler devient synonyme de gagner un salaire soit comme ouvrière, soit comme domestique : en Angleterre, en 1851, 40 % des femmes qui travaillent sont domestiques[2]. En France, au cours du siècle, le taux d'activité des femmes est passé en cent ans de 29 % à 36 % à la veille de la Première Guerre mondiale. Les femmes représentent alors plus du tiers de la population active. En 1906, parmi les femmes actives près de 36 % travaillent à domicile et 17 % comme domestiques ; 25 % sont ouvrières et 8 % employées de bureau. Le travail des femmes est le plus souvent temporaire ; dès qu'elles ont des enfants, elles abandonnent le travail à temps plein au profit d'activités d'appoint, de travaux de proximité ou à domicile.

L'extension des activités féminines hors du foyer s'est accompagnée d'une floraison de discours dénonçant ses méfaits. On connaît les formules célèbres de Michelet, « "ouvrière", mot impie » et de Jules Simon : « La femme devenue ouvrière n'est plus une femme »[3]. Le travail des femmes à l'usine est associé à la licence sexuelle et à la dégénérescence de la famille, on le juge dégradant, contraire à la vocation naturelle de la femme. Dans la bourgeoisie le salariat féminin fait horreur en tant que signe de pauvreté. Sans doute tout le monde ne considère-t-il pas l'état de femme comme incompatible avec la condition salariale : dans la classe ouvrière on ne trouve pas déshonorant qu'une jeune fille contribue aux ressources de la famille. Mais le travail de la femme mariée a toujours un statut subalterne, considéré qu'il est comme une activité

1. Cité par Katherine Blunden dans *Le Travail et la Vertu*, Paris, Payot, 1982, p. 134.

2. Louise A. Tilly et Joan W. Scott, *Les Femmes, le Travail et la Famille*, *op. cit.*, p. 90.

3. Joan W. Scott, « L'"ouvrière", mot impie, sordide », *Actes de la recherche en sciences sociales*, n° 83, juin 1990, p. 2-15.

d'appoint ne devant pas remettre en cause le rôle fondamental de mère et d'épouse. Incapable de fonder l'identité de la femme, le travail du deuxième sexe est jugé de surcroît inférieur à celui de l'homme et se limite à des postes subordonnés. Le premier moment des sociétés démocratiques est allé de pair avec le rejet social du travail féminin, il s'est construit autour de la disjonction structurelle de l'homme productif et de la femme à la maison. L'idée domine qu'il y a contradiction entre féminité et travail, maternité et salariat. Si les modernes ont sacralisé la valeur travail, ils se sont employés, dans le même temps, à dévaluer systématiquement l'activité productive féminine. Une femme ne doit travailler que si le mari ne peut subvenir aux besoins de la famille, sa vraie place est « dans son ménage ». Le culte de la femme au foyer a commencé sa carrière historique. De ce chapitre clé de l'« histoire moderne des femmes », il importe de dégager les logiques et le sens, maintenant que nous nous en sommes éloignés, sans doute inexorablement.

LA MYSTIQUE DE LA MÉNAGÈRE

Dans toutes les sociétés connues, les soins aux enfants et les activités domestiques reviennent invariablement aux femmes. Si l'homme, disait Xénophon, est destiné aux fonctions de l'extérieur, la femme est dévolue, par nature, à celles de l'intérieur. Permanence immémoriale des rôles féminins, qui n'autorise pas, néanmoins, à assimiler ce que nous appelons la femme au foyer à un dispositif « éternel ». Dans les sociétés prémodernes, en effet, les occupations proprement domestiques étaient loin d'occuper une place prépondérante dans les activités féminines. Dans les couches populaires, les tâches principales des femmes avaient davantage trait au dehors qu'à l'intérieur de la maison. Les repas sont peu complexes ; balayer, épousseter, faire les lits, nettoyer l'intérieur, tout cela passe après les

travaux des champs et la nourriture aux bêtes[1]. Jusqu'au
xviiie siècle, les manières d'habiter populaires mobilisent
peu d'heures de travail ménager[2]. En même temps, les
mères accordent une importance très relative au bien-être,
à l'éveil, à la construction de la personnalité du nourrisson. Les paysannes passent de longues heures éloignées de
la maison, changent peu souvent les bébés, les laissent
pleurer dans leur berceau, leur parlent peu. Les femmes
des artisans et des petits commerçants placent en grand
nombre leurs enfants en nourrice pour pouvoir aider leur
mari dans la boutique ou l'atelier[3]. Faire marcher la ferme,
aider le mari à tisser ont priorité sur les soins aux enfants.
Encore jusqu'au milieu du xixe siècle, les bourgeoises du
Nord s'occupent du magasin, de la comptabilité, de l'organisation de l'entreprise[4]. Même vouée aux tâches domestiques, la femme n'est pas à proprement parler « femme au
foyer », autrement dit accaparée exclusivement par les
charges de la maison et des enfants.

Le modèle normatif de la femme d'intérieur s'est
construit au xixe siècle. En 1851, l'idéal est déjà si répandu
en Angleterre que le recensement général mentionne la
nouvelle catégorie de « femme au foyer ». En France, le
stéréotype de l'ange du logis se forge dans la seconde moitié du siècle au travers des romans, des œuvres picturales,
des livres de conseils et autres publications sur la famille et
la femme. Autant qu'une condition sociale, la femme au
foyer moderne est une morale, une vision normative de la
femme, une religion laïque de la mère et de la famille.
Une nouvelle culture voit le jour qui place sur un piédestal
les tâches féminines autrefois reléguées dans l'ombre, qui
idéalise l'épouse-mère-ménagère dédiant sa vie aux enfants
et au bonheur de la famille. La femme n'a plus seulement

---

1. Martine Segalen, *Mari et femme dans la société paysanne*, Paris, Flammarion, coll. Champs, 1980, p. 100.
2. Olwen Hufton, « Women and the Family Economy in Eighteenth Century France », *French Historical Studies*, n° 1, 1975.
3. Edward Shorter, *Naissance de la famille moderne*, *op. cit.*, p. 210-237.
4. Bonnie Smith, *The Ladies of the Leisure Class. The Bourgeoises of Northern
France in the XIXth Century*, Princeton, University Press, 1981.

comme par le passé à s'occuper, entre autres activités, des travaux domestiques : elle doit désormais s'y consacrer corps et âme à l'instar d'un sacerdoce. Dans cet esprit, Ruskin compare le foyer à un « temple de vestale », un « endroit sacré » gardé par l'épouse-prêtresse. Aménager un « nid douillet », éduquer les enfants, distribuer aux membres de la famille chaleur et tendresse, veiller au confort et au réconfort de tous, telles sont les missions qui échoient désormais aux femmes. Avec la doctrine des « sphères séparées », travail et famille se trouvent radicalement disjoints : l'homme est assigné à la sphère professionnelle, la femme au « *home, sweet home* ».

Si initialement le modèle concerne les classes bourgeoises, très vite il s'est imposé comme un idéal à toutes les couches sociales. Pendant un siècle, hommes et femmes, bourgeois et ouvriers, croyants et libres penseurs ont sanctifié dans un large consensus le même archétype de la femme sans profession. Sans doute les féministes luttent-elles pour l'égalité des salaires entre les sexes mais elles remettent rarement en cause l'idée que la femme doit avant tout remplir ses devoirs de mère et de ménagère ; sans doute les marxistes postulent-ils que l'entrée des femmes dans le travail salarié constitue le point de passage obligé de leur émancipation, mais l'influence de ces derniers reste faible, au moins jusqu'à la guerre de 1914. Congrès après congrès, les militants ouvriers soutiennent que « la place actuelle de la femme n'est pas dans l'atelier ou dans l'usine mais dans le ménage, dans l'intérieur de la famille[1] ». Jusque dans les années 20, les syndicalistes expriment leur attachement à l'image de l'épouse confondue avec ses fonctions maternelles et ménagères. L'apparition et le succès de la thématique romanesque de la garçonne, femme émancipée des années 20, ne doit pas faire illusion, seules quelques féministes révolutionnaires revendiquant l'indépendance économique. En réalité, dans l'entre-

---

1. Congrès des travailleurs de 1879, cité par Michelle Perrot, « L'éloge de la ménagère dans le discours des ouvriers français au XIXᵉ siècle », *Romantisme*, n° 13-14, 1976.

deux-guerres, le stéréotype de la mère au foyer est quasi indiscuté, exalté qu'il est dans les journaux, les romans, les manuels scolaires, les discours officiels. De plus en plus triomphe l'idéal de l'épouse-mère se consacrant exclusivement à ses enfants, surveillant leur santé, leur éveil, leur travail scolaire. Les années 50 seront l'ultime moment et le point d'orgue de ce cycle. Alors que les sociétés démocratiques se sont édifiées à partir de conflits idéologiques et sociaux radicaux, elles ont entonné à l'unisson, pendant un siècle, le même hymne à la femme d'intérieur.

Tandis que l'industrialisation naissante crée l'ouvrière d'usine, le travail salarié féminin déclenche des tempêtes de protestations au nom de la moralité, de la stabilité des couples, de la santé des femmes, de la bonne éducation des enfants. Simultanément, les tâches maternelles sont de plus en plus exaltées en termes de mission et d'esprit de sacrifice[1]. Parce qu'elle est destinée à mettre au monde les enfants, à les nourrir et les éduquer, la mère doit se vouer entièrement à cette fonction, renoncer à ses ambitions personnelles, faire don d'elle-même sur l'autel de la famille. Jusqu'au début du xxᵉ siècle, les livres sur les femmes, les manuels scolaires à l'usage des filles fustigent les manifestations d'égoïsme, psalmodient les devoirs de la mère, exhortent à l'esprit d'abnégation. C'est au travers d'une rhétorique moralisatrice et sacrificielle que s'est agencée la consécration de l'ange du foyer.

N'existant pas pour elle-même, l'épouse-mère-ménagère n'est pas considérée comme un individu abstrait, autonome, s'appartenant à lui-même : « Une femme peut toujours être heureuse à condition qu'elle ne soit pas un "individu", mais l'être exquis qui vit *en dehors d'elle* et pour les autres[2]. » Si l'homme incarne la nouvelle figure de l'individu libre, détaché, maître de lui-même, la femme, elle, reste pensée comme un être naturellement dépen-

---

1. Élisabeth Badinter, *L'Amour en plus*, Paris, Livre de Poche, 1980, p. 342-348.
2. Yvonne Sarcey, citée par Anne Martin-Fugier dans *La Bourgeoise*, Paris, Grasset, coll. Biblio-Essais, 1983, p. 314.

dant, vivant pour les autres, encastré dans l'ordre familial. L'idéologie de la femme au foyer s'est édifiée dans le refus de généraliser les principes de la société individualiste moderne. Identifiée à l'altruisme et à la communauté familiale, la femme ne relève pas de l'ordre contractualiste de la société mais de l'ordre naturel de la famille. Pour cette raison, la femme sera privée des droits politiques ainsi que des droits à l'indépendance intellectuelle et économique [1]. Reconnaître la femme comme un individu autonome reviendrait à dénaturer la femme, à précipiter la ruine de l'ordre familial, à engendrer la confusion entre les sexes. Disqualification du travail féminin extérieur et de l'instruction des filles, exclusion de la sphère politique, soumission de la femme au mari, incapacité de la femme et de la mère : autant d'expressions du même rejet de l'égalité des sexes, du même déni de la femme-sujet, caractéristique du premier moment de la société individualiste démocratique.

Malgré tout, le modèle de la femme au foyer ne s'est pas arc-bouté exclusivement sur une idéologie sermonneuse. Dans l'entre-deux-guerres s'est élaborée, en particulier aux États-Unis, une nouvelle image de la femme d'intérieur, moins marquée par l'esprit de dévouement que par la séduction, le bonheur consommatif, l'émancipation par rapport aux coutumes traditionnelles. L'aspirateur, la machine à laver, la cuisinière à gaz, le réfrigérateur, l'alimentation en conserve sont salués par la publicité comme des instruments libérateurs de la femme [2]. En même temps les produits cosmétiques sont vantés comme des moyens capables de conserver la jeunesse et la vie de couple. Désormais, la consommation, la jeunesse, la beauté constituent les nouvelles obligations de la femme au foyer. Naturellement, l'idéal de la bonne épouse et mère ne disparaît nullement mais la rhétorique sacrificielle qui l'accompagnait jusqu'alors se trouve recouverte par les normes individualistes du bien-être et de la séduction. À la morale de

1. Pierre Rosanvallon, *Le sacre du citoyen*, op. cit., p. 130-145.
2. Stuart Ewen, *Consciences sous influence*, op. cit.

l'épargne et du renoncement à soi se substituent les sollicitations à la consommation, les promesses radieuses de la
marchandise, la féerie des nouveautés. Un nouveau cycle
se met en place qui agence la symbiose de la femme au
foyer et de la consommation : les bonnes décisions d'achat,
l'économie de temps et de peine, l'épanouissement de
l'enfant par les produits de consommation, la séduction
physique apparaissent comme les nouveaux impératifs de
l'épouse-mère moderne. Ce qui deviendra dominant dans
les années 50 est déjà en germe dans la rhétorique com-
merciale des années 20 : la liturgie rigoriste a commencé
un mouvement de recul au bénéfice d'images de femmes
gaies, coquettes, souriantes, rendues heureuses par les
« miracles » du confort. Cette promotion de la femme
consommatrice est d'une importance majeure ; elle représente plus qu'un nouveau mode de vie féminin, elle est
aussi, verrons-nous plus loin, ce qui a contribué au dépassement historique de l'idéal de la femme au foyer.

MODERNITÉ DE LA FEMME AU FOYER

Pour être un dispositif contemporain des temps
modernes, le modèle de l'épouse au foyer n'en porte pas
moins la marque de principes caractéristiques des sociétés
traditionnelles. L'idéologie de la femme d'intérieur, on l'a
vu, s'est élaborée dans le refus de la femme individu, égale
et indépendante. À rebours des valeurs modernes célébrant la libre possession de soi, la maîtresse de maison est
encastrée dans l'ordre de la communauté domestique :
elle ne s'appartient pas, elle appartient « par nature » à la
famille, dans le droit fil des normes holistes. D'autre part,
en cantonnant la femme dans les tâches de l'intérieur, en
la vouant à la dépendance économique, le modèle n'a fait
que prolonger la place traditionnelle de la femme, de
même que le principe de la hiérarchie des sexes. De ce
point de vue, le dispositif de la femme au foyer exprime

davantage une continuité de très longue durée qu'une innovation historique.

Néanmoins, par une autre de ses pentes, la femme sans profession apparaît sous les traits d'une formation sociale typique de la modernité démocratique. Jusqu'alors l'inactivité économique était un privilège aristocratique s'appliquant indistinctement aux deux genres des classes supérieures. Par rapport à cette logique nobiliaire, le dispositif de la femme au foyer institue une indéniable rupture pour autant que le clivage inactif/actif ne repose plus que sur le critère du sexe. Non plus le privilège du rang et de la naissance comme principe de partage entre productifs et improductifs mais la seule différence générique homme/femme ; non plus un ethos aristocratique mais les normes universelles de la raison prescrivant le respect de la vie morale et familiale de même que la protection de la santé et de l'identité féminine. Sans doute, dans les milieux défavorisés, les femmes ont-elles continué à travailler : il n'en demeure pas moins que l'idéal de la ménagère vise en principe toutes les femmes de toute condition, conformément aux valeurs d'un monde refusant les distinctions nobiliaires, le privilège des ordres et des corps. D'un côté, la femme au foyer perpétue une tradition multimillénaire ; de l'autre elle incarne un dispositif moderne au travers de normes sociales dichotomiques, claires et simples s'enracinant dans les exigences de la « raison » et de la nature.

Il ne fait pas de doute que l'improductivité de la femme au foyer a fonctionné comme signe distinctif permettant d'exprimer la distance ou l'écart social des classes supérieures et moyennes par rapport aux classes laborieuses. Au travers de l'inactivité de l'épouse, les classes privilégiées ont signifié leur différence sociale en même temps qu'elles ont cherché à reconduire, d'une certaine manière, la norme du gaspillage ostentatoire en vigueur dans les classes nobles[1]. Mais cela n'autorise pas à situer tout uniment la figure de la femme sans profession dans le strict

---

1. Sur cette problématique, voir Katherine Blunden, *Le Travail et la Vertu, op. cit.*, p. 32-34.

prolongement de la culture aristocratique du loisir ostensible. La femme au foyer, telle qu'on la pense aux XIXe et
XXe siècles, est en effet foncièrement associée aux principes de gestion, de travail et d'efficacité typiques de l'âge
moderne. Les tâches qui lui incombent en témoignent : il
s'agit d'administrer rationnellement le *home*, de se montrer
économe et bonne gestionnaire, de faire régner l'ordre et
la propreté dans le foyer, d'être gardienne de la santé de la
famille, de tout faire pour que les enfants s'élèvent dans la
pyramide sociale. Loin d'avoir à afficher le désœuvrement,
elle ne doit jamais rester inactive ; loin d'avoir à manifester
un mode de vie où « l'examen ne découvre aucun but,
aucune intention lointaine[1] », on lui confie des responsabilités reconnues primordiales par rapport à l'avenir des
enfants, de la famille et de la nation. Par-delà une logique
de représentation honorifique héritée de la culture aristocratique, le modèle de la femme d'intérieur illustre des
orientations et des priorités modernes : importance de
l'éducation et de l'hygiène, reconnaissance et intensification du rôle de la mère dans la formation de l'enfant,
investissement croissant des familles sur l'enfant. Même
exemptée du travail salarié, l'épouse-mère est investie
d'une mission utilitaire et « productive » : faire des économies, gérer le ménage, préparer un avenir meilleur aux
enfants. D'où le caractère composite de cette formation
sociale. Si d'un côté la vestale du foyer prolonge, à sa
manière, l'ethos aristocratique de la norme dispendieuse,
d'un autre côté, elle est un dispositif d'essence moderne
finalisé par la rationalisation de la vie domestique,
l'hygiène du ménage, le souci éducatif, le primat de
l'enfant et de son avenir.

On a souvent souligné, non sans raison, que l'idéal de la
maîtresse de maison avait contribué à cantonner les
femmes dans l'espace clos de la famille, à les écarter des
fonctions publiques, à discréditer les études prolongées
des filles. Il n'en demeure pas moins vrai que cet « enfermement » n'a nullement empêché un processus concomitant

1. Thorstein Veblen, *Théorie de la classe des loisirs*, *op. cit.*, p. 55.

d'affranchissement des femmes vis-à-vis des savoirs et des savoir-faire traditionnels. D'abord par l'action de l'École dans son ambition d'arracher les filles à l'influence de l'Église ; ensuite par l'action du corps médical, qui s'est employé à inculquer aux mères de nouvelles règles pour nourrir, laver et langer les bébés. De plus en plus, il s'est agi de former les femmes en fonction des savoirs scientifiques, de disqualifier les savoir-faire traditionnels, de diriger les mères en leur enseignant les nouveaux principes de la puériculture et de l'hygiène. Dès le début du siècle et surtout dans l'entre-deux-guerres, toute une prise en main des femmes par les médecins s'est mise en place au point qu'on a pu évoquer à ce sujet une véritable entreprise d'acculturation des femmes[1]. Plus celles-ci ont été assignées à l'univers domestique, plus elles ont été « arrachées » aux conditionnements ancestraux et ouvertes aux normes dictées par le corps médical ; plus le rôle naturel de la maternité a été glorifié, plus l'« instinct maternel » a été encadré et discipliné par les directives des organismes scientifiques et médicaux. Parler d'enfermement traditionnel au sujet de la femme au foyer n'est, en ce sens, qu'une demi-vérité pour autant qu'il y a eu, simultanément, ouverture des femmes sur le dehors, diffusion de normes « rationnelles », volonté proprement moderne de refaçonner les comportements maternels, de changer les modes de penser et d'agir hérités du passé.

S'il faut penser ce dispositif historique comme une *invention moderne*, c'est encore en ceci qu'il s'est accompagné d'un processus exceptionnel d'idéalisation et de valorisation sociale de la fonction de mère. Depuis que l'humanité existe, les activités féminines ont été systématiquement dépréciées ou passées sous silence. Sans doute la fécondité échappe-t-elle au processus de dévalorisation sociale, mais les soins, les gestes, l'amour maternel ne bénéficient d'aucun hommage particulier tant ils sont assimilés à des

1. Catherine Fouquet et Yvonne Knibiehler, *L'Histoire des mères*, Montalba, 1980, p. 290-298 ; Françoise Thébaud, *Quand nos grand-mères donnaient la vie : la maternité en France dans l'entre-deux-guerres*, Presses universitaires de Lyon, 1986.

comportements naturels, allant de soi. Ce n'est qu'à partir
du milieu du xviiie siècle qu'une rupture s'opère, la maternité devenant, pour la première fois, objet d'exaltation
sociale. Rousseau puis Pestalozzi donnent le ton de la nouvelle idéalisation de la mère en mettant l'accent sur le rôle
irremplaçable de l'amour maternel dans l'éducation des
enfants[1]. Le xixe siècle intensifie et systématise ce nouveau
statut de la mère : les premiers poèmes dédiés à l'amour
maternel voient le jour, les tableaux ne se comptent plus
qui présentent les mères allaitant leurs enfants, les berçant,
les habillant, jouant avec eux, les livres abondent qui soulignent l'importance primordiale de la mère comme éducatrice « naturelle ». Partout son image est encensée sous
les traits de la bonté, de la douceur, de la tendresse. Même
si la mère reste en principe sous l'autorité du père, l'éducation est de plus en plus une fonction dominée et contrô-
lée par les mères, lesquelles, au demeurant, s'identifient
largement à cette mission. Michelet déclare que les mères
sont les « seules éducatrices possibles », il exalte la femme
comme « une religion [...] une poésie vivante pour relever
l'homme, élever l'enfant, sanctifier et ennoblir la
famille[2] ». C'est désormais dans l'effusion lyrique que sont
glorifiés le dévouement maternel et le rôle de la mère, première institutrice des enfants : avec les Modernes, la mère
a été érigée en objet de culte laïque.

Les premiers moments de la modernité démocratique
n'ont pas seulement hissé sur un piédestal l'amour maternel, ils ont cherché à dignifier ces activités modestes que
sont les tâches ménagères. Un foyer bien tenu, propre,
coquet, retient, dit-on, le mari ; il détourne le père du
cabaret et des tentations du dehors ; il régénère la famille.
Des principes d'hygiène dépend la santé des enfants ; des
vertus d'économie dépend la sécurité matérielle de la
famille ; de l'ordre et de la propreté du « nid » dépendent
le bien-être de la famille, la moralité des futurs citoyens,

---

1. Catherine Fouquet et Yvonne Knibiehler, *L'Histoire des mères, op. cit.*,
p. 138-148 et 174-189.
2. Michelet, *La Femme*, Paris, Flammarion, coll. Champs, p. 119.

l'avenir de la nation. Le travail domestique gagne une reconnaissance sociale inédite en tant qu'agent de moralisation de la famille et de la nation. Ainsi les programmes scolaires des filles des années 1880 prévoient-ils des cours d'enseignement ménager dans les écoles primaires et les lycées. En 1907, l'enseignement de l'économie domestique devient obligatoire dans les lycées et collèges de jeunes filles. Au tournant du siècle, les cours pratiques de cuisine, de repassage, de couture, d'hygiène domestique se multiplient en direction des jeunes filles des classes populaires et bourgeoises[1].

Au même moment, des féministes suggèrent que le travail ménager et la maternité soient reconnus comme travaux à part entière et, comme tels, rémunérés. En France, le Syndicat professionnel de la femme au foyer, fondé en 1935, exige le paiement d'un salaire ménager. Nombre de discours s'emploient également à convaincre les femmes que les occupations ménagères, loin d'être ennuyeuses et monotones, peuvent être des activités créatives mobilisant savoir, intelligence et réflexion. On en vient à parler de « science du ménage » qui aboutira aux mouvements prônant la rationalisation du travail domestique. Aux États-Unis, le Domestic Science Movement naît avant 1914 et se prolonge dans l'Europe des années 20 par diverses associations organisant des salons ménagers, militant pour les applications de la science et de la technique aux tâches domestiques. Soucieuse de cantonner les femmes dans leur intérieur, l'idéologie moderne s'est attachée à promouvoir le travail ménager, à dignifier une occupation jugée traditionnellement inférieure, à glorifier l'« ange ménager ».

D'où l'ambivalence historique du modèle de la femme au foyer. D'un côté, celui-ci a recomposé une différenciation maximale entre les rôles des deux sexes, à contrecourant des idéaux modernes d'égalité. Mais, d'un autre côté, il s'est accompagné d'un processus de reconnais-

---

1. Anne Martin-Fugier, *La Place des bonnes : la domesticité féminine en 1900*, Paris, Grasset, coll. Biblio-Essais, 1979, p. 374-375.

sance et de célébration des fonctions féminines, inséparable des sociétés de l'égalité. Épouse, mère, éducatrice,
ménagère : voilà les rôles de la femme portés aux nues,
jugés avec considération, dotés en principe d'une valeur
égale à ceux qui incombent aux hommes. Relisons Tocqueville analysant le travail symbolique de l'égalité
moderne : « Ainsi les Américains ne croient pas que
l'homme et la femme aient le devoir ni le droit de faire les
mêmes choses, mais ils montrent une même estime pour le
rôle de chacun d'eux, et ils les considèrent comme des
êtres dont la valeur est égale, quoique la destinée dif-
fère[1]. » Si l'âge inaugural de l'égalité a légitimé l'organisation inégalitaire des « deux sphères », il a simultanément
dignifié, rehaussé l'image sociale de la femme ainsi que le
respect qui lui est dû. Par quoi la femme au foyer se donne
moins comme la négation criante de l'univers démocratique que comme une de ses expressions inachevées.

2

LA FEMME AU TRAVAIL

L'âge d'or de la femme d'intérieur est maintenant derrière nous. Après un siècle marqué par la dépréciation de la femme active s'est mis en place un cycle dominé par sa reconnaissance et sa valorisation sociales. Les démocraties postmodernes écrivent un nouveau chapitre de l'histoire des femmes, celui de l'après-femme au foyer.

Les années 60 donnent le coup d'envoi du nouveau cycle. En 1963, le livre de Betty Friedan *La Femme mystifiée*, vendu à 1,5 million d'exemplaires, fait l'effet d'un choc culturel en mettant en relief le « malaise indéfinissable » de la ménagère des grandes banlieues américaines, son isolement et ses angoisses, le vide de son existence, son absence d'identité. L'idéal de la fée du logis ne fait plus l'unanimité : dans la presse les articles se multiplient qui évoquent l'insatisfaction de la femme d'intérieur, ses frustrations, la monotonie de sa vie. Les dénonciations de la femme sans profession ne vont plus cesser et seront radicalisées par les nouveaux courants féministes. Dans un climat de contestation généralisée, le partage inégalitaire des rôles sexuels et l'assignation des femmes aux tâches domestiques sont violemment fustigés. Aux yeux des mouvements radicaux, la révolution ne peut se limiter à l'abolition des rapports capitalistes de production, elle doit détruire la division sexuelle du travail familial, le stéréotype de la mère ménagère, l'esclavage domestique du deuxième sexe. L'image de l'épouse et de la mère à la maison incarnait un rêve collectif ; elle devient synonyme de cauchemar pour les nouvelles femmes en révolte.

Dans cette foulée, l'opinion publique évolue massivement dans le sens de l'approbation du travail professionnel de la femme. Aux États-Unis, en 1970, 80 % des femmes blanches estimaient qu'il valait « beaucoup mieux » que l'épouse reste à la maison ; sept ans plus tard, elles n'étaient plus que 50 % à le penser[1]. En 1969, 46 % des Français se reconnaissaient dans l'idéal d'« une famille où l'homme seul exerce une profession et où la femme reste au foyer » : ce pourcentage tombe à 30 % en 1978. Depuis, la légitimité de l'activité salariée féminine s'est encore accentuée. À présent 77 % des Français sont d'accord avec l'idée que « le mari et la femme doivent contribuer l'un et l'autre aux ressources du ménage ». Mieux, par rapport à cette question, on n'observe plus d'écart significatif entre les sexes ni selon le statut matrimonial, ni selon l'âge[2]. Partout, la reconnaissance sociale du rôle professionnel de la femme a fait un bond en avant et ce, malgré un chômage de masse persistant ; au début des années 80, 59 % des Européens se déclaraient d'accord avec l'idée que « en période de fort chômage, un homme a plus droit à un travail qu'une femme » ; dix ans plus tard, 55 % refusent cette idée[3]. Sans doute est-on loin encore d'une approbation égale de l'activité rémunérée des deux genres : la présence de jeunes enfants crée toujours des conditions restrictives au travail féminin[4]. Reste que celui-ci bénéficie d'une légitimité sans précédent : entre 1978 et 1989, la proportion d'individus laissant aux femmes la liberté de travailler

---

1. Pierre Roussel, *La Famille incertaine*, Paris, Odile Jacob, 1989, rééd. coll. Points, p. 239.

2. Elena Millan Game, « Masculin/féminin », in *Les Valeurs des Français*, sous la dir. d'Hélène Riffault, Paris, PUF, 1994, p. 235. Rappelons qu'au début des années 60 existait une nette opposition entre les opinions des hommes et les opinions des femmes au sujet du travail de celles-ci : 56 % des femmes y étaient favorables contre seulement 26 % des hommes. Voir Évelyne Sullerot, *Histoire et sociologie du travail féminin*, Paris, Gonthier, 1968, p. 355.

3. Elena Millan Game, « Masculin/féminin », art. cit., p. 243.

4. 6 femmes actives sur 10 considèrent que le travail à temps partiel est la meilleure solution pour une mère de famille.

quand elles le désirent est passée de 29 % à 43 %[1]. Et à la question « Si vous aviez le choix, que préféreriez-vous : avoir une activité professionnelle ou pas ? », 80 % des Françaises répondent positivement. L'activité professionnelle féminine a acquis droit de cité, elle est maintenant une valeur et une aspiration légitimes, la condition normale de l'existence féminine. C'est le refus d'une identité constituée exclusivement par les fonctions de mère et d'épouse qui caractérise la condition féminine postmoderne.

L'importance accordée aux études des filles illustre d'une autre manière la nouvelle attitude positive vis-à-vis du travail féminin. Fini l'époque des sarcasmes dirigés contre les « bas bleus ». Fini également l'époque où les filles prolongeaient leurs études pour trouver un mari et quittaient l'Université dès qu'elles se mariaient. Désormais les filles s'engagent dans des études pour travailler et assurer leur indépendance économique. À la différence des années 60, les parents de nos jours déclarent accorder autant d'importance aux études des filles qu'à celles des garçons et la plupart souhaitent que leurs filles s'engagent dans une carrière professionnelle ambitieuse[2]. Même si des différences subsistent quant aux ambitions et projets parentaux se rapportant aux garçons et aux filles, c'est un modèle égalitaire qui domine le rapport à la formation initiale. Les études féminines ont acquis une légitimité sociale à proportion même de la désaffection du modèle de la femme au foyer.

IDENTITÉ PROFESSIONNELLE ET FEMME-SUJET

Jusqu'à une date récente, le travail des femmes mariées était assimilé à une activité d'appoint imposée par des conditions matérielles difficiles. Encore au début des

---

1. Georges Hatchuel, « Les Français et l'activité féminine. Travailler ou materner ? », *Consommation et modes de vie*, Paris, Credoc, n° 58, avril 1991.
2. Marie Duru-Bellat, *L'École des filles*, Paris, L'Harmattan, 1990, p. 101.

années 60, les femmes invoquent des motifs économiques pour justifier leur activité professionnelle : améliorer le budget familial, permettre aux enfants de continuer leurs études. Seule une minorité de femmes reconnaît travailler par goût ou pour être indépendante[1]. Le travail hors du foyer est le plus souvent considéré comme secondaire, subordonné aux rôles familiaux. Même lorsqu'elle est nécessaire à la subsistance de la famille, l'activité professionnelle féminine est jugée sans valeur propre, incapable de fonder une identité à part entière.

Ce rapport au travail féminin a cessé d'être prédominant dans les sociétés démocratiques contemporaines. Nombre de faits en témoignent. D'abord, on observe que le mariage et les naissances interrompent de moins en moins la vie professionnelle féminine, au moins jusqu'au troisième enfant : continuité de l'activité féminine qui traduit un engagement plus profond, plus identitaire dans la vie professionnelle. D'autre part, les femmes expriment beaucoup plus qu'autrefois des désirs de développement personnel dans leur activité salariée. Désormais, l'« intérêt du travail » de même que l'initiative et la responsabilité professionnelle sont des attentes prioritaires des femmes actives[2]. Le travail féminin n'apparaît plus comme un pis-aller mais comme une exigence individuelle et identitaire, une condition pour se réaliser dans l'existence, un moyen d'affirmation de soi. En 1990, 8 Françaises sur 10 considéraient qu'une femme ne peut réussir sa vie sans avoir de métier. Dans nos sociétés, le travail professionnel des femmes s'est largement autonomisé par rapport à la vie familiale, il est devenu une valeur, un instrument d'accomplissement personnel, une activité revendiquée et non plus subie.

De nombreuses études montrent que l'engagement

---

1. Évelyne Sullerot, *Histoire et sociologie du travail féminin*, *op. cit.*, p. 354-355 ; Menie Grégoire, « Mythes et réalités », *Esprit*, mai 1961, p. 749.

2. Elena Millan Game, « Masculin/féminin », art. cit., p. 244 ; Jean-Marie Toulouse et Robert Latour, « Valeurs, motivations au travail et satisfaction des femmes gestionnaires », Actes du colloque *Tout savoir sur les femmes cadres d'ici*, Montréal, Les Presses HEC, 1988, p. 132-133.

féminin dans le travail répond désormais au désir d'échapper à l'enfermement de la vie domestique et corrélativement à une volonté d'ouverture sur la vie sociale[1]. À quoi
s'ajoutent le refus de la dépendance envers l'époux, la
revendication d'une autonomie dans le ménage et la
construction d'une « assurance » pour le futur. Autant de
motivations qui expriment la montée d'un individualisme
féminin parallèlement aux attitudes relatives à l'avortement, à la contraception, à la liberté sexuelle, au recul du
mariage et des familles nombreuses, aux demandes de
divorces à l'initiative des femmes : partout se manifeste la
volonté féminine de se poser en acteur de sa propre vie.
Dans l'investissement féminin du travail, il y a beaucoup
plus qu'un désir d'échapper au « ghetto » domestique, il y
a la nouvelle exigence d'affirmer une identité de sujet.

S'il est vrai qu'au travers du travail féminin se joue la
question du sujet femme, force est de souligner les
impasses des théories récentes qui opposent de manière
rédhibitoire l'individu et le Sujet, le Moi et le Je. C'est une
vue très réductrice que de réduire l'individualisme contemporain au narcissisme ou au consommateur passif en lui
opposant le Sujet défini comme résistance au pouvoir des
appareils, lutte contre les exigences du marché et
l'emprise des rôles sociaux institués[2]. Ce modèle binaire
révèle vite ses limites dès lors qu'on s'efforce de rendre
compte de la nouvelle signification du travail féminin.
Comment penser ce phénomène dans le cadre de l'antinomie individu/sujet ? Manifestation de l'individualisme
postmoderne ? Certes oui, tant l'engagement féminin dans
la sphère professionnelle répond à un souci de soi, à des
désirs d'expression et d'accomplissement intimes. Manifestation du sujet ? Oui, également, pour autant que s'y
déploie la volonté d'être reconnu comme acteur individuel responsable de sa propre vie. À ceci près que la
conquête de l'autonomie personnelle ne coïncide nulle-

    1. Jacques Commaille, *Les Stratégies des femmes : travail, famille et politique*,
Paris, La Découverte, 1992, p. 19-23.
    2. Alain Touraine, *Critique de la modernité*, Paris, Fayard, 1992.

ment, ici, avec le combat contre les normes et les contraintes de la vie sociale. Avec la question du travail féminin, la disjonction du sujet et de l'individu se trouve vide de consistance puisque c'est dans les rôles sociaux « impersonnels » que s'affirme le sujet féminin et non dans la dissidence et le bouleversement de l'ordre établi ; c'est dans l'extension de la rationalisation du monde du travail, non dans sa négation que se généralise l'autonomisation subjective du féminin.

La conquête du Je ne présuppose pas le refus des logiques de l'ordre et du pouvoir. En s'engageant dans l'activité professionnelle, les femmes adoptent des attitudes qui signifient recherche d'un sens à la vie personnelle, désir d'être sujet de sa propre existence quoique dans le cadre des logiques impersonnelles du social. Pas plus que l'individualisme n'est synonyme de consommation passive, pas plus le sujet n'est assimilable à la rébellion. La question contemporaine du travail féminin illustre les impasses d'une théorie qui oppose radicalement subjectivation et socialisation, qui ne pense la liberté subjective qu'en termes d'insoumission aux règles collectives. À l'échelle de l'histoire, le procès de rationalisation sociale organisant le monde de la production-consommation-communication de masse n'est pas ce qui ruine ou menace le Je, mais bien davantage, verrons-nous, ce qui a généralisé et élargi les exigences de l'autonomie du sujet féminin.

Si l'aspiration des femmes au travail constitue une manifestation fondamentale de la nouvelle dynamique individualiste, rien ne serait plus réducteur que de l'assimiler à une demande d'autonomie individuelle et de vie relationnelle élargie. Refusant d'être assignées exclusivement aux tâches naturelles de la reproduction, les femmes revendiquent maintenant, au moins tendanciellement, les mêmes emplois, les mêmes salaires que les hommes et veulent être jugées à partir des mêmes critères « objectifs » de compétence et de mérite que les hommes. Au travers de la nouvelle culture du travail, les femmes expriment la volonté de conquérir une identité professionnelle à part entière et, plus largement, le désir d'être reconnues à partir de ce qu'elles *font* et non plus de ce qu'elles sont « par nature », en tant que femmes : le cycle de l'après-femme au foyer a fait basculer le féminin dans l'univers concurrentiel et méritocratique traditionnellement masculin. Se mesurer et s'imposer aux autres, gagner une position sociale par le talent et le mérite, surmonter les défis inhérents au monde de l'entreprise, « réussir » par son travail : tandis que les valeurs individualistes-compétitives-méritocratiques s'étendent aux femmes, les voici désormais en concurrence ouverte avec les hommes et livrées à l'impératif de prouver leur valeur professionnelle, de gagner la reconnaissance sociale par les « œuvres », de construire leur place et leur identité professionnelle au même titre que les hommes.

Assimilé autrefois à un salaire d'appoint, le travail féminin ne parvenait pas à produire une identité professionnelle vécue et reconnue. Il n'en va plus ainsi au moment où les femmes s'engagent continûment dans la vie professionnelle et refusent une identité constituée par les seuls rôles familiaux. Changement essentiel : le travail, dans nos sociétés, est devenu un support majeur de l'identité sociale des femmes. D'où la nécessité de nuancer fortement l'idée que les sociétés postindustrielles, à l'âge de la tertiarisation et de la précarisation de l'emploi, se caractériseraient par la dégradation des fonctions intégratrices du travail et l'affaiblissement des identités professionnelles[1]. Constat certes peu douteux au vu de la multiplication des emplois déqualifiés, de la spirale des travailleurs sans statut, de l'affaiblissement des sentiments d'appartenance de classe, mais qui, néanmoins, ne prend pas suffisamment en compte la nouvelle signification du travail féminin — lequel représente près de 1 emploi sur 2 — dans ses rapports avec les processus d'identification professionnelle. Sous l'angle de cette question, force est de constater qu'on assiste moins au recul de l'intégration culturelle par le tra-

---

1. Robert Castel, *Les Métamorphoses de la question sociale*, Paris, Fayard, 1995, p. 413-474 ; Bernard Perret et Guy Roustang, *L'Économie contre la société*, Paris, Seuil, 1993.

vail qu'à une implication professionnelle inédite, une identification plus grande à l'activité économique. Ce qui domine, sur ce plan, notre époque, c'est l'investissement féminin de la vie professionnelle et le rejet corrélatif d'une identité s'arc-boutant exclusivement sur les rôles domestiques. La conclusion s'impose : le travail, de nos jours, construit davantage l'identité sociale des femmes qu'autrefois, où seuls les rôles de mère et d'épouse étaient socialement légitimes. En ce qui concerne les femmes, il y a moins « affaiblissement des capacités socialisatrices[1] » du travail que renforcement des identités professionnelles.

Sans doute existe-t-il de fortes différences dans les modes d'engagement professionnel des femmes : un fossé sépare l'investissement d'une directrice de marketing des motivations d'une caissière d'hypermarché. Pour les femmes ouvrières sans qualification, le salaire reste souvent la seule motivation du travail ; l'absence de gratification professionnelle, la faiblesse de la rémunération, la charge familiale font que les ouvrières aspirent plus que les autres femmes à rester à la maison[2]. Mais cette persistance d'un modèle traditionnel de distanciation professionnelle ne doit pas cacher la tendance nouvelle à la recherche féminine d'une identité fondée sur la dimension du travail. À présent les jeunes filles veulent obtenir des diplômes en vue d'une carrière ; la grande majorité des femmes voient dans l'activité salariée une condition nécessaire à la réussite de leur vie ; les cadres femmes, les employées d'un certain âge et même les ouvrières vivent le chômage avec le même sentiment de honte, de déchéance personnelle, de désocialisation que les hommes[3]. Ce n'est plus le traditionnel « retrait » des femmes par rapport à la vie professionnelle[4] qui caractérise nos sociétés mais l'investissement

1. Bernard Perret et Guy Roustang, *L'Économie contre la société*, *op. cit.*, p. 11.
2. Jacques Commaille, *Les Stratégies des femmes*, *op. cit.*, p. 25.
3. Dominique Schnapper, *L'Épreuve du chômage*, Paris, Gallimard, coll. Idées, 1981, p. 32-37.
4. Renaud Sainsaulieu, *L'Identité au travail*, Paris, Presses de la Fondation nationale des sciences politiques, 1988, p. 111-112 et 161-165.

féminin du travail. Dans les époques antérieures, les activités maternelle et domestique suffisaient à remplir l'existence féminine : ce n'est plus le cas aujourd'hui, où la norme du travail se trouve massivement intériorisée par les femmes, qu'elles soient jeunes ou moins jeunes.

TRAVAIL FÉMININ, SOCIÉTÉ DE CONSOMMATION ET LIBÉRATION SEXUELLE

Quelles séries de phénomènes ont sous-tendu cette inversion d'attitude vis-à-vis de l'activité salariée des femmes ? La question mérite d'autant mieux d'être posée que le mouvement de légitimation du travail des femmes apparaît tardivement par rapport à leur conquête des droits politiques. Le vote des femmes est acquis en 1918 en Grande-Bretagne et en Pologne, en 1920 aux États-Unis et en Belgique, en 1922 en Irlande. La valorisation de l'activité féminine, elle, ne se déploie qu'un demi-siècle plus tard. Comment expliquer ce décalage historique entre émancipation politique et émancipation économique des femmes ?

Parmi les facteurs structurels qui ont contribué à précipiter le déclin du stéréotype de l'épouse-ménagère, impossible de ne pas souligner, en premier lieu, l'importance de l'école. Le XXᵉ siècle se caractérise, en effet, par une forte progression des effectifs et diplômes féminins, tant dans le secondaire que dans le supérieur : dès 1971, les filles ont rattrapé les garçons au niveau du bac et de l'enseignement supérieur. Or, plus les femmes sont diplômées, plus elles sont favorables à l'activité féminine et plus elles travaillent : dans tous les pays développés s'observe cette corrélation entre niveau scolaire et taux d'activité féminine. Nul doute en ce sens que l'élévation continue du niveau de formation des femmes n'ait joué un rôle essentiel dans leur changement d'attitude envers l'activité professionnelle.

Cela étant, on ne peut interpréter le nouveau regard

porté sur le travail féminin comme l'effet mécanique de l'essor de la formation féminine. Rappelons que, longtemps, la scolarisation secondaire et supérieure des filles a cohabité avec l'idéal de l'épouse au foyer. Même lorsqu'elles poursuivaient des études, les filles avaient pour objectif de se marier et de se consacrer à leurs enfants. Au milieu des années 50, aux États-Unis, 6 étudiantes sur 10 abandonnaient leurs études universitaires pour se marier [1] ; en France, en 1962, près de la moitié des femmes titulaires d'un diplôme d'enseignement supérieur et âgées de moins de 40 ans n'exerçaient aucune profession. Par rapport à ce modèle, le renversement dont nous sommes témoins est complet ; les filles veulent maintenant obtenir des diplômes pour exercer un emploi permanent, non pour paraître cultivées et trouver un mari à la hauteur de leurs ambitions. En outre, ce ne sont pas seulement les femmes qui se déclarent favorables à l'activité salariée, mais les hommes eux-mêmes. C'est dire que le progrès de l'enseignement des filles n'entre que pour partie dans l'avènement de l'après-femme au foyer.

Les transformations lourdes des grands secteurs de l'activité économique ont également favorisé le travail féminin. En particulier, l'expansion du secteur tertiaire a créé des formes de travail plus adaptées aux femmes du fait de contraintes physiques moins fortes. L'essor des métiers de bureau et de commerce, de la santé et de l'éducation a multiplié les offres d'emplois féminins : plus s'est développé le secteur tertiaire, plus les femmes ont été nombreuses dans ces emplois. Mais, là encore, cette évolution ne peut expliquer le passage d'une culture hostile à une culture favorable au salariat féminin. Pourquoi, notamment, les hommes ont-ils changé leur manière d'apprécier l'activité professionnelle de leurs épouses ? Il n'y a pas eu seulement glissement de la main-d'œuvre féminine vers de nouveaux métiers, il y a eu changement d'ordre qualitatif par rapport à la valeur du travail féminin. Ce bouleversement n'est pas l'écho des modifications de la structure des

1. Betty Friedan, *La Femme mystifiée*, Paris, Denoël, 1964, p. 8.

activités économiques : il a été porté par de nouvelles valeurs culturelles ayant réussi à donner un nouveau sens à l'affirmation de l'indépendance féminine.

Comment ne pas faire le rapprochement entre le changement d'image de la femme au travail et la mise en place puis l'essor de la société de consommation de masse à partir du milieu du siècle ? Là est le cœur du problème : c'est l'*affluent society* qui, fondamentalement, a mis fin au prestige séculaire de la femme au foyer. Deux séries de phénomènes ont convergé dans ce sens. D'abord, une économie fondée sur la stimulation et la création incessante de nouveaux besoins tend à favoriser le travail féminin en tant que source de revenus supplémentaires nécessaires à la participation aux rêves de la société d'abondance. Plus l'offre d'objets, de services, de loisirs s'accroît, plus s'intensifie l'exigence d'augmenter les revenus de la famille, notamment par le salaire féminin, afin d'être à la hauteur de l'idéal consommationniste. Ensuite, la société de consommation a généralisé un système de valeurs antinomiques avec la culture de la femme au foyer. En diffusant à une échelle inconnue jusqu'alors les valeurs de bien-être, de loisir, de bonheur individuel, l'âge de la consommation a disqualifié l'idéologie sacrificielle qui sous-tendait le modèle de la « parfaite ménagère ». La nouvelle culture, centrée sur le plaisir et le sexe, les loisirs et le libre choix individuel, a dévalorisé un modèle de vie féminin plus tourné vers la famille que vers soi-même, elle a légitimé les désirs de vivre plus pour soi-même et par soi-même. La reconnaissance sociale du travail féminin traduit la reconnaissance du droit à une « vie à soi », à l'indépendance économique dans le droit fil d'une culture célébrant quotidiennement la liberté et le mieux-être individuel. Spirale des référentiels individualistes, qui a conduit les femmes à dénoncer le travail ménager comme aliénation et asservissement à l'homme et les hommes eux-mêmes à reconnaître la légitimité du travail salarié féminin comme instrument d'autonomie et de réalisation personnelle. Le travail féminin était le signe d'une condition pauvre : avec la poussée des passions individualistes, il est devenu ouverture sur la vie sociale, enrichissement de la personnalité, droit à la libre disposition de soi-même. S'il est vrai que l'univers de la consommation de masse a, dans un premier temps, contribué à renforcer l'image de la femme au foyer, cela ne doit pas occulter qu'il a, simultanément, miné le système de valeurs qui la fondait.

Révolution des besoins, révolution sexuelle : l'époque de la consommation de masse ne se caractérise pas seulement par la prolifération des produits mais aussi par la profusion des signes et référentiels du sexe. Les années 50 sont témoins d'une escalade érotique de la publicité, Éros s'affiche un peu partout dans les films et les magazines[1] avant même que la pilule et l'irruption des courants contestataires n'enclenchent la révolution des mœurs des années 60-70. Cette promotion du sexe est d'une importance majeure. Car si, autrefois, les hommes se montraient foncièrement hostiles au travail féminin, cela tenait notamment au fait qu'il était associé à la licence sexuelle, à « l'ombre de la prostitution[2] ». À mesure précisément que la liberté sexuelle féminine a cessé d'être un signe d'immoralité, l'activité professionnelle féminine a bénéficié de jugements beaucoup plus amènes. Reconnaissance sociale du travail féminin et libéralisme sexuel ont partie liée. Si le « droit » au travail des femmes s'est imposé beaucoup plus tard que les droits politiques, c'est fondamentalement en raison de la peur traditionnelle qu'inspire la liberté féminine, sexuelle en particulier, du refus des hommes de reconnaître l'autonomie féminine dans les sphères « sensibles » de la vie matérielle et sexuelle, de leur volonté de contrôler le corps féminin et de perpétuer le principe de la subordination du sexe faible au sexe fort. Il est clair que les résistances à une émancipation impliquant directement la vie quotidienne et les identités des hommes et des femmes ont été beaucoup plus fortes que celles qui ont trait à la participation à la vie politique. Ce

---

1. Entre 1950 et 1960, les références au sexe accusent, dans les media américains, une augmentation de l'ordre de 250 % (Betty Friedan, *La Femme mystifiée, op. cit.*, p. 298).
2. Évelyne Sullerot, *Histoire et sociologie du travail féminin, op. cit.*, p. 35-37.

n'est pas au moment où la valeur travail s'érode que le travail féminin devient légitime [1], c'est lorsque le libéralisme culturel sous-tendu par la dynamique de la consommation et de la communication de masse autonomise le sexe par rapport à la morale, généralise le principe de libre possession de soi-même et dévalorise le schème de la subordination du féminin au masculin.

1. L'hypothèse est suggérée par Évelyne Sullerot dans « Les rôles des femmes en Europe à la fin des années 70 », in *Le Fait féminin*, sous la dir. d'Évelyne Sullerot, Paris, Fayard, 1978, p. 491.

3

LA TROISIÈME FEMME

L'au-delà de la femme au foyer désigne le cycle historique coïncidant avec la reconnaissance sociale du travail des femmes et leur accès aux activités et formations autrefois chasse gardée des hommes. Mais ces changements font partie d'un ensemble plus large, où figurent trois phénomènes de fond : le pouvoir féminin sur la procréation, la « désinstitutionnalisation » de la famille [1], la promotion du référentiel égalitaire dans le couple. C'est dire que l'après-femme au foyer signifie beaucoup plus qu'un nouveau stade dans l'histoire de la vie domestique et économique des femmes. Ce qui se déploie concrétise au plus profond une rupture historique dans la manière dont se construit l'identité féminine ainsi que les rapports entre les sexes. Notre époque a enclenché un bouleversement sans précédent dans le mode de socialisation et d'individualisation du féminin, une généralisation du principe de libre gouvernement de soi-même, une nouvelle économie des pouvoirs féminins : ce nouveau modèle historique nous l'appelons la troisième femme.

---

1. Ce concept, désignant l'essor de la cohabitation sans mariage et des naissances hors mariage, est développé par Pierre Roussel, *La Famille incertaine*, *op. cit.*, p. 105-132.

LA PREMIÈRE FEMME OU LA FEMME DÉPRÉCIÉE

Un principe universel organise, depuis les temps les plus reculés, les collectivités humaines : la division sociale des rôles attribués à l'homme et à la femme. Si le contenu de cette répartition des fonctions varie d'une société à l'autre, le principe du partage selon le sexe, lui, est invariable : toujours les positions et les activités de l'un se distinguent de celles de l'autre sexe. Principe de différenciation qui se double d'un autre principe, également universel : la domination sociale du masculin sur le féminin. Depuis le fond des âges, la « valence différentielle des sexes [1] » construit la hiérarchie des sexes en dotant le masculin d'une valeur supérieure à celle du féminin. Partout les activités valorisées sont celles qu'exercent les hommes ; partout les mythes et discours évoquent la nature inférieure des femmes ; partout le masculin est affecté de valeurs positives et le féminin de valeurs négatives ; partout s'exerce la suprématie du sexe masculin sur le sexe féminin. Les échanges matrimoniaux, les tâches valorisées, les activités nobles de la guerre et de la politique sont aux mains des hommes. Lorsque les femmes participent aux activités cultuelles, c'est le plus souvent en qualité d'acteurs de second rang. Une seule fonction échappe à cette dévalorisation systématique : la maternité. Mais la femme n'en demeure pas moins une « autre » inférieure et subordonnée, la descendance qu'elle engendre ayant seule une valeur. Et les rites qui célèbrent la fonction procréatrice des femmes n'empêchent nullement l'idée que la mère, en Grèce par exemple, n'est que la nourrice d'un germe déposé en son sein ; le vrai acteur qui enfante, c'est l'homme. Exaltation de la supériorité virile, exclusion des femmes des sphères prestigieuses, infériorisation du féminin [2], assimilation du deuxième sexe au mal et au

1. Françoise Héritier, *Masculin/Féminin*, *op. cit.*, p. 24-27.
2. Même les discours sur l'anatomie humaine ont véhiculé, de l'Anti-

désordre : la loi la plus générale des sociétés compose sur la très longue durée de l'histoire la dominance sociale, politique et symbolique des mâles.

Cela ne signifie pas que les femmes n'aient pas de pouvoir réel et symbolique. Méprisées ou dépréciées, mises à l'écart des fonctions nobles, les femmes n'en sont pas moins détentrices de pouvoirs redoutés. Des mythes sauvages au récit de la Genèse domine la thématique de la femme, puissance mystérieuse et maléfique. Élément obscur et diabolique, être usant de charmes et de ruses, la femme est associée aux puissances du mal et du chaos, aux entreprises de magie et de sorcellerie, aux forces qui agressent l'ordre social[1], qui précipitent la putréfaction des réserves et des productions alimentaires, qui menacent l'économie domestique[2]. Sans doute le principe de l'autorité et de la supériorité masculines n'est-il jamais remis en cause, mais la condition sociale du deuxième sexe ne peut se réduire à un état d'assujettissement absolu. Dans certaines sociétés primitives, les femmes détiennent des droits et des pouvoirs non négligeables en matière de propriété, de vie domestique, d'éducation, de redistribution de la nourriture. Parfois les matrones dirigent le travail féminin et disposent d'un droit de veto en matière de projet guerrier[3]. Dans la société paysanne, les femmes tiennent souvent les cordons de la bourse, décident des achats concernant l'économie familiale, donnent l'argent de poche au mari ; assemblées au lavoir ou au four, elles détiennent encore le contre-pouvoir de la parole, des commérages et autres médisances[4].

Mais si les femmes exercent un certain nombre de pou-

---

quité grecque à l'aube du xviiie siècle, l'idée que le corps féminin est une version moins parfaite, moins chaude, moins puissante du corps canonique qu'incarne le corps mâle. Il s'agit là de ce que Thomas Laqueur appelle le « modèle du sexe unique » (*La Fabrique du sexe ; essai sur le corps et le genre en Occident*, Paris, Gallimard, 1992).

1. Georges Balandier, *Anthropologiques*, Paris, PUF, 1974, chap. i.
2. Yvonne Verdier, *Façons de dire, façons de faire*, Paris, Gallimard, 1979, p. 19-74.
3. Françoise Héritier, *Masculin/Féminin*, *op. cit.*, p. 214.
4. Martine Segalen, *Mari et femme dans la société paysanne*, *op. cit.*, p. 130-154.

voirs, elles n'assument nulle part les charges les plus éle-
vées, les fonctions politiques, militaires et sacerdotales
capables de procurer la plus haute reconnaissance sociale.
Seules les activités dévolues aux hommes sont source de
gloire et de renom. Les Anciens ont certes loué un certain
nombre de femmes pour leurs vertus exemplaires mais le
genre féminin n'en reste pas moins assigné aux tâches sans
prestige de la vie domestique. Dans la Rome impériale, où
les femmes ont conquis une grande indépendance et
jouissent des droits les plus larges, elles sont privées de
droits politiques et n'accèdent pas aux emplois supérieurs ;
elles restent des êtres inférieurs, souvent objets de mépris,
ne méritant pas de figurer dans les grands récits de l'histoire. Seuls les événements politiques et les grandes actions
militaires en sont dignes et peuvent prétendre rester dans
la mémoire. Aux hommes la gloire immortelle, les honneurs publics, le monopole de la plénitude sociale. Aux
femmes l'ombre et l'oubli impartis aux sujets inférieurs.
Selon le mot prêté à Périclès, « la meilleure des femmes
est celle dont on parle le moins ». Il en sera ainsi pendant
la plus longue partie de l'histoire de l'humanité. Quand
les hommes s'expriment au sujet des femmes, c'est le plus
souvent pour stigmatiser leurs vices : d'Aristophane à
Sénèque, de Plaute aux prédicateurs chrétiens domine
une tradition de diatribes et de satires contre la femme,
présentée comme être trompeur et licencieux, inconstant
et ignorant, envieux et dangereux. Femme, mal nécessaire
cantonné dans les activités sans lustre, être inférieur systématiquement dévalorisé ou méprisé par les hommes : cela
dessine le modèle de la « première femme ».

LA DEUXIÈME FEMME OU LA FEMME EXALTÉE

La figure de la première femme relève de la très longue
durée historique : elle a perduré, dans certains pans de nos
sociétés, jusqu'à l'aube du XIXᵉ siècle. Toutefois depuis le

second Moyen Âge, un autre modèle est apparu qui, loin d'entonner l'éternelle litanie des invectives adressées aux femmes, s'est au contraire attaché à porter aux nues leurs rôles et leurs pouvoirs. À partir du xiiᵉ siècle, le code courtois développe le culte de la Dame aimée et de ses perfections ; aux xvᵉ et xviᵉ siècles, la Belle est portée au pinacle ; du xviᵉ au xviiiᵉ siècle se multiplient les discours des « partisans des femmes », qui encensent leurs mérites et leurs vertus et font le panégyrique des femmes illustres ; avec les Lumières, on admire les effets bénéfiques de la femme sur les mœurs, la politesse, l'art de vivre ; au xviiiᵉ siècle et surtout au xixᵉ, on sacralise l'épouse-mère-éducatrice. Aussi différents soient-ils, ces dispositifs ont ceci en commun qu'ils placent la femme sur un trône, qu'ils en magnifient la nature, l'image et le rôle. La femme aimée devient la suzeraine de l'homme. Le « beau sexe » est déclaré plus proche de la divinité que l'homme ; la mère est exaltée en effusions lyriques. Même si nombre de griefs demeurent, voilà la femme couverte de louanges et d'honneurs. D'Agrippa à Michelet, de Novalis à Breton, de Musset à Aragon, jamais la femme n'a été autant vénérée, adorée, idéalisée : créature céleste et divine, « but de l'homme » (Novalis), mère sublime, « avenir de l'homme » (Aragon), muse inspiratrice, « plus haute chance de l'homme » (Breton), la femme est chantée comme le rayon de lumière qui grandit l'homme, qui illumine et réchauffe son univers terne. À l'acharnement dépréciatif traditionnel a succédé la sacralisation du féminin.

Bien sûr, cette idéalisation démesurée de la femme n'a pas aboli la réalité de la hiérarchie sociale des sexes. Les décisions importantes restent l'affaire des hommes, la femme ne joue aucun rôle dans la vie politique, elle doit obéissance au mari, son indépendance économique et intellectuelle lui est déniée. Le pouvoir du féminin reste confiné dans les seuls champs de l'imaginaire, des discours et de la vie domestique. Mais si la femme n'est pas reconnue comme sujet égal et autonome, elle n'en est pas moins sortie de l'ombre et du mépris qui était son lot : on la gratifie du pouvoir d'élever l'homme — « L'éternel

féminin nous entraîne vers le haut », écrit Goethe —, de
former les jeunes hommes, de civiliser les comportements,
d'exercer une influence occulte sur les grands événements
de ce monde. Se diffuse, à partir du xviiie siècle, l'idée que
la puissance du sexe faible est immense, qu'il détient, malgré les apparences, le vrai pouvoir en ayant la haute main
sur les enfants, en exerçant son empire sur les hommes
importants [1]. Puissance civilisatrice des mœurs, maîtresse
des rêves masculins, « beau sexe », éducatrice des enfants,
« fée du logis », à la différence du passé, les pouvoirs spécifiques du féminin sont vénérés, placés sur un piédestal.
Après la puissance maudite du féminin s'est édifié le
modèle de la « deuxième femme », la femme exaltée, ido-
lâtrée dans laquelle les féministes reconnaîtront une
ultime forme de domination masculine.

LA TROISIÈME FEMME
OU LA FEMME INDÉTERMINÉE

C'est désormais un nouveau modèle qui commande la
place et le destin social du féminin. Nouveau modèle qui
se caractérise par son autonomisation par rapport à
l'emprise traditionnelle exercée par les hommes sur les
définitions et significations imaginaires-sociales de la
femme. La première femme était diabolisée et méprisée ;
la deuxième femme adulée, idéalisée, installée sur un
trône. Mais dans tous les cas la femme était subordonnée
à l'homme, pensée par lui, définie par rapport à lui : elle
n'était rien d'autre que ce que l'homme voulait qu'elle
fût. Cette logique de dépendance vis-à-vis des hommes
n'est plus ce qui régit au plus profond la condition fémi-

1. En fait, cette influence est soulignée au moins depuis l'Antiquité.
Caton l'exprime dans une boutade célèbre : « Partout les hommes
commandent aux femmes ; nous, nous commandons à tous les hommes,
mais nous obéissons aux femmes » (Plutarque, *Vie de Caton*, VIII-2). Les
Anciens jugeaient naturellement avec la plus grande sévérité cette administration nocturne propre aux femmes.

nine dans les démocraties occidentales. Dévitalisation de l'idéal de la femme au foyer, légitimité des études et du travail féminins, droit de suffrage, « démariage », liberté sexuelle, maîtrise de la procréation, autant de manifestations de l'accès des femmes à l'entière disposition d'elles-mêmes dans toutes les sphères de l'existence, autant de dispositifs qui construisent le modèle de la « troisième femme ».

Jusqu'à nos jours, l'existence féminine s'est toujours ordonnée en fonction de voies socialement et « naturellement » prétracées : se marier, avoir des enfants, exercer les tâches subalternes définies par la communauté sociale. Cette époque s'achève sous nos yeux : avec l'après-femme au foyer, le destin du féminin est entré pour la première fois dans une ère d'imprévisibilité ou d'ouverture structurelle. Quelles études entreprendre ? En vue de quelle profession ? Quel plan de carrière adopter ? Se marier ou vivre en concubinage ? Divorcer ou pas ? Quel nombre d'enfants et à quel moment ? Dans le cadre de l'institution matrimoniale ou hors mariage ? Travailler à temps partiel ou à temps plein ? Comment concilier vie professionnelle et vie maternelle ? Tout, dans l'existence féminine, est devenu choix, objet d'interrogation et d'arbitrage ; plus aucune activité n'est en principe fermée aux femmes, plus rien ne fixe impérativement leur place dans l'ordre social ; les voici, au même titre que les hommes, livrées à l'impératif moderne de définir et d'inventer de part en part leur propre vie. S'il est vrai que les femmes ne tiennent pas les rênes du pouvoir politique et économique, il ne fait pas de doute qu'elles ont gagné le pouvoir de se gouverner elles-mêmes sans voie sociale préordonnée. Aux anciens pouvoirs magiques, mystérieux, maléfiques attribués aux femmes a succédé le pouvoir de s'inventer soi-même, le pouvoir de projeter et de construire un avenir indéterminé. La première comme la deuxième femme étaient subordonnées à l'homme ; la troisième femme est sujette d'elle-même. La deuxième femme était une création idéale des hommes, la troisième femme est une autocréation féminine.

Bien qu'instituant une rupture majeure dans l'histoire des femmes, le modèle de la troisième femme ne coïncide nullement, est-il besoin de le souligner, avec la disparition des inégalités entre les sexes, notamment en matière d'orientation scolaire, de rapport à la vie familiale, d'emploi, de rémunération. Enregistrant la reproduction systématique des inégalités, d'aucuns se sont employés à soutenir la thèse d'une « invariance de l'écart structurel des positions entre hommes et femmes ». Ainsi les changements récents affectant la condition féminine n'auraient-ils pas fait diminuer l'« indice de dissimilarité » entre les genres : malgré des inégalités de moins en moins visibles, l'écart différentiel entre les deux sexes se maintiendrait, voire s'accentuerait[1]. Si cette interprétation ne nous paraît pas acceptable, ce n'est pas seulement en raison de l'avancée des femmes dans des sphères autrefois réservées aux hommes, mais aussi et surtout du fait du nouveau rapport de la troisième femme avec le processus d'indétermination qui la constitue. Quelle que soit la réactualisation des divisions sexuelles, force est de constater que les deux genres se trouvent à présent dans une situation « structurellement » similaire en ce qui concerne l'édification du Soi, au moment où les possibles ont remplacé les impositions collectives. De ce point de vue, nous ne sommes pas témoins d'un processus invariant de reproduction de l'écart dissymétrique entre les positions des hommes et celles des femmes, mais d'un processus d'égalisation des conditions des deux genres pour autant qu'est à l'œuvre une culture consacrant, pour un sexe comme pour l'autre, le règne du gouvernement de soi, de l'individualité souveraine disposant d'elle-même et de son avenir, sans modèle social directif.

Mais si la troisième femme marque une indéniable rupture historique, gardons-nous de l'assimiler à une mutation faisant table rase du passé. Deux interprétations du

1. Cette thèse est défendue par Rose-Marie Lagrave dans « Une émancipation sous tutelle : éducation et travail des femmes au xxᵉ siècle », in *Histoire des femmes, op. cit.*, t. V, p. 431-462.

devenir des rapports entre les sexes doivent être renvoyées dos à dos : celle de la reconduction à l'identique
de la dissymétrie des genres ; celle de la fin de la division
sociale des rôles de sexe[1]. Ni la délégitimation du principe des places intangibles de chaque sexe, ni les transformations des attitudes vis-à-vis du travail et de la sphère
familiale ne permettent d'accréditer la thèse de l'indistinction des rôles sexuels. Femmes et hommes sont certes
désormais reconnus maîtres de leur destin individuel
mais cela n'équivaut pas à un état d'interchangeabilité de
leurs rôles et places. À peu près partout des différences
de positions se recomposent parallèlement au déclin des
domaines exclusivement attribués à un sexe. Les limites
du travail de l'égalité ne sont pas moins significatives que
son irrécusable avancée : que ce soit dans la sphère du
sentiment, de l'apparence, des études, du travail professionnel, de la famille, des disparités d'orientations, de
goûts et d'arbitrages se réactualisent, fussent-elles assuré-
ment moins ostensibles qu'autrefois. La variable sexe
continue de toute évidence d'orienter les existences, de
fabriquer des différences de sensibilités, d'itinéraires et
d'aspirations. Le nouveau ne réside pas dans l'avènement
d'un univers unisexe mais dans une société « ouverte »
où les normes étant plurielles et sélectives s'accompagnent de stratégies hétérogènes, de marges de latitude
et d'indétermination. Là où les déterminations étaient
mécanistes, il y a place maintenant pour des choix et des
arbitrages individuels. Les modèles sociaux imposaient
impérativement des rôles et des places, ils ne créent plus
que des orientations facultatives et des préférences statistiques. Aux rôles exclusifs ont succédé les orientations
préférentielles, les choix libres des acteurs, l'ouverture
des opportunités. Ce n'est pas la similitude des rôles
sexuels qui gagne mais la non-directivité des modèles
sociaux et, corrélativement, la puissance d'autodétermi-
nation et d'indétermination subjective des deux genres.
La liberté de se diriger soi-même s'applique désormais

1. Élisabeth Badinter, *L'un est l'autre*, *op. cit.*

indistinctement aux deux genres, mais elle se construit toujours « en situation », à partir de normes et de rôles sociaux différenciés, dont rien n'indique qu'ils soient voués à une future disparition.

4

TRAVAIL-FAMILLE :
L'INTROUVABLE ÉGALITÉ

La place contemporaine des femmes dans le monde du travail et de la famille illustre exemplairement la figure de la troisième femme comme mixte d'avancée égalitaire et de continuité inégalitaire. De nos jours, les femmes ont gagné le droit à l'indépendance économique, à exercer tous les emplois et toutes les responsabilités, néanmoins la différence travail masculin/travail féminin persiste largement ; les femmes sont majoritairement actives, mais leur prépondérance dans la sphère domestique est toujours criante. À l'époque de l'après-femme au foyer la reconnaissance du principe égalitaire de pleine possession de soimême n'empêche nullement que soient reconduites des logiques dissemblables quant aux rôles sexuels. Comment dès lors situer historiquement la figure de la troisième femme à mi-chemin de l'égalité et de l'inégalité ? Reliquat du passé ou modèle d'avenir ? Comment comprendre cette permanence de la différenciation sociale des rôles sexuels à l'heure où dominent les revendications d'égalité et d'autonomie des sujets ?

TRAVAIL MASCULIN
TRAVAIL FÉMININ

S'il est vrai que le travail féminin a acquis une légitimité sociale sans doute irréversible, il est également vrai que son statut n'est toujours pas semblable à celui des hommes. Même dans les groupes les moins attachés au modèle de la femme au foyer, le travail salarié de la femme est rarement jugé aussi important que celui du mari. Généralement la réalisation professionnelle de l'homme est estimée première par rapport à celle de la femme ; c'est à celle-ci d'abandonner sa profession si la carrière du mari l'exige ; dans le cas où le travail de la femme entre en concurrence avec celui du mari, l'opinion domine que priorité doit être donnée à celui-ci[1]. En raison des charges familiales qui leur incombent, les femmes sont professionnellement moins disponibles et moins mobiles que les hommes ; elles quittent moins longtemps pour raison professionnelle leur domicile que les hommes et travaillent plus près de celui-ci que leur conjoint[2]. Lorsque les enfants sont malades, ce sont les mères qui majoritairement assurent leur garde. Pour les mêmes raisons, les femmes sont beaucoup plus nombreuses que les hommes à souhaiter un emploi à temps partiel : 8 fois sur 10, ces emplois sont occupés par une femme. Et lorsque la famille se compose de 3 enfants, le taux d'activité des mères ne s'élève plus qu'à 50 %. C'est dire que le modèle de l'interchangeabilité des rôles de l'homme et de la femme est introuvable. À coup sûr l'écart des positions sociales des deux genres s'est-il resserré : l'activité professionnelle féminine est désormais sociale-ment reconnue et fait partie de l'identité féminine. Pour autant, le travail féminin n'est pas, de nos jours encore,

---

1. François de Singly, *Fortune et infortune de la femme mariée*, Paris, PUF, 1987, p. 138.
2. *Ibid.*, p. 64-65.

considéré à l'égal de celui des hommes. Derrière l'apparence de la substituabilité des rôles se réagencent des inscriptions sociales différentielles de chaque sexe vis-à-vis du travail et de la famille.

Toutes les réticences et hésitations à l'égard du travail féminin n'ont pas été levées. En 1990, 1/3 des Françaises approuvaient encore, peu ou prou, l'idée qu'en période de fort chômage priorité soit donnée à un homme pour un travail plutôt qu'à une femme. Une majorité de Français (53 %) continuent de penser soit que les femmes ne devraient jamais travailler lorsqu'elles ont des enfants en bas âge, soit qu'elles ne devraient travailler que si la famille ne peut vivre avec un seul salaire, soit qu'elles ne devraient jamais travailler. Pour 4 Français sur 10, le travail des deux parents est « totalement incompatible » ou « difficilement compatible » avec le fait d'élever comme il faut un enfant en bas âge[1]. Le moment de la troisième femme combine ainsi un modèle égalitaire avec un modèle inégalitaire : l'idéologie des « sphères séparées » des deux sexes est certes caduque mais en même temps les femmes sont toujours assignées prioritairement à la sphère domestique ; le travail est une activité légitime pour les femmes comme pour les hommes sans que pour autant règne un rapport indifférencié des deux genres au travail professionnel.

La salarisation massive des femmes, l'ouverture des carrières aux deux sexes, l'effondrement de l'idéal de la femme au foyer n'empêchent nullement que soit reconduite, concernant les hommes et les femmes, une différence structurelle dans l'articulation vie professionnelle/vie familiale. Au masculin, les pôles professionnel et domestique sont disjoints ; ils sont conjoints au féminin. Tandis que chez les hommes le projet professionnel est toujours premier par rapport au projet de paternité, chez les jeunes femmes, il s'élabore souvent en intégrant les contraintes à venir de la maternité[2]. Pour le sexe fort, la

1. Georges Hatchuel, « Les Français et l'activité féminine... », art. cité.
2. Annette Langevin, « Régulation sociale du temps fertile des femmes », in *Le Sexe du travail,* Grenoble, PUG, 1984, p. 110 ; Michèle Ferrand, « Paternité et vie professionnelle », in *Le Sexe du travail, op. cit.,* p. 130.

coupure de la « vie en deux » va de soi ; pour l'autre sexe, elle s'accompagne de conflits et d'interrogations, d'une recherche de conciliation qui est fréquemment source de culpabilité et d'insatisfaction. Sans doute la nouvelle culture individualiste tend-elle à réduire les disjonctions radicales des rôles sexuels : d'un côté, elle rehausse l'importance de la vie privée chez l'homme ; de l'autre, elle pousse à l'investissement féminin de la vie professionnelle. Mais cette dynamique n'institue pas l'homogénéisation des rôles de l'un et de l'autre sexe : le pôle domestique reste une priorité plus marquée au féminin qu'au masculin ; le pôle professionnel, une priorité plus masculine que féminine. L'état social postmoderne coïncide non avec l'indistinction des rôles sexuels mais avec la différenciation sexuelle de la même logique individualiste ; ce n'est pas un modèle de réversibilité entre les sexes qui nous gouverne mais un *double modèle individualiste*, réinscrivant socialement l'écart masculin/féminin. Par rapport à la sphère familiale, l'individualisme féminin est plus centripète que l'individualisme masculin. Par rapport à la sphère du travail salarié, l'individualisme féminin est plus centrifuge que l'individualisme masculin.

De surcroît, les structures d'emplois, les qualifications professionnelles, les métiers et les salaires se distribuent inégalement selon le sexe. Les femmes sont plus nombreuses dans les emplois atypiques que les hommes : en 1994, 28 % des femmes actives travaillaient à temps partiel, contre seulement 4,6 % des hommes. Elles occupent en plus grande proportion que les hommes des postes moins qualifiés ; à qualification égale, l'écart des salaires moyens entre les sexes varie de 5 % à 18 %. En même temps, les femmes sont concentrées dans un éventail de professions plus restreint que les hommes : en 1990, 20 professions regroupaient 47 % des femmes actives alors que la présence féminine était inférieure à 10 % dans 316 professions réunies[1]. Il est vrai que diverses forteresses mas-

---

1. *Les Femmes*, Paris, INSEE, coll. Contours et caractères, 1995, p. 120. Aux États-Unis, 80 % des femmes actives occupent des emplois de secrétaires, d'employées et de vendeuses.

culines sont tombées et que les femmes pénètrent en plus grand nombre dans certaines sphères de la vie économique[1]. Mais cette tendance est loin de réaliser la mixité professionnelle. Les postes de secrétaire sont occupés à plus de 97 % par des femmes et 90 % des infirmiers sont de sexe féminin. En revanche, elles ne représentaient en 1994 que 16 % des ouvriers qualifiés, 7 % des contremaîtres et agents de maîtrise ; leur présence est inférieure à 5 % dans le secteur du bâtiment. Seulement 1 ingénieur sur 10 est une femme. Les professions de l'armée, de la police, des transports, des techniciens ne s'ouvrent que marginalement aux femmes. Le constat s'impose : en dépit de la tertiarisation de l'économie et de la progression scolaire des filles, hommes et femmes, depuis vingt ou trente ans, se répartissent sans modification majeure entre les différents secteurs du monde du travail.

Face à cette dissymétrie sexuelle persistante, les interprétations « optimistes » avancent l'idée qu'on se trouve en présence de simples reliquats de l'histoire que le temps et la dynamique égalitaire se chargeront peu à peu d'éliminer. Tout bien pesé, rien n'est moins sûr : l'analyse détaillée des données appelle des jugements beaucoup plus prudents. D'abord, on a observé que l'introduction des technologies les plus avancées, loin de faire reculer la différenciation sexuelle du travail et la déqualification féminine, pouvait parfaitement les recomposer[2]. Dans ces conditions, le fossé entre métiers masculins et métiers féminins serait moins un vestige du passé qu'un processus fonctionnant à plein régime au cœur même du temps présent. D'autre part, les orientations scolaires montrent que le parcours et les aspirations des filles et des garçons restent profondément divergents. Au sein de l'enseignement professionnel, la mixité est tout aussi introuvable

1. Entre 1982 et 1990, la présence des femmes a augmenté de 55 % dans les professions libérales, de 76 % dans l'enseignement, de 90 % dans l'encadrement administratif et commercial d'entreprise, de 43 % dans les professions de l'information et du spectacle.
2. Margaret Maruani et Chantal Nicole, *Au labeur des dames*, Paris, Syros, 1989, p. 17-72.

aujourd'hui qu'hier. La prédominance masculine est criante dans les apprentissages aux métiers du bâtiment et de l'industrie et celle des filles dans les spécialités menant aux métiers de la coiffure, du secrétariat, de l'habillement, de la santé. De même, au niveau des études supérieures, les garçons sont surreprésentés dans les filières « prométhéennes » tournées vers la maîtrise des choses et des hommes alors que les filles le sont dans les filières de l'éducation, de la relation et de la santé[1]. Même si aucune filière ne peut plus être considérée comme le fief exclusif du sexe masculin et même si les filles accèdent en aussi grand nombre que les garçons à l'Université, le clivage des orientations en fonction du sexe est partout patent. On ne se débarrassera pas du problème en invoquant des comportements archaïques en perte de vitesse, des vestiges d'un autre âge ; en réalité, il s'agit de tendances correspondant à des aspirations et à des goûts contemporains. Les stéréotypes de sexe ne doivent pas être assimilés à un héritage du passé que le « progrès » effacera tout naturellement : bien vivants, ils se recomposent au sein même du monde ouvert de l'égalité et de la liberté modernes. Il y a beaucoup d'illusions à croire que la dynamique de l'égalité prépare un univers unisexe : la reproduction sociale de la différence sexuelle reste un processus consubstantiel aux temps postmodernes.

QUEL COUPLE ? QUELLE MÈRE ? QUEL PÈRE ?

Le temps n'est pas si lointain où les rôles dévolus à l'un et l'autre sexe au sein du couple ne faisaient guère problème. Jusqu'aux années 50, le mari, en principe, a charge de fournir les revenus du foyer et assure la direction de la famille. L'épouse, elle, est responsable de la cohésion affective du groupe domestique et s'occupe de la maison et

1. Christian Baudelot et Roger Establet, *Allez les filles !*, Paris, Seuil, 1992.

des enfants. L'un est préposé aux tâches de l'extérieur, l'autre à celles de l'intérieur ; l'un aux rôles instrumentaux, l'autre aux rôles expressifs. La répartition des rôles est tranchée et exclusive : seule la femme se consacre aux tâches domestiques tant il est déshonorant pour le mari de pouponner ou de s'occuper de la maison. Reconnu par la loi, « chef de famille », l'homme, doté de prérogatives et de responsabilités étendues, exerce l'autorité aussi bien sur ses enfants que sur sa femme.

Pour réel qu'il soit, ce système de normes n'est qu'une partie d'une réalité sociale plus complexe. En particulier, le fait que l'homme ait été le pourvoyeur économique du ménage n'a pas entraîné partout la soumission de la femme et l'impérialisme masculin. Dans les ménages bourgeois, le mari est certes le maître des grandes décisions et dirige la gestion financière du ménage en donnant, chaque mois, à son épouse la somme qu'il juge correspondre aux dépenses courantes. Mais dans le monde ouvrier, le budget est souvent aux mains des femmes : dès le milieu du xixᵉ siècle, en France, s'est imposé un certain « matriarcat budgétaire », nombre d'ouvriers remettant leur paie à leur épouse reconnue « patronne » de la maison[1]. Analysant les classes moyennes à Chicago dans les années 1880, Richard Sennett découvre des pères doux et dociles, faibles et passifs alors que les femmes sont volontaires, dynamiques et agressives : ce sont elles qui incarnent l'autorité et le pouvoir dans la famille[2]. Nouveau « matriarcat », dont témoigne en France l'image des mères tyranniques et castratrices dépeintes par Jules Vallès, Jules Renard, François Mauriac ou Hervé Bazin. Dans l'entre-deux-guerres, la mère apparaît également comme la figure centrale des familles ouvrières anglaises ; elle est le personnage le plus autoritaire, celui qui « porte la culotte »[3]. À la

1. Au début des années 60, le budget familial était géré par la femme dans 13 % des couples bourgeois, 53 % des couples moyens, 78 % des ménages ouvriers.
2. Richard Sennett, *La Famille contre la ville*, Paris, Recherches, 1980, chap. x.
3. Elisabeth Roberts, *A Woman's Place. An Oral History of Working Class Women, 1890-1940*, Oxford, Basil Blackwell, 1984.

même époque, en Amérique, romans et media multiplient les images du père bon, soumis, diligent, ayant renoncé à exercer l'autorité dans la famille au bénéfice de la suprématie de la mère[1]. L'idéal moderne de l'épouse au foyer n'a pas fonctionné tout uniment comme un instrument de relégation des femmes ; de fait il s'est accompagné, au moins dans certains milieux, du déclin de l'autorité du père et du mari et de la prépondérance de la femme comme mère, intendante et consommatrice[2]. Le recul de la famille patriarcale a commencé sa trajectoire à l'intérieur même du modèle posant l'homme comme seul maître et pourvoyeur du foyer.

Il n'en demeure pas moins que cette répartition inégalitaire des rôles au sein du ménage a bénéficié, pendant toute cette période, d'une forte légitimité sociale. Là est le changement : notre époque est témoin, depuis une trentaine d'années, d'un processus inédit de remise en cause des rôles familiaux. Ce qui allait de soi est entré dans une ère de délibération, voire de conflits. C'est désormais un autre modèle de couple qui s'impose au moment où le travail féminin est considéré comme une valeur et où le principe de la subordination de la femme à l'homme a cessé d'être légitime. Tandis que l'homme n'est plus le « chef de ménage » et que la femme dispose des revenus de son travail, celle-ci voit s'accroître son pouvoir de décision dans le couple. L'idéal égalitaire, le discrédit des comportements machistes, l'émancipation économique de la femme tendent à construire un nouveau modèle marqué par l'autonomie féminine et la participation des deux conjoints aux décisions importantes. Désormais les grandes décisions concernant, par exemple, l'achat d'un appartement, l'équipement de la maison ou l'avenir des enfants sont prises de façon de plus en plus égalitaires par les deux conjoints[3] et 6 femmes sur 10 déclarent s'occuper seules

1. Geoffrey Gorer, *Les Américains*, Paris, Calmann-Lévy, 1949, p. 43-69.
2. Dans l'entre-deux-guerres, les statistiques américaines établissent que plus des trois quarts des achats familiaux étaient effectués par les femmes (cité par Geoffrey Gorer, *Les Américains*, *op. cit.*, p. 61).
3. Michel Glaude et François de Singly, « L'organisation domestique : pouvoir et négociation », *Économie et statistique*, n° 187, avril 1986, p. 3-30.

des comptes du ménage. Recul de la famille patriarcale qu'illustre encore une tendance récente : aux États-Unis, dans certains foyers où l'homme et la femme disposent de salaires élevés, chacun gère séparément ses ressources et son budget[1]. Cette tendance à faire compte à part commence également à se manifester en France chez certains couples jeunes. Avec l'époque de la troisième femme apparaît tout à la fois le couple égalitaire-participatif et le chacun-pour-soi, l'individualisme gestionnaire chez les conjoints eux-mêmes.

D'autre part, chez les jeunes qui entrent en couple, le principe qui conférait à la femme la presque totalité du travail domestique a perdu de son ancienne évidence. Se renforce l'idée que chacun doit contribuer aux tâches ménagères, fût-ce selon ses inclinations et sa disponibilité. Dans les époques antérieures les normes de répartition des tâches dans le couple étaient reçues de la tradition, à présent elles sont objet de débats et de négociations entre l'homme et la femme. Ainsi voit-on des activités autrefois exclusivement féminines (faire la cuisine et la vaisselle, faire les vitres, passer le balai, faire les courses) être effectuées par les hommes et ce, d'autant plus que l'homme est diplômé et l'épouse active : un homme titulaire d'un diplôme égal ou supérieur au bac prend en charge une fois sur trois ces tâches dites « négociables »[2]. En Europe, parmi les tâches domestiques qu'accomplissent les hommes se trouvent par ordre de préférence : les courses, la vaisselle, véhiculer les enfants[3]. Se manifestent également un plus grand intérêt et une plus grande participation des pères à l'éveil et aux soins des enfants, comme en témoignent les fameux « nouveaux pères » ne trouvant plus indignes d'eux de changer, de bercer, de donner le biberon à leur bébé.

1. R. Hertz, *More Equal than Others*, Berkeley, University of California Press, 1986.
2. Bernard Zarca, « Division du travail domestique ; poids du passé et tensions au sein du couple », *Économie et statistique*, janvier 1990, n° 228, p. 29-39.
3. *Les Femmes, op. cit.*, p. 170-171.

Aussi significatifs soient-ils ces changements restent malgré tout lents, limités, incapables de rapprocher les hommes et les femmes d'une démocratie domestique. Le plus remarquable finalement réside moins dans le bouleversement des rôles que dans leur forte permanence. Enquête après enquête, la même réalité apparaît : ce sont les femmes qui continuent massivement d'assumer la plus grande partie de la responsabilité de l'éducation des enfants et des tâches ménagères. Le travail domestique absorbe en moyenne chaque semaine 35 heures de la vie d'une femme active et 20 heures de celle d'un homme actif. Chaque jour les mères sont 2 fois plus nombreuses et consacrent 2 fois plus de temps que les pères à laver, habiller, faire manger les enfants[1]. Les femmes salariées passent trois quarts d'heure par jour à faire le ménage et une heure trente aux tâches de la cuisine et de la vaisselle, contre respectivement sept minutes et vingt-cinq minutes pour les hommes[2]. Aux États-Unis, les femmes actives effectuent 75 % des tâches ménagères et ne sont aidées par leur mari qu'un peu plus d'une demi-heure par jour[3] : en vingt ans l'implication des hommes dans le travail domestique n'a progressé que de 10 %. À présent 79 % des Espagnoles, 70 % des Anglaises et des Allemandes, 60 % des Françaises et des Italiennes déclarent que leur conjoint n'accomplit aucune tâche domestique[4]. Partout, le travail ménager reste fortement structuré par la différence des sexes : il n'existe pratiquement pas de tâches domestiques effectuées à égalité par un sexe ou par un autre, chacune d'entre elles continuant d'être associée à un sexe plutôt qu'à un autre : laver le linge, repasser, coudre, faire les sanitaires, autant de tâches quasi exclusivement prises en charge par les femmes[5].

1. Caroline Roy, « La gestion du temps des hommes et des femmes, des actifs et des inactifs », *Économie et statistique*, n° 233, juillet-août 1989, p. 5-11.
2. *Les Femmes, op. cit.*, p. 173.
3. Arlie Hochschild, *The Second Shift : Working Parents and the Revolution at Home*, New York, Viking Penguin, 1989, p. 4.
4. *Les Femmes, op. cit.*, p. 171.
5. Bernard Zarca, « Division du travail... », art. cité, p. 30.

Même si les hommes interviennent plus qu'autrefois dans les activités domestiques, la gestion de la vie quotidienne incombe toujours en priorité aux femmes et ce, dans tous les milieux. Si les hommes aident davantage les femmes, ils n'ont pris nulle part la responsabilité principale des enfants ni celle d'organiser l'exécution des tâches. Leur participation est ponctuelle, très rarement structurelle ; c'est plus à titre d'auxiliaire ou d'aide qu'ils contribuent au travail domestique qu'à titre de responsable premier ou permanent. Ce qui a changé n'est pas tant la logique de la division sexuelle des rôles familiaux qu'une plus grande coopération masculine à l'intérieur du cadre traditionnel fondé sur la prépondérance féminine. Prévoir les activités des enfants, planifier le temps, régler les déplacements, penser aux repas, aux achats et aux démarches, toute cette « charge mentale[1] » que ne mesurent pas les budgets-temps repose toujours principalement sur les femmes. La dynamique égalitaire a réussi à disqualifier l'association de l'homme à l'autorité, elle n'est pas parvenue à ruiner l'association des femmes aux responsabilités domestiques.

Néanmoins l'activité salariée des femmes n'est pas restée sans effet sur le travail domestique qu'elles assument. En témoigne le fait que les femmes actives consacrent moins de temps aux travaux ménagers et aux enfants que celles qui restent à la maison[2]. On observe également un mouvement d'externalisation ou de socialisation des fonctions domestiques autrefois assurées principalement par la mère (cuisine, repassage, garde, éveil et loisirs des enfants). Nombre d'activités traditionnellement familiales sont ainsi déléguées, prises en charge par des industries, des entreprises de services, des associations ou des institutions publiques. Mais cela ne libère les femmes qu'en appa-

1. Monique Haicault, « La gestion ordinaire de la vie en deux », *Sociologie du travail*, n° 3, 1984, p. 268-277.
2. Le temps quotidien consacré par les mères actives au travail domestique est de cinq heures (avec 1 enfant) et de six heures (avec 3 enfants) ; il est respectivement de huit heures et de neuf heures quinze pour les mères au foyer (Caroline Roy, « La gestion du temps... », art. cité).

rence. Car si celles-ci consacrent moins de temps à faire la cuisine (plats cuisinés, four à micro-ondes), elles en consacrent davantage à s'informer, à organiser les activités parascolaires, sportives et culturelles des enfants. La charge physique des femmes décroît, la charge mentale s'accroît. Les travaux ménagers mobilisent moins d'efforts, mais les démarches, les contacts avec les organismes, la recherche d'informations, le planning des activités, les déplacements liés aux activités d'éveil des enfants s'amplifient. Les modifications du travail domestique n'ont pas affecté en profondeur la continuité des rôles dans la famille ; la dissimilarité des places des deux sexes par rapport à la vie familiale l'emporte de beaucoup sur la confluence des rôles. Même lorsque les deux conjoints sont actifs se vérifie la double loi faisant échec à la dynamique égalitaire : prédominance de l'homme dans la sphère professionnelle, suprématie de la femme dans l'espace domestique.

Le rapport des pères aux enfants illustre d'une autre manière la permanence de la disparité des rôles familiaux. Lorsqu'elles travaillent, les mères consacrent deux heures trente par jour à leurs enfants de moins de 2 ans, le père trois quarts d'heure. Entre 1975 et 1986, le temps consacré par les pères à leur premier-né est passé de trente à quarante-cinq minutes. Aux États-Unis, moins de 1 femme sur 3 estime que son conjoint s'occupe équitablement des enfants. Sans nier la réalité de la « nouvelle paternité », il importe de ne pas en tirer des conséquences radicales quant à l'organisation sociale des rôles de l'un et l'autre sexe. L'attitude des pères dans les couples divorcés témoigne des limites que rencontre le mouvement que d'aucuns caractérisent par la féminisation de l'homme et la virilisation de la femme. On sait que les pères non mariés sont de plus en plus nombreux à reconnaître leurs enfants : 85 % à la fin de la première année. En même temps, un nombre accru de pères en instance de divorce demande à assumer la charge des enfants à titre principal. Cela étant, après séparation, près de la moitié des enfants ne voient plus ou très peu leur père[1]. Avant la procédure de divorce, seulement 23 % des pères gardent les enfants avec eux, alors que les mères sont 62 % dans ce cas[2]. Dans les pays européens, la garde des enfants de couples divorcés est attribuée à la mère dans 75 à 90 % des cas. Attachement des magistrats à des schémas traditionnels ? Que non pas : la plupart des demandes sont fondées sur un accord des parents et seuls 15 % des pères demandent la résidence habituelle[3]. Autant de données révélant la forte persistance du clivage des rôles paternel et maternel : aujourd'hui comme hier, la femme « est plus mère que l'homme n'est père[4] ». Phénomène confirmé encore par le fait qu'un tiers seulement des pensions alimentaires dues par le père sont versées ; les deux autres tiers ne le sont que partiellement ou pas du tout. Mères au travail, pères plus impliqués dans les soins prodigués aux enfants : cela ne signifie pas une logique de commutabilité des places, mais un processus d'euphémisation du partage des rôles sexuels.

LE LONG FLEUVE TRANQUILLE DES RÔLES FAMILIAUX

Comment interpréter pareille persistance des rôles de sexe dans les démocraties ? Confronté à la question on avance souvent l'idée de « survivance » ou de « retard historique » sous-tendu par la force d'inertie des habitudes culturelles, le conservatisme des mentalités, le poids des rôles hérités de l'histoire. Contrecarrant le progressisme

1. Évelyne Sullerot, *Quels pères ? Quels fils ?*, Paris, Fayard, 1992, p. 103-104 et p. 113 ; Henri Levidon et Catherine Villeneuve, « Constance et inconstance dans la famille », INED, Travaux et Documents, 1994.
2. Irène Théry, *Le Démariage, op. cit.*, p. 229.
3. Cité par Hugues Fulchiron dans « Une nouvelle réforme de l'autorité parentale », chronique XXV, Sirey, *Recueil Dalloz*, 1993, 16ᵉ cahier, p. 121.
4. Selon la juste formule d'Évelyne Sullerot, *Quels pères ?..., op. cit.*, p. 258.

des valeurs d'égalité et d'autonomie, le legs ancestral n'en finirait pas de reconduire la division sexuelle des rôles familiaux et ce, dès la socialisation initiale des filles et des garçons. Ainsi les petites filles sont-elles plus souvent sollicitées que les garçons pour nettoyer la maison, faire la vaisselle ou s'occuper des petits frères et sœurs[1]. De même les jeux de dînette et de « petite maman » préparent-ils au rôle de la future mère-ménagère-consommatrice[2]. Au principe de la continuité des rôles domestiques : la pesanteur des usages et stéréotypes s'enracinant dans l'histoire millénaire des sociétés.

Si ce type d'explication comporte une part indéniable de vérité, force est d'en reconnaître, en même temps, l'insuffisance. Car, dans nos sociétés, nombreux sont les rôles hérités de la tradition qui, précisément, ont cessé d'être dominants. À partir de quoi l'interrogation se précise. Pourquoi donc la division sexuelle des rôles domestiques se perpétue-t-elle avec tant de vigueur alors que, par ailleurs, d'autres normes sociales traditionnelles périclitent ? Pourquoi par exemple la double morale sexuelle ou le stéréotype de la femme au foyer se sont-ils effondrés alors que la place prépondérante de la femme dans la sphère familiale perdure ? Invoquer le principe d'inertie culturelle ne peut suffire dans des sociétés mobiles caractérisées par l'orientation vers le futur, l'auto-institution du social, la recherche de nouvelles formes d'identité, la contestation des normes reçues du passé.

Par rapport à cette question, les femmes insistent souvent, quant à elles, sur la « mauvaise volonté » des hommes, leur refus délibéré de prendre en charge les tâches de la maison. En conséquence, les femmes se trouvent dans l'obligation de faire face à la défection masculine en assumant la plus grande partie des responsabilités domestiques. Implication féminine dans la famille et désengagement des hommes attachés à leurs « avantages

1. Martine Segalen, *Sociologie de la famille*, Paris, Armand Colin, 1984, p. 253.
2. Elena Gianini Belotti, *Du côté des petites filles*, Paris, Éditions des Femmes, 1974, p. 107-123.

acquis » devraient être pensés ensemble. Soit. Mais ces raisons éclairent-elles le fond du problème ? C'est loin d'être sûr, tant les femmes sont alors identifiées à des victimes de l'égoïsme masculin, tant leur rapport privilégié à la famille se ramène à une contrainte externe. L'explication a le mérite de rompre avec une certaine mystique féminine mais elle a l'inconvénient de trop occulter la part active que prennent les femmes dans la reproduction sociale des rôles domestiques. S'il existe indéniablement des contraintes et des pesanteurs extérieures, il y a aussi adhésion à des rôles, processus de réappropriation et de construction de soi à partir de ce qui est reçu du passé. Dans leur rapport aux tâches familiales, les femmes sont aussi actrices, animées de projets, de stratégies individuelles, de volontés de création d'un destin personnel. Par-delà les logiques de domination d'un sexe sur l'autre et le poids des déterminants culturels, il faut voir dans l'implication domestique des femmes un phénomène où se jouent une recherche de sens, des stratégies de pouvoir, des objectifs identitaires.

Les effets de la prépondérance féminine dans la sphère familiale ont fait l'objet d'études sociologiques désormais classiques. Ainsi a-t-on montré, en particulier, que si la vie conjugale s'accompagnait d'une accélération de la carrière professionnelle masculine, elle se traduisait par un ralentissement de celle des femmes[1]. Mais de ce que les responsabilités familiales exercées par les femmes ont un coût professionnel il ne s'ensuit évidemment pas qu'elles ne génèrent aucun profit subjectif. Qualité de la relation à l'enfant, joie de contribuer à l'éveil et au bonheur d'un être, satisfaction de se sentir indispensable, sentiment de l'importance de la tâche, pouvoir d'influence sur le présent et le futur de l'enfant, accomplissement de l'identité de femme-mère : il faut être aveugle pour ne pas voir que la condition de mère est plus et autre chose qu'une forme d'assujettissement à des rôles imposés « du dehors ». Le rapport privilégié aux enfants réduit l'investissement

---

1. François de Singly, *Fortune et infortune...*, *op. cit.*, p. 65-76.

professionnel des femmes, mais il enrichit leur vie relationnelle ou émotionnelle ; il les handicape dans la
conquête des positions hiérarchiques mais il leste l'existence d'une dimension de sens particulièrement intense.
Si la place prééminente des femmes dans les rôles familiaux se maintient, ce n'est pas seulement en raison des
pesanteurs culturelles et des attitudes « irresponsables »
masculines, c'est aussi en raison des dimensions de sens,
de pouvoir, d'autonomie qui accompagnent les fonctions
maternelles.

On peut certes analyser l'inscription prioritaire des
femmes dans la famille comme un instrument de reproduction du pouvoir social masculin. Mais cela n'autorise
pas à réduire le phénomène à cette fonction univoque. Car
l'engagement féminin dans la sphère domestique va également de pair avec des formes de pouvoir qui, pour être privées, n'en sont pas moins d'une importance capitale,
comme l'ont montré quantité de romans des XIXe et
XXe siècles. De nos jours encore, la question du pouvoir
maternel garde toute son acuité. Ainsi nombre de femmes
vivent mal le fait que leur conjoint s'occupe « trop » de la
maison et des enfants : dans les années 80, de 60 à 80 %
des Américaines ne tenaient pas à une plus grande participation des pères. D'autres enquêtes révèlent qu'au sein des
foyers modernistes, où les hommes s'impliquent dans les
tâches familiales, les frictions conjugales demeurent, de
même que l'insatisfaction des mères[1]. Élisabeth Badinter
souligne à juste raison qu'il faut interpréter ce phénomène
comme une réaction face au recul d'une position prééminente, une résistance à la perte du pouvoir maternel
que beaucoup de femmes ne souhaitent pas partager. Par
ailleurs, dans les nouvelles couches moyennes, les mères
vivent parfois avec fierté leur capacité à pouvoir mener de
front travail professionnel et tâches maternelles. Trans-
férant leurs compétences professionnelles d'organisation
et d'initiative à la sphère domestique, les femmes tirent

---

1. Travaux cités par Élisabeth Badinter dans *X Y : de l'identité masculine*,
Paris, Odile Jacob, 1992, p. 270-271.

une double gratification de leur capacité à maîtriser deux univers, celui du travail professionnel, celui de « l'entreprise-famille[1] ». S'accompagnant de gratifications diverses, de perspectives de sens, de position de pouvoir, d'affirmation identitaire, d'autonomie organisatrice, la place des mères dans nos sociétés ne peut s'expliquer comme un simple vestige du passé.

On pourrait objecter, non sans raison, que ce qui est en jeu dans le rapport des femmes à l'enfant s'applique avec beaucoup plus de difficultés à ces tâches nettement moins épanouissantes que sont les travaux ménagers. Passer le balai, laver le linge, faire les courses et la cuisine quotidienne, autant d'activités qui peuvent difficilement passer pour être pourvoyeuses de sens. Sauf qu'on ne peut en conclure que toute dimension d'identité, de pouvoir et d'autonomie organisatrice en soit absente. Les tâches ménagères, en effet, sont l'occasion de constituer des territoires identitaires et personnels, d'imposer ses critères, des manières bien à soi d'agir et de penser, de faire valoir sa conception de l'organisation domestique, du propre, de l'ordonné, de l'alimentation ou de la décoration[2]. Il n'est pas douteux que la place centrale des femmes dans la vie domestique soit à rattacher à des normes léguées par l'histoire, mais si cette position se poursuit de nos jours c'est qu'au travers de celle-ci les femmes peuvent marquer leurs frontières, aménager un intérieur conforme à leur goût, se poser en maître d'œuvre de tout un ensemble d'activités quotidiennes. Pour être souvent vécues comme des corvées, les activités ménagères n'en sont pas moins, peu ou prou, des manières de contrôler un territoire, de se constituer un monde à soi.

On a toutes les raisons de penser, dans ces conditions, que la position prééminente des femmes dans l'espace domestique ne s'éclipsera pas de sitôt. Dans les sociétés postmodernes, les codes culturels faisant obstacle à l'expression et au gouvernement de soi perdent de leur

---

1. Jacques Commaille, *Les Stratégies des femmes, op. cit.*, p. 38-39.
2. Jean-Claude Kaufmann, *Sociologie du couple*, Paris, PUF, 1993, p. 88-103.

emprise, non ceux qui, à l'instar des responsabilités familiales, permettent l'auto-organisation, la maîtrise d'un univers à soi, la constitution d'un monde proche, émotionnel
et communicationnel. Si nombre de femmes se plaignent
de la « double journée » et souhaitent un meilleur partage
des tâches au sein du couple, seule une très faible minorité
juge ennuyeux ou déplaisant de s'occuper des enfants, de
les nourrir, les baigner, les éduquer[1]. Beaucoup de
femmes actives expriment plutôt le regret de ne pas pouvoir s'en occuper davantage. À l'heure où les femmes
exercent de plus en plus une activité professionnelle, où
les naissances sont choisies, où la taille des familles se
réduit, les tâches maternelles se pensent moins comme un
fardeau que comme un enrichissement de soi, moins
comme un « esclavage » que comme une source de sens,
moins comme une « injustice » frappant les femmes que
comme une réalisation identitaire ne faisant plus obstacle
à l'autonomie individuelle. Autant d'aspects qui rendent
peu probable la fin de la prépondérance féminine dans la
vie familiale.

Sans doute les femmes jugent-elles parfois enviable la
situation de l'homme, mais en même temps elles se
reconnaissent difficilement dans l'existence masculine
jugée trop unidimensionnelle. Si les femmes protestent
contre la double charge, elles refusent également, en
grand nombre, l'« engloutissement » des hommes dans la
sphère du travail professionnel, leur manque de disponibilité pour la vie privée. Les critiques féminines rendent peu
crédible le déclin de la centralité du rapport des femmes à
la famille. D'autant plus qu'à présent la place privilégiée
des femmes dans la sphère domestique est devenue conci-
liable avec la vie professionnelle et l'autonomie individuelle. Dès lors qu'une norme, même traditionnelle, peut
être recomposée en fonction des aspirations individualistes, il y a peu de raisons de penser qu'elle soit vouée au

---

1. Enquête citée par Élisabeth Badinter dans *L'Amour en plus, op. cit.*,
p. 458 — les résultats de l'enquête sont interprétés dans un autre sens par
Élisabeth Badinter.

dépérissement. Même si les femmes s'engagent de plus en plus dans la vie professionnelle et même si les hommes assument davantage de charges domestiques, la suprématie féminine dans la sphère familiale reste la figure d'avenir la plus probable. À l'horizon des sociétés démocratiques ne se profile pas la commutation des rôles familiaux des deux genres mais le mariage de la tradition et de la modernité, la reconduction des normes différentielles de sexe mais réaménagées, recyclées par celles du monde de l'autonomie. La révolution de l'égalité n'est pas le fossoyeur de la division sexuelle des rôles, elle est ce qui la rend compatible avec les idéaux de la modernité.

IV

*Vers une féminisation
du pouvoir ?*

1

FEMMES MANAGERS,
FEMMES POLITIQUES

La question du pouvoir féminin hante l'imaginaire masculin. Déjà certains mythes primitifs évoquent des situations d'état originel marqué par la suprématie des femmes ; et les légendes ne manquent pas qui mettent en scène les monstres femelles, les mères ogresses, la puissance diabolique des sorcières. *Vagina dentata*, mante religieuse, femme fatale : depuis les temps les plus reculés s'exprime la thématique du pouvoir funeste du féminin.

Les modernes également ont largement reconnu l'empire du féminin : souveraineté des belles sur leurs amants, gouvernement de l'ombre, influence des mères sur les enfants, règne des femmes sur les mœurs et les modes. À quoi s'ajoute, au XIXe siècle, la doctrine du matriarcat primitif selon laquelle le pouvoir politique aurait été détenu, dans les temps préhistoriques, par les femmes. Sans doute les modernes ont-ils tenu systématiquement les femmes à l'écart du pouvoir politique et économique, mais dans le cadre de la sphère privée les pouvoirs féminins ont gagné un prestige, une dignité sociale inconnus des époques antérieures.

Où en sommes-nous à présent ? À l'évidence, la question se pose en des termes nouveaux et se déploie avec une intensité jamais atteinte. Depuis le fond des âges, l'exclusion des femmes des sphères supérieures du pouvoir allait de soi : on ne cesse plus de s'en indigner. On jugeait naturel que les femmes soient « à la maison » ; on trouve maintenant scandaleux le fait qu'il y ait si peu d'élues au Parlement. Tandis que se multiplient les actions en faveur de la parité entre les sexes dans les assemblées politiques, l'idée gagne que les femmes vont régénérer la politique et changer l'exercice de l'autorité dans les entreprises. L'époque s'achève qui vouait les femmes aux rôles subordonnés. De nos jours, les hommes plébiscitent la pleine participation des femmes à la vie politique et ne se sentent plus déshonorés d'obéir à une femme dans le cadre de l'activité professionnelle. Un nouveau féminisme voit le jour qui revendique le pouvoir à égalité avec les hommes, qui s'emploie à réconcilier les femmes avec le plaisir de gagner et l'esprit de compétition, qui les invite à partir à l'assaut de la hiérarchie en se débarrassant de leurs anciennes inhibitions. Après le féminisme victimaire, l'heure est venue d'un « féminisme du pouvoir[1] ».

Sans doute, des deux côtés de l'Atlantique, des discours dénoncent les nouvelles entreprises de culpabilisation des femmes, la remise en cause des acquis des années « conquérantes », le « retour de bâton » dont est victime le deuxième sexe. Mais en même temps d'autres voix annoncent le « séisme des genres », l'inéluctable recul de l'empire masculin, la montée des femmes dans les sphères du pouvoir tant économique que politique. Par où la « guerre contre les femmes » soulignée par diverses féministes ne serait qu'une des faces d'une réalité plus complexe marquée aussi bien par la « guerre contre les hommes ». « Malaise masculin : le deuxième sexe de demain », titrait il y a peu *The Economist*, au moment où des experts en prospective pronostiquent, non sans triomphalisme, la conquête des centres de décision par les femmes : bientôt on se moquera de la « naïveté des hommes et des femmes des années 80 qui croyaient qu'un plafond invisible empêcherait à jamais les femmes d'atteindre le sommet[2] ». Mâles fragiles, femmes performantes, à l'horizon

1. Naomi Wolf, *Fire with Fire*, *op. cit.*
2. John Naisbitt et Patricia Aburdene, *Méga Tendances 1990-2000 ; ce qui va changer*, Paris, First, 1990, p. 245.

des démocraties se profilerait la féminisation du pouvoir, ultime étape de la dynamique égalitaire moderne.

Cette perspective optimiste ne manque pas d'arguments. Désormais, dans les pays développés, on compte davantage d'étudiantes que d'étudiants, les filles pénètrent de plus en plus dans les bastions traditionnellement réservés aux garçons et représentent près de la moitié des effectifs des écoles de commerce. Dans l'entreprise, les femmes cadres ont atteint ou se rapprochent de la masse critique dans plusieurs pays de l'OCDE. Leur pourcentage dans les postes de gestion et d'administration est passé, entre 1974 et 1986, de 15,9 à 34,5 au Canada, de 8,8 à 20 en Suède, de 18,5 à 37,05 aux États-Unis, de 15 à 20,9 en RFA. En France, au cours des années 80, près de la moitié des nouveaux postes de cadre ont été occupés par des femmes. Entre 1968 et 1990, le taux de féminité des « professions libérales et cadres » est passé de 18 % à 30,7 %. À quoi s'ajoute l'essor de l'entrepreneurship féminin : au Canada, les femmes créent 3 fois plus d'entreprises que les hommes ; déjà à la fin des années 80, 1 entreprise sur 3 était possédée par une femme, 1 sur 2 le sera en l'an 2000.

Cette progression des femmes s'accompagne de nouvelles incitations à gravir les marches de la hiérarchie. Tandis que les journaux pour *executive women* se développent, des ouvrages à succès se multiplient qui proposent aux femmes des « recettes » en vue de leur avancement, des conseils pratiques et psychologiques pour accéder aux postes de décision. Le modèle de la femme effacée et conciliante se trouve de plus en plus concurrencé par celui de la « battante ». La culture compétitive du défi et de la stratégie de carrière a fait son entrée dans l'univers féminin. Réussir dans les organisations, viser les postes de responsabilité est devenu un objectif féminin médiatisé et socialement légitime.

L'avenir s'annonce-t-il donc inéluctablement sous les traits de la féminisation du pouvoir ? À observer les données actuelles, rien n'est moins sûr. Dans la plupart des pays, la politique reste un univers largement fermé aux femmes : à l'exception des pays nordiques, les nations européennes élisent entre 6 et 20 % de députées. Partout en Europe, les femmes représentent le tiers des adhérents des partis politiques, mais à peu près partout elles sont sous-représentées dans les instances dirigeantes de ceux-ci. Dans tous les gouvernements, sauf scandinaves, les femmes sont minoritaires et se trouvent le plus souvent chargées de secteurs considérés comme « féminins » ; rares sont les femmes ministres qui exercent les fonctions régaliennes. La constatation est banale : la politique demeure une affaire d'hommes.

La mise à l'écart des femmes n'est pas moins manifeste dans le monde des affaires. S'il est vrai que le personnel d'encadrement féminin des entreprises ne cesse d'augmenter, les échelons supérieurs de la hiérarchie demeurent, eux, masculins. Aux États-Unis, les femmes occupent entre 30 et 40 % des postes de gestion mais cette proportion tombe à moins de 5 % au niveau des conseils d'administration et des directions générales des grandes entreprises[1]. En 1989, on ne trouvait que 3 femmes à la tête des *Fortune 500*, les 500 plus grandes entreprises américaines. Dans l'administration publique, les femmes ne représentent que 1 % de la haute hiérarchie. Seulement 1 % des cadres gagnant plus de 200 000 dollars par an sont des femmes. Cette rareté des femmes dans les postes de direction a ceci de caractéristique qu'elle se retrouve dans tous les pays. Au Canada comme en Allemagne ou en Grande-Bretagne, la représentation masculine dans les conseils d'administration dépasse 95 % ; parmi les 30 femmes présentes dans les conseils d'administration des 100 plus grandes sociétés britanniques, 26 ne sont pas des décideurs. Parmi les 800 dirigeants des 100 plus grosses compagnies britanniques, les femmes sont au nombre de 12 et aucune ne fait partie des 20 salariés les mieux rémunérés.

En France — comme en Allemagne ou en Grande-

1. A. M. Morrison, « Women and Minorities in Management », *American Psychologist*, février 1990 ; G. N. Powell, « One More Time : Do Female and Male Managers Differ ? », *Academy of Management Executive*, IV, 3, 1990.

Bretagne — aucune femme ne dirige l'une des 200 premières entreprises. À peine 5 % des 300 premiers groupes français ont une femme dans leur direction générale. Tandis que la catégorie de cadres dirigeants ne compte que 5 % de femmes, plus de 60 % des entreprises privées n'ont aucune femme à un poste de direction. Sur les 2 261 mandats d'administrateur des 200 premières entreprises françaises, 58 ont été attribués à des femmes[1]. Dans les entreprises publiques, la proportion des femmes dirigeantes est tout aussi réduite : 1 % à la SNCF et à EDF-GDF ; 3 % à la RATP[2]. La présence marginale des femmes au sommet de la pyramide est un phénomène universel, très fortement marqué, aussi manifeste dans le secteur public que dans le secteur privé : plus on monte dans l'échelle hiérarchique, moins il y a de femmes.

De surcroît, depuis vingt ans aucun progrès significatif n'est décelable, à contre-courant de la féminisation croissante des études supérieures. Aux États-Unis, il y avait en 1978 10 femmes parmi les 6 400 grands responsables et directeurs les mieux rémunérés ; en 1990 elles étaient 19 sur 4 000. La même année les femmes et les minorités représentaient moins de 5 % des plus hauts postes de management contre 3 % en 1979. Dans la fonction publique au Québec, la présence des femmes dans la haute direction n'augmente que de 1 % par an environ et ce rythme a tendance à ralentir depuis 1983. Sans doute les femmes créent-elles de plus en plus leurs propres entreprises, mais celles-ci, significativement, sont petites, emploient rarement plus de 5 salariés et sont surreprésentées dans le secteur du commerce et des services : au Canada, au milieu des années 80, 50 % de ces entreprises avaient un chiffre d'affaires de moins de 100 000 dollars[3].

Le constat s'impose : en dépit du discrédit de la culture

1. *Le Monde*, 8 mars 1996.
2. Hélène Y. Meynaud, « L'accès au dernier cercle », *Revue française des affaires sociales*, n° 1, janvier-mars 1988, p. 67-88.
3. Hélène Lee-Gosselin et Monica Belcourt, « Les femmes entrepreneuses », in *Prendre sa place : les femmes dans l'univers organisationnel*, Ottawa, Agence d'Arc, 1991, p. 55-88.

machiste, de la féminisation des diplômes, de la promotion d'un leadership d'animation et de communication, rien ou presque rien ne change dans la participation des femmes au cercle des décideurs. Les postes de commande restent détenus à peu près exclusivement par les hommes, tout se passant comme si un « plafond de verre » (*glass ceiling*) bloquait systématiquement les femmes à partir d'un certain niveau. Le fait le plus marquant n'est pas la percée des femmes au sommet, mais la persistance de leur mise à l'écart et la reproduction sociale du pouvoir masculin.

Comment interpréter cette exclusion persistante des femmes des sphères dirigeantes ? Un certain rationalisme progressiste invite à ne voir dans ce phénomène qu'un archaïsme voué peu à peu à se résorber sous la pression des forces de la modernité : le pouvoir, à l'instar d'autres domaines, devrait cesser inexorablement d'être l'apanage d'un seul sexe. Il est en effet peu imaginable, compte tenu de l'état des mentalités et de l'évolution des qualifications scolaires et professionnelles des femmes que celles-ci restent en proportion aussi modique au sommet de la hiérarchie : leur progression dans les postes de direction est hautement probable. Mais quelle progression ? Raz-de-marée ou avancée limitée ne modifiant qu'à la marge la position respective des deux genres ? Toute la question est là : la « révolution démocratique » réussira-t-elle à mettre fin à la traditionnelle mainmise des hommes sur les sphères du pouvoir ? À l'échelle du prévisible, parviendra-t-elle à instaurer une réelle mixité des élites politiques et économiques ?

L'ENTREPRISE CONTRE LES FEMMES ?

Le phénomène du *glass ceiling* est fréquemment expliqué, non sans raison, à partir de la persistance de stéréotypes sexuels qui écartent les femmes de certains postes, qui les enferment dans un répertoire d'attitudes socialement acceptable, qui créent des conflits de rôle entre féminité et compétence, qui déforment l'évaluation de leur performance. Ainsi les hommes cadres continuent-ils d'associer la réussite professionnelle à des qualités habituellement attribuées aux hommes[1] ; ainsi juge-t-on toujours les femmes « trop » émotionnelles, moins battantes que les hommes, mal adaptées à l'encadrement des unités de production, moins capables d'esprit d'initiative, moins impliquées dans l'entreprise. Autant d'images sexistes qui empêchent, en particulier, les décideurs d'apprécier « objectivement » la compétence et les performances des femmes[2]. Déformant la perception que les supérieurs ont du potentiel des femmes, les stéréotypes sexuels les défavorisent dans leur avancement, leur font subir la pratique du « deux poids, deux mesures » et les assignent à des fonctions moins valorisées, moins diversifiées, moins décisionnelles. En outre, parce que les dirigeants trouvent plus difficile de critiquer les performances d'une femme que celles d'un homme[3], les femmes cadres ont moins de *feed back*, moins de possibilités d'apprendre, de se corriger et de progresser.

Les préconceptions sexuées ne dressent pas seulement des barrages à la mobilité verticale des femmes, elles constituent aussi bien des barrières à leur mobilité latérale. Nombre d'études ont montré que les femmes cadres se trouvaient recrutées et concentrées dans les postes fonctionnels de l'entreprise (ressources humaines, communica-

---

1. V. E. Schein, « Relationships between Sex Roles Stereotypes and Requisite Management Characteristics among Female Managers », *Journal of Applied Psychology*, vol. XXXI, 1975, p. 259-268 ; O. C. Brenner, J. Tomkiewicz, V. E. Schein, « The Relationship between Sex Roles Stereotypes and Requisite Management Characteristics Revisited », *Academy of Management Journal*, vol. XXXII, n° 3, 1989, p. 662-669.

2. E. D. Pulakos et K. N. Wexley, « The Relationship among Perceptual Similarity, Sex and Performance Ratings in Manager-Subordinate Dyads », *Academy of Management Journal*, vol. XXVI, n° 1, 1983, p. 129-139 ; T. L. Ruble, R. Cohen et D. N. Ruble, « Sex Stereotypes », *American Behavioral Scientist*, XXVII, 3, 1984, p. 339-356.

3. A. Harlan, C. L. Weiss, « Sex Differences in Factors Affecting Managerial Career Advancement », in P. A. Wallace, *Women in the Work Place*, Boston, Auburn House, 1982.

tion, informatique, planification, finance) traditionnellement considérés comme adaptés au féminin, beaucoup
plus rarement dans les fonctions opérationnelles (production, commercial), associées précisément aux qualités masculines d'énergie, de combativité, de décision, d'implication maximale. Le marketing, où les femmes occupent une
place importante, constitue la seule exception à cette
règle. Ailleurs, la logique de ségrégation est manifeste :
dans les 500 plus grandes entreprises américaines, les
femmes cadres supérieures sont 10 fois plus nombreuses
dans les départements Ressources humaines que dans les
fonctions Production. Jugées trop émotives, mal adaptées à
un monde agressif, mal acceptées par divers partenaires de
l'entreprise, les femmes sont affectées à des responsabilités
fonctionnelles et leur mouvement vers les positions opérationnelles est peu fréquent. Or l'expérience acquise dans
les postes opérationnels est généralement considérée
comme la voie royale pour gravir les marches supérieures
de la hiérarchie : là réside une des raisons déterminantes
du blocage des femmes dans la pyramide des entreprises[1].
Cantonnées dans les carrières fonctionnelles, privées
d'une expérience large et variée les plaçant au centre vital
de l'entreprise, les femmes n'accèdent qu'exceptionnelle-
ment au sommet de la hiérarchie : le *glass ceiling* est
d'abord un *glass wall*[2].

Si les jugements sociaux défavorables aux femmes
trouvent leur racine profonde dans l'histoire, ils peuvent
également être renforcés, voire produits par les structures
et les pratiques organisationnelles. On doit aux travaux
désormais classiques de Rosabeth Moss Kanter d'avoir mis
en évidence le déterminisme spécifique des organisations

---

1. Une enquête américaine portant sur les femmes ayant brisé le « plafond de verre » révèle que 3 sur 4 d'entre elles occupaient en 1990 des fonctions opérationnelles (voir Terri A. Scandura, *Breaking the Glass Ceiling in the
1990s*, Department of Labor, Women's Bureau) ; L. Larwood et V. E. Gatti-
ker, « A Comparison of the Career Paths Used by Successful Women and
Men », in B. A. Gutek et L. Larwood, *Women's Career Development*, Newbury
Park, Sage, 1987, p. 129-156.
2. « On the Line : Women's Career Advancement », Catalyst, 1992,
p. 12-20.

tant sur le comportement des femmes que sur le comportement des hommes vis-à-vis des femmes. Le fait que les femmes figurent dans une proportion si faible au plus haut niveau de la hiérarchie managériale ne tient nullement à leur personnalité intrinsèque mais à la tendance organisationnelle au refus de l'hétérogénéité des groupes. S'efforçant de réduire l'incertitude des évaluations et des communications dans les sphères de responsabilité, les organisations recherchent l'homogénéité de leurs membres, engagent, cooptent, font gravir ceux qui leur ressemblent dans le genre, les mentalités, les comportements, l'apparence, et excluent ceux qui apparaissent « différents ». L'incertitude des décisions crée une pression à la similitude au sommet, dont sont victimes les femmes perçues comme « autres », moins engagées dans l'entreprise, incompréhensibles et imprévisibles. La rareté des femmes aux postes de commande résulterait de ces mécanismes de « reproduction homosexuelle et homosociale » propre aux grandes organisations modernes[1].

De même, c'est de la stricte distribution numérique des femmes dans l'entreprise, et plus exactement de leur situation de minoritaires, qu'il faut partir pour comprendre leur difficulté à parvenir aux postes de direction. Cette configuration minoritaire/majoritaire recoupant la différence femmes/hommes conduit ceux-ci à exagérer leurs différences avec les femmes, à les enfermer dans certains rôles, à les étiqueter et les considérer davantage comme des symboles du sexe féminin que comme des personnes individuelles[2]. Groupe minoritaire, les femmes ont davantage de visibilité que les hommes, leurs comportements sont systématiquement examinés, remarqués et jugés. Craignant d'être le point de mire de tous, de voir leur identité de femme attaquée, nombre de femmes évitent les situations conflictuelles et les risques, adoptent un profil bas, effacé, conforme au stéréotype traditionnel féminin. Avec

1. Rosabeth Moss Kanter, *Men and Women of the Corporation*, New York, Basic Books, 1977, p. 63.
2. Les caractéristiques de la « femme alibi » en situation de minoritaire sont décrites par Rosabeth M. Kanter, *ibid.*, p. 206-242.

pour conséquence le fait d'être ignoré, d'avoir une médiocre image de compétence, de passer inaperçu auprès des supérieurs. La sous-représentation numérique des femmes engendre une tendance au retrait, à l'effacement : ce n'est pas la « peur du succès » qui pénalise les femmes mais la « peur de la visibilité ».

Les conséquences de la structure numérique des groupes ne s'arrêtent pas là. La situation de minoritaire rend plus difficile l'acculturation des femmes au monde de la gestion, essentiellement masculin, avec ses rites d'initiation, ses normes de comportements, ses valeurs, son style d'existence. Étrangères à la « tribu » mâle du management[1], les femmes sont privées de modèles d'identification, automatiquement suspectées, contraintes de se montrer plus performantes que leurs collègues masculins pour établir leur crédibilité. Évoluant dans un monde dirigé par des hommes, les femmes se trouvent exclues des réseaux informels du pouvoir, privées d'informations privilégiées, mal préparées aux jeux et aux stratégies politiques de l'entreprise, au *lobbying* et au *bargaining* qui conditionnent l'accès aux postes de direction. Coupées des contacts informels de communication et de soutien, les femmes bénéficient plus difficilement que les hommes de l'appui de mentors ou de sponsors majoritairement masculins. Depuis longtemps, le lien existant entre succès professionnel et parrainage a pu être montré. Dans les années 70, 2 dirigeants sur 3 des plus grandes entreprises américaines reconnaissaient avoir été soutenus par au moins un mentor, et que cela avait eu pour résultat notamment le fait qu'ils avaient obtenu un plus haut salaire, plus vite[2]. Les femmes n'échappent pas à cette règle. Une enquête de

1. Sur les femmes et la culture masculine de gestion, voir Gladys Symons, « Coping with the Corporate Tribe : How Women in Different Cultures Experience the Managerial Role », *Journal of Management*, XII, 3, automne 1986, p. 379-390 ; « Corporate Culture, Managerial Women and Organizational Change », in *Proceedings of the International Conference on Organizational Symbolism and Corporate Culture*, vol. II, Montréal, UQUAM, 1986, p. 95-108.
2. Enquête citée par Mary Ann Devanna, *Male/Female Careers. The First Decade*, Columbia University, 1984, p. 50.

1990 portant sur des femmes dirigeantes de haut niveau
révèle que 72 % d'entre elles ont bénéficié de la protection et des conseils d'au moins 1 mentor, 39 % ont été
appuyées par au moins 4 parrains au cours de leur carrière[1]. Mais les femmes ont moins d'opportunités que les
hommes de profiter de l'expérience d'un parrain masculin
du fait notamment des jugements de type sexuel que ces
rapprochements suscitent. Isolées, peu familiarisées avec
les *corporate games* et les dimensions cachées de l'entreprise,
les femmes sont freinées dans leur socialisation au rôle de
manager.

Vers des stéréotypes faibles

Si les clichés sexuels constituent des barrières persis-
tantes à l'ascension hiérarchique des femmes, cela ne signifie pas que rien n'ait changé. Jamais, de fait, les stéréotypes
de sexe n'ont été à ce point ébranlés et mis en accusation.
Ne se reconnaissant plus dans l'idéal de la femme au foyer,
les femmes revendiquent maintenant l'égalité professionnelle avec les hommes, le « droit à la carrière », le droit
d'exercer tous les emplois et toutes les responsabilités.
Avoir une ambition professionnelle, exercer le pouvoir
n'est plus antinomique avec les aspirations féminines. Corrélativement, la supériorité hiérarchique n'est plus « naturellement » attachée au sexe masculin. Jusqu'aux années
60, 80 % des hommes, en France, refusaient l'idée d'être
placés sous commandement féminin[2]. Au même moment,

1. Terri A. Scandura, *Breaking the Glass Ceiling in the 1990s*, Department of
Labor, p. 28. Sur l'importance des mentors et ses difficultés concernant les
femmes, voir K. E. Kram, « Phases of the Mentor Relationship », *Academy of
Management Journal*, XXVI, 1983, p. 608-625 ; G. F. Dreher et R. A. Ash, « A
Comparative Study of Mentoring among Men and Women in Managerial,
Professional and Technical Positions », *Journal of Applied Psychology*, LXXV,
1990, p. 531-546 ; D. J. Brass, « Men's and Women's Networks : A Study of
Interaction Patterns and Influence in an Organization », *Administrative
Science Quarterly*, 1985, p. 327-343.
2. P.-H. Chombart de Lauwe, *Images de la femme dans la société*, Paris, Les
Éditions Ouvrières.

2 cadres hommes sur 3, aux États-Unis, reconnaissaient qu'ils vivraient mal le fait de travailler sous l'autorité d'une femme ; 50 % des hommes affirmaient que les femmes étaient inaptes par tempérament aux postes d'encadrement[1]. Même si tous ces stéréotypes ne sont pas caducs, comment ne pas voir qu'ils sont sur une pente déclinante : d'ores et déjà 66 % des Québécois et 60 % des Français (cadres et étudiants tous sexes confondus) se déclarent indifférents au sexe de leur supérieur hiérarchique. Confirmant cette évolution, seuls 2 % considèrent que « l'autorité hiérarchique, c'est une affaire d'hommes » ; on ne trouve que 5,5 % de la population étudiée pour soutenir qu'une femme arrivée à un poste de direction « a su utiliser à son avantage le fait d'être femme », le plus grand nombre considérant, au contraire, « qu'elle est compétente[2] ». Sous l'action croisée du discrédit des principes machistes, de la spirale des valeurs égalitaires et concurrentielles — mais non de changements dans la distribution numérique des femmes au pouvoir —, l'équation pouvoir = masculin a perdu de son ancienne évidence. L'égalité méritocratique a réussi à disqualifier le modèle de la hiérarchie des sexes et le stéréotype de l'homme chef. Nous vivons cette époque historique exceptionnelle où le pouvoir ne se pense plus exclusivement au masculin, où l'autorité institutionnelle des femmes ne suscite plus de rejet de principe de la part des femmes comme de la part des hommes.

Pour autant, les images sexistes ne sont pas des archaïsmes qui s'élimineront mécaniquement au fur et à mesure de la progression des mœurs individualistes et de l'augmentation des femmes dans les postes de cadres. Considérer les stéréotypes comme des « restes » d'une époque révolue revient à projeter l'utopie d'une société hyperrationnelle, faite d'individus strictement fonctionnels,

---

1. Cité par Rosabeth Moss Kanter, *Men and Women of the Corporation*, op. cit., p. 198.
2. Françoise Belle, *Les Femmes cadres : motivations au travail et images du pouvoir. Une comparaison France/Québec*, Direction des Enseignements supérieurs, rapport non publié, 1994.

d'une société où la différence des sexes se réduirait à la seule différence anatomique, délivrée de tout codage social « arbitraire ». Hypothèse invraisemblable tant l'attribution de traits typiques aux deux sexes apparaît comme un phénomène universel, consubstantiel à l'institution même des sociétés humaines. Comment imaginer que les progrès scolaires et les idéaux égalitaires, même doublés d'une croissance numérique des femmes dans l'entreprise, soient capables de mettre fin à la loi transhistorique du marquage social des sexes ? L'époque dominée par la rationalité instrumentale et méritocratique n'abolira pas les attentes préférentielles et les images différentielles liées au sexe. L'entreprise transparente fonctionnant au-delà de la division imaginaire et symbolique des sexes est un mythe moderne au même titre que la société sans classes.

Un changement récent se rapportant aux représentations du pouvoir révèle la force du processus de recomposition sociale des stéréotypes sexuels à l'intérieur même de nos sociétés. Depuis quelques années est apparu un nouveau type de discours ayant pour caractéristique de célébrer la spécificité du pouvoir féminin dans les organisations. Les femmes qui exercent des fonctions de direction auraient une préférence pour un modèle de gestion plus « démocratique », elles agiraient de manière plus collégiale que les hommes, et prendraient davantage en compte la dimension humaine des problèmes. Volonté de partager le pouvoir, effort pour valoriser les personnes, sensibilité aux relations interpersonnelles, telle serait la gestion au féminin[1]. Un nouveau mythe se construit, reposant sur l'idée que les femmes vont humaniser l'entreprise, créer des lieux de travail plus harmonieux et plus épanouissants, moins autocratiques et plus communicationnels. L'intéressant ici tient au fait que le mythe s'élabore à partir des qualités traditionnellement attribuées aux femmes, sensibilité, intuition, souci des autres, orientation vers les personnes. Le thème « gérer au féminin » apparaît typiquement

1. *Gérer au féminin*, sous la dir. de Micheline Plasse et Carolle Simard, Montréal, Agence d'Arc, 1989 ; Judy B. Rosener, « Ways Women Lead », *Harvard Business Review*, nov.-déc. 1990, p. 119-125.

comme un nouvel imaginaire social édifié sur le sol des stéréotypes sexuels, non comme un constat s'appuyant sur de
réelles observations[1]. Au moment où le leadership féminin
gagne une légitimité sociale, les clichés différentiels, loin
de s'éclipser, se recomposent : le stéréotype de la femme
soumise par nature à l'homme s'effondre, un autre vient
aussitôt réinscrire la différence des sexes dans la sphère
même du pouvoir, ouverte désormais, en principe, aux
femmes. Tout se passe comme si la nouvelle légitimité du
pouvoir féminin ne pouvait s'affirmer socialement qu'en
se moulant dans l'image archétypale du féminin. Le
monde de la rationalité méritocratique ne fait pas disparaître les mythes de sexes, tout au plus réussit-il à les recycler en phase avec les nouveaux idéaux démocratiques
féministes.

Rien de nouveau sous le soleil ? Évidemment non. Si
l'idée de disparition des stéréotypes sexuels n'a guère de
consistance, en revanche tout indique que leur mode
d'action, leur puissance d'influence et de discrimination
ne se reproduisent plus à l'identique. L'originalité de
l'époque ne réside pas dans l'agencement d'entreprises
transparentes mais dans l'avènement de structures de pouvoir dans lesquelles les clichés sexués auront une moindre
capacité d'infériorisation, de hiérarchisation et d'exclusion. D'ores et déjà, le leadership féminin suscite beaucoup moins de jugements péremptoires et hostiles ; ce
mouvement devrait s'accentuer avec la féminisation des
diplômes supérieurs ainsi que la montée des référentiels
égalitaires et méritocratiques. En lieu et place de pré-

1. Les résultats des recherches empiriques sur la question sont souvent
contradictoires. Certaines études soulignent l'existence d'un style féminin
de gestion, d'autres ne montrent aucun style particulier propre aux femmes.
Lorsque des différences apparaissent, elles sont loin d'être homogènes
d'une étude à l'autre ; voir G. H. Dobbins et S. J. Platz, « Sex Differences in
Leadership : How Real Are They ? », *Academy of Management Review*, XI, 1986,
p. 118-127 ; A. M. Morrison, R. P. White et E. Van Velsor, « Executive
Women : Substance Plus Style », *Psychology Today*, août 1987, p. 18-26 ;
W. R. Todd-Mancillas et Ana Rossi, « Gender Differences in the Management of Personnel Disputes », *Women's Studies in Communication*, 8, 1985,
p. 25-33 ; G. N. Powell, « One More Time... », art. cité, p. 68-74.

conceptions inscrites en lettres majuscules, nous avons des *représentations faibles* ne fermant plus de façon rédhibitoire l'accès des femmes aux secteurs et aux postes traditionnellement masculins : la culture postmoderne se caractérise par un processus de baisse tendancielle de l'emprise des « prêts-à-penser » relatifs aux sexes, elle coïncide avec l'essor des stéréotypes *mous*. À l'âge des relégations et répartitions strictes fondées sur le sexe se substitue une culture privilégiant de plus en plus la *personnalité* même des sujets. Moins de dominance des clichés de sexe, plus de poids accordé à l'individualité et à ses talents, telle est la pente des nouveaux temps individualistes. Cette métamorphose ne signifie nullement que les blocages à l'accession des femmes aux échelons les plus élevés se sont dissipés mais qu'ils ne sont plus infranchissables. Et si la place des femmes dans les postes de niveau supérieur doit dépendre encore longtemps des barrages conscients ou inconscients dressés par les hommes, elle sera de plus en plus fonction des motivations et des goûts, des arbitrages et choix de vie des femmes elles-mêmes.

D'autant plus que les stéréotypes sexuels résistent davantage à la base qu'au sommet : les tâches d'exécution restent plus marquées par les clichés sexuels que les fonctions supérieures. On est finalement moins surpris de voir une femme chef d'État que maçon ou plombier ; une femme dirigeante d'entreprise étonne moins qu'une femme peintre en bâtiment ; une étudiante à l'ENA fait infiniment moins événement qu'une jeune fille préparant un CAP d'électricité ou de mécanique. Sans doute les filières universitaires sont-elles marquées par le clivage des sexes (filières techniques à dominance masculine ; filières « humanités » à dominance féminine), mais à un moindre degré que dans l'enseignement professionnel. Les filles constituaient 5 % des effectifs des écoles d'ingénieurs en 1968, mais déjà 19 % en 1989. Fût-elle lente et limitée, la pénétration des filles dans les bastions masculins supérieurs se concrétise. Plus s'accroît la part de manipulation de symboles et d'immatériel, plus les stéréotypes faiblissent ; plus s'affirme la matérialité des processus de production, plus les mécanismes sexistes dominent. Les stéréotypes sont désormais moins ségrégatifs en haut qu'en bas de la hiérarchie.

Les images misogynes, dans l'entreprise, ne disparaîtront pas mais constitueront de moins en moins les freins les plus puissants à l'accession des femmes aux postes de direction. Ce n'est pas seulement l'évolution plus égalitaire des mœurs qui autorise cette hypothèse mais les nouvelles exigences du management soucieux de ne pas se priver des réserves de talents, de recruter et retenir les meilleurs éléments. Leitmotiv actuel : l'entreprise performante doit être flexible, pallier les difficultés des femmes, augmenter leur représentation dans les étages supérieurs de la hiérarchie, modifier ses structures, sa culture, ses pratiques de gestion afin de développer le plein potentiel de ses ressources humaines. Diverses entreprises américaines, notamment, mettent ainsi en place des politiques de « discrimination positive », au bénéfice des femmes cadres. D'autres organisent des programmes de sensibilisation du personnel afin de combattre les stéréotypes sexuels, changer les opinions et les valeurs, réduire les tensions hommes-femmes. D'autres encore favorisent la rotation et la mobilité des femmes des postes fonctionnels vers des postes opérationnels pour enrichir leur expérience et permettre leur avancement. Ici et là apparaissent des *mentoring programs* et autres *accountabily programs* faisant dépendre la rémunération des responsables de leur capacité à concrétiser la promotion des femmes. Une dynamique en faveur de la progression de carrière des femmes se déploie qui correspond aux nouveaux besoins de l'entreprise au moment où celle-ci se doit de construire sa propre légitimité institutionnelle, valoriser son image externe et interne, optimiser ses gisements de créativité.

Ces nouvelles orientations de l'entreprise ont valeur de symptôme : elles signifient que les stéréotypes sexués apparaissent maintenant comme des défis managériaux, des « coûts cachés », des rigidités faisant obstacle aux impératifs d'anticipation et d'adaptation de l'entreprise. Longtemps les stéréotypes de la hiérarchie des sexes ont pu se concilier avec la rationalité bureaucratique des entreprises modernes : aux femmes, vouées prioritairement aux responsabilités familiales, revenaient les postes subalternes ; aux hommes, les postes de commandement. En contradiction avec l'idéal d'une hiérarchie rationnelle fondée sur des règles impersonnelles et la seule compétence des acteurs sans référence à leur statut sexuel, cette répartition assurant la prééminence masculine pouvait néanmoins être légitimée rationnellement du fait des rôles « naturellement » différents attribués aux deux sexes. En principe neutre et méritocratique, l'entreprise reconduisait le schéma traditionnel de la subordination de la femme à l'homme. Ce cycle touche maintenant à ses limites, les stéréotypes sexuels s'imposant comme des barrières « irrationnelles », antinomiques avec l'impératif d'optimisation des performances. Si les dénonciations du *glass ceiling* traduisent une nouvelle poussée des revendications égalitaires, elles expriment tout autant la nouvelle dynamique de la rationalité instrumentale compétitive désormais en voie de se délester du principe « archaïque » de la hiérarchie des sexes. Au moins sur le plan des principes, la rationalité entrepreneuriale a réussi à dicter sa loi à la logique sociale de la différence des rôles sexuels.

L'augmentation des femmes cadres, la lutte contre les stéréotypes sexuels et les mesures de discrimination positive réussiront-elles à briser le « plafond de verre » ? Rien n'est moins sûr. D'abord la place minoritaire des femmes dans les entreprises, telle que l'entend Rosabeth Moss Kanter, n'explique pas à elle seule les stéréotypes qui nuisent à leur avancement : ceux-ci s'enracinent dans des logiques identitaires et culturelles qu'une nouvelle répartition numérique des genres ne fera pas mécaniquement disparaître. Ensuite les programmes d'action positive destinés à faire accéder les femmes aux postes de direction ne constituent pas une solution univoque tant pour l'entreprise que pour les femmes elles-mêmes. Les systèmes de quotas peuvent en effet provoquer du ressentiment de la part des hommes et faire fuir certains d'entre eux se considérant injustement pénalisés. Les entreprises s'engageront-elles durablement dans cette voie ne permettant pas a priori de récompenser les meilleurs ? Le doute est permis. Contraints de surcroît d'honorer des objectifs quantitatifs, les dirigeants peuvent toujours sous-employer les talents des femmes promues, considérant que leur avancement tient à l'opportunité du programme plutôt qu'à leur réelle qualification. Enfin les femmes qui bénéficient des politiques de traitement préférentiel ne se trouvent pas nécessairement dans les meilleures conditions psychologiques du succès organisationnel, dominées qu'elles sont parfois par un sentiment de culpabilité, par la perte de l'estime de soi, la tendance à la sous-estimation de leurs talents et la surestimation des attentes de la direction [1]. Autant de raisons qui conduisent à penser que les mesures volontaristes prises par l'entreprise ne seront pas suffisantes pour faire accéder les femmes, en grand nombre, aux fonctions de décideurs. Si, en la matière, la responsabilité de l'entreprise est engagée, celle des femmes ne l'est pas moins. Ce n'est pas la « bonne volonté » des managers qui fera reculer le *glass ceiling* mais la détermination des femmes à partir à l'assaut de la pyramide. On ne crée pas des élites à coups de quotas : c'est seulement lorsque les femmes trouveront du sens à conquérir les plus hautes places managériales et s'engageront pleinement dans cette voie que commencera le déclin du « plafond de verre ». Au niveau du dernier cercle du pouvoir, aucune mesure organisationnelle ne réussira à changer la distribution sexuelle des places et ne remplacera la volonté de la femme-sujet de se hisser par elle-même aux plus hautes fonctions.

Si, de nos jours encore, les hommes et les femmes ne sont pas placés à égalité dans les compétitions du pouvoir, cette situation résulte moins du sexisme des entreprises que des normes de socialisation et des rôles domestiques impartis aux femmes. Par là, nous le verrons, cette dissymétrie n'est pas sur le point de se résorber. Cependant les

---

1. Carole Lamoureux et Line Cardinal, « Femmes et gestion : du succès organisationnel au succès psychologique », in *Prendre sa place, op. cit.*, p. 269-270 ; J. D. Yoder, « An Academic Women as a Token », *Journal of Social Issues*, vol. XLI, n° 4, 1985, p. 61-72.

transformations structurelles et culturelles dont nous sommes témoins laissent entrevoir la possibilité d'une brèche, fût-elle étroite, dans la citadelle masculine du *glass ceiling*. Notre époque est celle où les entreprises s'orientent vers l'ouverture des opportunités de carrière des femmes, où l'homme n'est plus le détenteur exclusif de l'autorité légitime, où les stéréotypes sexuels ne sont plus rédhibitoires, où les femmes ont les mêmes qualifications que les hommes, où les valeurs compétitives sont intériorisées par le deuxième sexe. Bouleversements si considérables qu'il est peu vraisemblable que les femmes au top niveau de la hiérarchie puissent longtemps encore stagner dans une proportion aussi faible.

LES FEMMES ET LA REPRÉSENTATION POLITIQUE

Exclues du cercle des décideurs économiques, les femmes le sont également du monde de la représentation politique. Il n'est plus nécessaire d'insister sur l'affligeante situation de la France en la matière. Avec 5,5 % de femmes à l'Assemblée nationale et 4,9 % au Sénat, le Parlement français comptait proportionnellement moins de femmes en 1996 qu'en 1946. Lanterne rouge du Vieux Continent, notre pays apparaît sur ce plan au soixante-douzième rang mondial derrière de nombreux pays africains, asiatiques ou d'Amérique latine. Cela étant, même parmi les nations « développées », la France n'est qu'une exception relative, nulle part les Parlements n'étant composés à égalité d'hommes et de femmes. En 1993, les États-Unis comptaient 10,8 % de femmes dans leurs assemblées élues ; en Grande-Bretagne, le pourcentage s'élève à 9,2 %, en Espagne à 16 %, en Allemagne à 20,5 %. Seuls les pays nordiques font beaucoup mieux, mais partout domine la sous-représentation féminine dans les assemblées politiques.

Face à cette confiscation de la représentation politique

par les hommes, l'idée est souvent avancée que le monde politique est la dernière forteresse masculine, la sphère la plus machiste, la plus fermée aux femmes. Les témoignages des femmes politiques convergent qui font état des réactions paternalistes ou agressives de leurs collègues mâles, de leur courtoisie condescendante, de leur manière de les considérer plus comme des femmes que comme des responsables politiques. À quoi s'ajoutent les barrages qu'elles rencontrent au moment des candidatures et investitures aux élections. Autant d'attitudes qui font ressembler le monde politique à un monde « archaïque », « très en retard par rapport au monde des affaires[1] ». Jugement renforcé par le fait que les femmes cadres et les femmes politiques n'évaluent pas de la même manière leur monde respectif. Ces dernières, sans exception, dénoncent le machisme de leur parti. Les femmes cadres, jeunes, très scolarisées, sont loin de se montrer aussi sévères qui déclarent ne pas percevoir, sur le lieu de travail, de pratiques discriminatoires à leur égard[2]. De même, il ne manque pas de femmes dirigeantes, dans le monde des affaires, qui reconnaissent que leur parcours de carrière ne présente aucune différence significative par rapport à celui des hommes[3]. D'où l'idée que le monde politique est le plus réfractaire à la promotion des femmes leaders, qu'il sera le dernier à réaliser la parité entre hommes et femmes.

Ce point de vue est discutable. Geneviève Fraisse soutient que les femmes exercent plus facilement le pouvoir civil que le pouvoir politique et que l'accès au gouvernement ou à la direction des affaires leur est moins fermé que la représentation politique[4]. Les faits, même en

1. Propos cité par Mariette Sineau dans *Des femmes en politique*, Paris, Économica, 1988, p. 26.
2. L. E. Falkenberg, « The Perceptions of Women Working in Male Dominated Professions », *Canadian Journal of Administrative Sciences*, V, 2, 1988, p. 77-83.
3. Terri A. Scandura, *Breaking the Glass Ceiling in the 1990s*, rapport cité, p. 26.
4. Geneviève Fraisse, *Muse de la Raison : démocratie et exclusion des femmes en France*, Paris, Gallimard, coll. Folio, 1995, p. 321-354.

France, ne vérifient pas exactement cette appréciation. Pas une seule femme n'est aux commandes de l'une des 200 premières entreprises françaises. Dans les directions générales des plus grands groupes les femmes occupent moins de 5 % des postes et exercent des responsabilités surtout dans la communication, les ressources humaines ou la recherche. Dans les conseils d'administration, la présence des femmes est infime. De fait, le monde des grandes entreprises illustre davantage la persistance de la domination masculine que l'espace politique. Alors que la marginalisation politique des femmes connaît des exceptions, le phénomène du *glass ceiling*, lui, est universel. Les nations démocratiques placent parfois des femmes à la tête de leur gouvernement ; l'équivalent n'existe pas dans l'univers des très grandes entreprises. En Suède, 40 % des sièges au Parlement sont occupés par des femmes et le gouvernement depuis 1994 est composé à égalité d'hommes et de femmes, lesquelles détiennent des portefeuilles importants. En revanche, aucune grande firme n'est dans ce pays dirigée par une femme. En Norvège, 35 % des élus sont des femmes et plus de la moitié des places ministérielles leur reviennent. Mais la direction des grands groupes privés reste un fief masculin. Combien compte-t-on de femmes grands patrons, PDG de conglomérats et de multinationales ? Où trouve-t-on les Citizen Kane féminins ? Contrairement à une idée souvent exprimée, les femmes ont beaucoup plus accès au pouvoir politique qu'au sommet du monde des affaires, nulle part elles ne sont autant mises à l'écart qu'au faîte du pouvoir économique.

On l'a dit précédemment, cette situation a peu de chances de se perpétuer en l'état. Les femmes seront inévitablement en plus grand nombre dans les états-majors des entreprises et dans les parlements. Mais tout indique que la progression sera plus rapide et plus significative dans l'espace politique que dans l'espace économique et ce, en raison de facteurs tant psychologiques qu'idéologiques et politiques. Facteurs psychologiques : qu'on se rassure, il n'est pas question dans ce livre de réhabiliter l'idéologie de la « nature féminine » mais seulement de tirer certaines conséquences politiques de phénomènes observables dans une culture donnée et dans un temps donné. Sur le plan qui nous occupe ici, la plupart des témoignages des femmes politiques sont concordants : celles-ci n'ont pas exactement les mêmes motivations que leurs collègues mâles, elles n'entretiennent pas le même rapport qu'eux avec le pouvoir politique. Ces différences ont été souvent décrites : les femmes politiques sont plus pragmatiques et moins carriéristes que les hommes, moins fascinées qu'eux par les jeux du pouvoir, moins soucieuses d'obtenir des postes que de faire passer leurs idées et de réaliser des avancées concrètes[1]. Ce n'est pas dire que les femmes n'ont pas d'ambition, mais plutôt que celle-ci s'attache plus à la volonté d'aboutir qu'à obtenir des « places » et des honneurs : le pouvoir est davantage perçu comme un moyen que comme une fin en soi.

Si la passion du pouvoir pour le pouvoir n'est pas ce qui anime la plupart des femmes leaders, on peut faire l'hypothèse que les femmes manifesteront, à l'avenir, plus d'inclination à détenir des postes de responsabilité politique, lesquels s'exercent au service du bien commun, qu'à s'engager dans les luttes pour le dernier cercle des entreprises nettement moins chargé de sens idéal. Dans la mesure où les responsabilités de leader réduisent considérablement la part de la vie privée, il y a fort à parier que les femmes accepteront mieux ce « sacrifice » au nom de causes véhiculant un sens de progrès « pour les autres » que pour des fonctions marquées par le goût de la puissance pour la puissance. Quels que soient l'âpreté de la course aux places et le verrouillage masculin qui domine le monde politique, celui-ci a plus de chances, du coup, de mobiliser l'engagement des femmes que les compétitions au sommet des grandes firmes. La sphère politique et la vie

1. Mariette Sineau, *Des femmes en politique*, *op. cit.*, chap. III ; Évelyne Tardy, « Regards critiques de militantes sur des organisations syndicales et politiques », in *Prendre sa place*, *op. cit.*, p. 293-340 ; Françoise Giroud, *La Comédie du pouvoir*, Paris, Fayard, 1977 ; et, plus récemment, Élisabeth Guigou, *Être femme en politique*, Paris, Plon, 1997, p. 150-160.

économique des grands groupes laisseront demain une place plus large aux femmes, mais c'est sans doute dans cette dernière que la progression sera la plus lente, cela moins par résistance phallocratique que par moindre investissement féminin, moins par inhibition féminine que par retrait relatif vis-à-vis de fonctions où la logique de la puissance l'emporte de beaucoup sur la logique du sens.

D'autres phénomènes conduisent à la même conclusion. Un fait nouveau est apparu dans les démocraties occidentales : la faible représentation des femmes dans les assemblées politiques est devenue scandaleuse, objet de débats et de vives protestations. Tandis que le plus grand nombre se déclare favorable à des actions volontaristes en vue de la promotion des femmes dans la vie politique, les partis se trouvent plus ou moins contraints, image oblige, de proposer des mesures pour que cette situation choquante change. Rien de tel en ce qui concerne le *glass ceiling*. Le phénomène se perpétue sans déclencher de tempête : seulement des propos lénifiants des grands responsables économiques assurant que les choses vont changer sous peu. Grand débat public sur la parité des sexes en politique ; silence sur l'absence des femmes dans les états-majors des grandes entreprises : le contraste est frappant qui jouera en faveur des femmes politiques. Parce que les partis politiques doivent se soumettre au verdict des urnes, parce qu'ils ne peuvent pas ne pas prendre en considération les revendications émanant de la société civile, ils devraient assurer la promotion des femmes plus vite et plus efficacement que le monde des grands groupes privés, lesquels sont beaucoup moins soumis à ces pressions idéologiques et collectives.

À quoi s'ajoute un nouvel esprit du féminisme. Si, de nos jours, en France, les femmes sont aussi peu nombreuses dans les assemblées représentatives, cela ne tient pas uniquement à une tradition de monopole masculin sur la vie publique, mais aussi, fût-ce dans une moindre mesure, aux attitudes du néoféminisme qui, mobilisé sur les questions relatives au droit des femmes dans la vie privée, n'a pas revendiqué la participation au pouvoir, consi-

déré comme territoire impur, marqué au sceau de la domination et de l'oppression patriarcale. Cette époque est
dépassée : l'heure est aux combats féministes pour la
parité hommes/femmes en politique. Ce changement
d'attitude ne peut pas ne pas avoir d'effets sur la place des
femmes dans la vie publique. Il y aura demain une plus
grande proportion de femmes dans la sphère politique,
non seulement parce que les valeurs machistes déclinent
mais parce que les femmes luttent maintenant pour cet
objectif. On n'observe aucune revendication collective
similaire visant les élites économiques : à nouveau l'avantage est à la sphère politique.

La parité et la troisième femme

La situation est nouvelle. Aujourd'hui la mainmise des
hommes sur le territoire politique est devenue inacceptable. L'idéal démocratique a fait son œuvre, une très large
majorité de citoyens jugeant hautement souhaitable la participation des femmes aux grandes décisions de la chose
publique. Une seule question de fond demeure sur ce plan
conflictuelle dans notre pays : comment réaliser la promotion des femmes dans la vie politique ? Faut-il réviser la
Constitution, inscrire la parité dans la loi électorale, instaurer des quotas obligatoires, ou bien faut-il refuser ce qui
apparaît comme une entorse à notre tradition de l'égalité
des droits ? D'excellentes objections ont été avancées
contre les revendications politiques du différentialisme
féministe[1]. Nous les faisons nôtres, attachés que nous
sommes à l'idée d'unité du genre humain comme fondement de la citoyenneté moderne, à l'universalisme de la
règle de droit. Le fait paritaire est souhaitable, la parité en
droit ne l'est pas. Imposer un nombre égal d'hommes et
de femmes dans les assemblées élues ? Pourquoi, dans ce
cas, ne pas exiger bientôt l'application du même principe

---

1. Évelyne Pisier, « Universalité contre parité », *Le Monde*, 8 février 1995 ;
Élisabeth Badinter, « Non aux quotas des femmes », *Le Monde*, 12 juin 1996.

pour les autres communautés et dans les autres secteurs de la vie sociale, dans toutes les professions, dans tous les grades ? Et comment adhérer à une mesure qui préordonne la distribution de l'élite politique de la nation ? La sélection des élites dans une démocratie se fonde sur le talent, la compétition, l'égalité méritocratique, non sur l'appartenance à une communauté ou à un genre. Si on ne peut attendre des élites politiques qu'elles soient capables de combattre et de se prendre en charge elles-mêmes, de qui peut-on l'attendre ?

Quelle sera l'image d'élues dont la position résulte d'une sorte de « rente » liée au genre, d'un système d'assurance et de protection ? Les quotas permettront à un plus grand nombre de femmes de participer aux assemblées politiques, ils ne serviront guère à faire reculer les stéréotypes de la femme vulnérable ayant besoin d'être protégée. Au nom de l'égalité, c'est l'inégalité dans les représentations des genres qui trouvera un nouveau souffle. Non sans raison, nombre de femmes jugent dévalorisantes voire humiliantes des mesures exprimant l'incapacité des femmes à s'imposer par elles-mêmes sur la scène politique. À une époque où l'on insiste sur l'importance de l'estime de soi et de la reconnaissance, les nouvelles revendications féministes réinscrivent l'image du féminin comme « sexe faible », image peu adaptée à la reconnaissance égale des genres, à l'essor d'une nouvelle conscience identitaire, au recul des stéréotypes sexuels.

Quoi qu'il en soit, la marginalisation politique des femmes est devenue choquante, inadmissible, profondément archaïque tant elle apparaît en décalage avec l'évolution de la société civile. Pour corriger cette situation sans tomber dans les ornières du différentialisme, les tenants de la tradition républicaine proposent de faire de la parité non un principe constitutionnel mais une mesure d'exception à durée limitée [1]. Présenté de la sorte, le projet paritaire ne heurte plus de front, en effet, le fondement universaliste de nos valeurs. À ceci près qu'on ne voit pas quel gouvernement aura le courage politique, dans dix ans, de

1. Olivier Duhamel, « Guérir le mâle par le mal », *L'Express*, 6 juin 1996.

décréter caducs les quotas instaurés : la loi d'exception deviendra la règle de fait. Si l'on veut que le pouvoir politique soit partagé entre les sexes, peut-être faudrait-il commencer par s'en prendre à cette particularité française qu'est le cumul des mandats dont les hommes sont les bénéficiaires. Limitation drastique des mandats et des fonctions : la loi aurait le mérite de libérer les places accaparées par les hommes sans nier le fondement universaliste de la République et sans faire des femmes des élues de seconde zone.

La parité obligatoire constitue une régression naturaliste par rapport à l'idée de citoyenneté moderne, laquelle ne connaît ni homme ni femme, ni Noir ni Blanc, mais l'être humain en tant que tel, par-delà ses particularismes. Ajoutons que cette régression juridico-philosophique se double d'une régression en quelque sorte identitaire ou sociale-historique. La parité dans le droit ou la politique des quotas revient en effet à redéfinir les femmes comme une communauté, à les réinstituer en catégorie dont la place doit être déterminée a priori par réglementation politique. Autrement dit, le principe traditionnel de prédétermination par le social se trouve d'une certaine manière reconduit au moment où le modèle de la troisième femme se déploie selon une logique d'*indétermination* sociale et identitaire. La société civile sort, tant bien que mal, du monde structuré par l'ordre de la détermination collective, la démocratie paritaire nous y replonge, fût-ce au nom de l'égalité des sexes. Quotas et parité reterritorialisent la différence des sexes, ils véhiculent l'ancienne représentation de la femme « protégée » à contre-courant du modèle de la troisième femme s'arc-boutant sur une logique ouverte d'indéfinition identitaire et d'autoproduction de soi-même. Parité imposée ou comment reproduire le « retard » du politique par rapport à la société civile.

2

LE POUVOIR OU L'ÉTERNEL
RETOUR DU MASCULIN

On ne prend pas un risque démesuré à affirmer qu'à l'avenir les femmes occuperont en plus grand nombre des postes de haut niveau de responsabilité. La situation présente est marquée par un tel décalage entre les qualifications des femmes et leur position dans la hiérarchie que la progression au sommet est à peu près inévitable. Mais cela ne dit rien de l'ampleur que prendra le phénomène. Faut-il s'attendre à un bond en avant massif, régulier, capable d'ébranler la suprématie mâle ou bien à une avancée au compte-gouttes et finalement limitée ? En analysant les raisons de fond qui expliquent la dissymétrie des places des hommes et des femmes dans les centres de décision des grandes organisations, un scénario l'emporte sur tout autre, un scénario qui implique que l'on mette quelques bémols aux thèses triomphalistes de la féminisation du pouvoir.

RÉUSSITE PRIVÉE CONTRE RÉUSSITE PUBLIQUE

Carrière féminine et vie familiale

Les effets handicapants du mariage et de la maternité sur les carrières féminines ont été maintes fois soulignés. Être épouse et mère a un coût professionnel. Partout, les femmes mariées tirent de leurs diplômes moins de bénéfices professionnels que les femmes célibataires ; partout, elles sont moins nombreuses à être cadre supérieur que les femmes célibataires. Aux États-Unis, 70 % des femmes dirigeantes sont célibataires ; parmi les membres du British Institute of Management, 93 % des hommes sont mariés, contre seulement 58 % des femmes. Avoir des enfants rend plus difficile l'accès aux échelons élevés : aux États-Unis, parmi les cadres dirigeants 90 % des hommes ont des enfants, mais seules 35 % des femmes sont mères. Plus une femme a d'enfants, plus sa carrière se trouve pénalisée ; à formation équivalente, le salaire moyen des femmes mariées ayant plusieurs enfants est inférieur à celui des femmes mariées sans enfant[1].

Sans doute certaines études peuvent-elles contester les effets négatifs du mariage et des enfants sur le niveau de salaire des femmes cadres supérieures[2]. D'autres encore, au Québec, remarquent que les femmes occupant des postes de haute direction dans l'administration d'État ont un indice de nuptialité et de fécondité plus élevé que celui de la moyenne de la population[3]. Pour autant, ces données n'invalident pas l'idée d'un handicap féminin lié aux charges familiales. Les interruptions professionnelles dues aux maternités, le temps consacré aux enfants et aux

1. François de Singly, *Fortune et infortune...*, *op. cit.*, p. 65-76.
2. Mary Ann Devanna, *Male/Female Careers...*, rapport cité.
3. Sylvie Paquerot, « Les femmes cadres dans la fonction publique du Québec », *Actes du colloque « Tout savoir sur les femmes cadres d'ici »*, Montréal, Les Presses HEC, 1988, p. 243-256.

tâches domestiques, la charge mentale liée aux responsabilités maternelles pénalisent les femmes dans leur progression de carrière. Tiraillées entre leur responsabilité de mère et leur responsabilité professionnelle, les femmes autolimitent leurs projets de carrière, adoptent des stratégies de compromis qui les conduisent à être moins mobiles et moins disponibles que les hommes, moins présentes sur le lieu de travail[1], moins attachées à la conquête des postes les plus élevés dans les organisations. Avant d'être l'effet d'un barrage misogyne, la sous-représentation des femmes au sommet résulte de leur volonté de trouver un équilibre entre vie familiale et vie professionnelle.

Tant que les femmes seront dévolues prioritairement aux responsabilités familiales, la probabilité qu'advienne une parité des hommes et des femmes dans les instances dirigeantes des grandes organisations économiques est faible. Des transformations de fond dans la répartition sexuelle du travail domestique sont-elles décelables ? Pas le moins du monde. La dynamique postmoderne de l'émancipation féminine ne signifie pas homogénéisation des rôles des deux genres, mais persistance du rôle prioritaire de la femme dans la sphère domestique combiné avec les nouvelles exigences d'autonomie individuelle. Tout montre que les femmes continuent et continueront de garder une place prédominante dans la sphère familiale. On l'a développé plus haut : dans nos sociétés, les nouvelles aspirations des femmes ne ruinent pas leurs responsabilités domestiques traditionnelles. Rôles modernes et rôles « anciens » cohabitent et ce, parce que l'investissement féminin dans le familial s'accompagne d'autonomie et de sens, de pouvoir et d'intimisme relationnel. Désormais compatible avec les référentiels individualistes, la position prépondérante de la femme au sein du groupe domestique est appelée à se perpétuer. Dans ces conditions, l'inégalité des positions des hommes et des femmes dans les échelons

---

1. Les femmes issues des grandes écoles de commerce ou d'ingénieurs effectuent en moyenne quarante-trois heures trente de travail par semaine lorsqu'elles ont des enfants, contre quarante-neuf heures pour les hommes (sondage Le Monde/Média PA, *Le Monde*, 16 juin 1993).

les plus élevés du monde économique n'est pas à la veille de sa disparition.

Sans doute les garderies, aides familiales et employées de maison peuvent-elles et pourront-elles permettre aux femmes cadres de s'engager plus intensément dans la progression de leur carrière. Par ailleurs, d'ores et déjà, des entreprises mettent en place des politiques sociales en vue d'aider les femmes à concilier les exigences du travail et celles de la famille (centres de garde d'enfants, services d'urgence pour enfants malades, travail partagé). Mais on peut douter que ces dispositifs, même s'ils se renforcent, puissent combler le handicap que constituent les responsabilités familiales. À la différence des hommes, l'engagement total des femmes dans la carrière se fait, au moins partiellement, au détriment de leur rôle familial. Le leadership au masculin ne requiert aucun sacrifice du rôle de père ; celui des femmes s'accompagne de conflits et de culpabilité vis-à-vis des fonctions de mère. Comment imaginer, dans ces conditions, l'avènement d'une compétition à armes égales entre hommes et femmes ? L'avantage est aux hommes et il le restera pour de nombreuses générations encore tant l'investissement dans la sphère domestique a des chances de rester plus marqué au féminin qu'au masculin.

L'intériorisation du rôle familial de la femme est si importante que même parvenues à des postes stratégiques, les femmes ayant des enfants croient moins en leurs chances de promotion, se montrent moins désireuses de changer d'entreprise, moins audacieuses que celles qui n'ont pas d'enfants à charge[1]. Du fait de leur double tâche, les femmes cadres quittent les entreprises dans une proportion plus grande que les hommes, choisissent d'exercer leur profession à leur compte et à domicile[2] afin de pouvoir assurer plus harmonieusement leur rôle de

---

1. Terri A. Scandura, *Breaking the Glass Ceiling in the 1990s*, rapport cité, p. 32.
2. Marie-Françoise Marchis-Mouren et Francine Harel Giasson, « Faire carrière autrement : quitter l'organisation pour se lancer à son compte » in *Prendre sa place, op. cit.*, p. 119-145.

mère et celui de femme professionnelle. Et si les femmes sont à l'origine d'une vague de créations d'entreprises, elles restent de petits employeurs aux revenus modestes qui ne souhaitent pas, le plus souvent, voir grandir beaucoup leur entreprise. L'explosion de l'entrepreneuriat féminin signifie moins une recherche de pouvoir qu'un désir d'indépendance, d'aisance matérielle et de réalisation personnelle, un meilleur contrôle des horaires, une nouvelle manière de concilier vie professionnelle et vie familiale [1] : aux États-Unis, la moitié des entreprises dirigées et possédées par des femmes sont situées à leur domicile. Si désormais les femmes ont un fort investissement professionnel, leur volonté d'ajuster le familial et le professionnel paraît une tendance de fond plus lourde que l'obsession de la carrière et du pouvoir.

Réussite sociale et réussite sentimentale

Les contraintes et les rôles de la vie familiale ne sont pas seuls en cause dans la non-progression des femmes aux niveaux les plus élevés des organisations. Les normes régissant le rapport des deux sexes à l'ambition sociale, à la réussite économique et professionnelle jouent également un rôle de tout premier plan. Nul n'ignore que le pouvoir ne se réduit pas à une fonction hiérarchique supérieure : il est une passion humaine que la tradition philosophique a depuis longtemps décrit comme *libido dominandi*, amour de la gloire, désir des honneurs et de la renommée. À coup sûr le désir de grandeur et de considération sociale n'appartient-il pas exclusivement au genre masculin. Mais, dans les sociétés, la nôtre y compris, hommes et femmes ne sont pas également « encouragés » à s'engager dans la course aux titres et aux statuts, les compétitions pour le prestige ne bénéficiant pas d'une même image au masculin et au féminin. Ce sont ces systèmes de valorisation

---

1. Hélène Lee-Gosselin et Monica Belcourt « Les femmes entrepreneuses », art. cité, p. 60-61 et p. 77-79.

différentielle de la réussite sociale qui sous-tendent la divergence sexuelle des « destins » de pouvoir.

Prenons-en acte. Après plusieurs décennies d'offensives féministes contre le pouvoir phallocratique, la réussite professionnelle et matérielle apparaît toujours plus positive, plus valorisée et valorisante au masculin qu'au féminin. Qu'un mari ait un statut social supérieur à celui de son épouse paraît dans l'ordre des choses ; la situation inverse ne va pas toujours de soi. Les attentes matrimoniales des deux sexes vont dans le même sens : l'espoir d'épouser un homme riche reste plus répandu, plus légitime socialement que celui de se marier avec une femme riche. En même temps les hommes cadres valorisent davantage que les femmes les salaires élevés, les objectifs de carrière à long terme, les possibilités d'avancement ; les femmes, elles, privilégient davantage un travail riche au plan du contenu, la qualité de vie au travail, l'ambiance, les relations interpersonnelles [1]. Certes, diverses études montrent maintenant que les similitudes des motivations entre les hommes et les femmes cadres l'emportent sur les différences. Il n'en demeure pas moins que le plus grand prestige attribué à la réussite sociale des hommes les conduit généralement à accorder plus de poids aux motivations extrinsèques du travail (statut, salaire) que n'en accordent les femmes.

La réussite continue de s'apprécier socialement selon une logique de sexe. Faibles sont les blâmes concernant l'hyperinvestissement masculin de la sphère professionnelle ; sévères sont les critiques adressées aux femmes chez qui l'ambition professionnelle porte préjudice à l'équilibre du couple et à l'éducation des enfants. Plus largement encore, la réussite au féminin se juge d'abord à l'aune des valeurs privées. Alors que les adolescents identifient la vie réussie à la réussite sociale, les adolescentes optent, elles,

1. Jean-Marie Toulouse et Robert Latour, « Valeurs, motivation au travail et satisfaction des femmes gestionnaires », in « Tout savoir sur les femmes cadres d'ici », colloque cité, p. 123-137 ; O. Brenner, A. Blazini, J. Greenhaus, « An Examination of Race and Sex Differences in Managerial Work Value », *Journal of Vocational Behavior*, 32, 1988, p. 336-344.

en grande majorité pour la *réussite sentimentale*[1]. De même les parents accordent-ils plus d'importance au futur bonheur affectif et familial de leur fille qu'à sa réussite matérielle, ils nourrissent plus d'ambition professionnelle pour leurs fils que pour leurs filles : à celles-ci ils souhaitent d'abord un travail intéressant pouvant s'harmoniser avec leur vie de mère, à ceux-ci sécurité d'emploi et perspective de carrière. Derrière l'avancée de la culture égalitaire se recompose l'asymétrie des attentes et des rôles sexuels, la disjonction traditionnelle homme public/femme privée.

Point de méprise. L'époque qui reléguait la femme dans l'espace domestique et la mettait à l'écart de la société politique est définitivement révolue. Mais cette immense bouleversement ne signifie nullement interchangeabilité des deux sexes face à la dichotomie privé/public. Sous le nouveau, l'ancien se poursuit : si le clivage sexuel privé/public ne s'écrit plus en lettres majuscules, il ne cesse pour autant de gouverner nombre d'aspirations et de comportements des deux genres. Au vrai, la vie familiale, l'intime, le relationnel restent dominés par le féminin ; le statut, le rôle professionnel, le pouvoir, la réussite gardent une prévalence au masculin. En surface nous voici gagnés par la réversibilité des rôles sexuels ; en réalité, la division sexuelle des rôles privés et publics se prolonge, fût-ce sous un mode nouveau, euphémisé et ouvert, sans assignation exclusive.

Le pouvoir entre sens et non-sens

Cette dissymétrie s'exprime encore dans les projets, les prétentions et niveaux d'aspiration professionnelle des deux sexes. On sait que les femmes forment généralement des projets professionnels moins ambitieux que les hommes, elles se projettent moins spontanément et moins initialement qu'eux aux échelons supérieurs des organisa-

1. Bianca Zazzo, *Féminin-masculin à l'école et ailleurs*, Paris, PUF, 1993, p. 175.

tions. Dès la fin des études secondaires, les filles choisissent plus souvent que les garçons des filières débouchant sur des professions au statut social relativement modeste[1]. De même les étudiantes des écoles de commerce ou d'ingénieurs sont-elles beaucoup moins nombreuses que leurs camarades masculins à s'imaginer plus tard P-DG et à envisager de créer leur entreprise[2]. Dans les grandes firmes, les femmes cadres manifestent généralement peu de goût à conquérir les postes du dernier cercle[3]. Ce n'est évidemment pas dire que les femmes manquent d'ambition sociale et professionnelle, mais celle-ci s'investit avant tout dans la volonté d'être compétentes, professionnelles, dans un domaine spécifique et très peu dans les projets « politiques » de toute-puissance. Chez les femmes cadres, l'ambition de carrière apparaît plus comme une compensation, un exutoire à une insatisfaction dans la vie privée que comme un modèle de vie et un projet existentiel premier[4]. De fait, les aspirations professionnelles féminines visent davantage l'égalité avec les hommes[5] que la grandeur, le prestige et la domination hyperbolique. Les stéréotypes sexuels, le primat de la réussite privée sur la réussite publique ont pour effet de limiter la hauteur des ambitions féminines, de les détourner des projets d'omnipotence et de pouvoir sur les autres. Inclinées socialement à donner la priorité aux valeurs privées, les femmes, à quelques exceptions près, ne se reconnaissent pas dans la quête du pouvoir ; la puissance pour la puissance ne parvient pas à s'imposer comme une finalité existentielle profonde.

C'est pourquoi nous ne pouvons faire nôtres les théories considérant la « peur de réussir » comme le principe explicatif de l'arrêt des femmes au seuil des instances diri-

1. Marie Duru-Bellat, *L'École des filles, op. cit.*, p. 88.
2. Sondage *Le Point*, 25 avril 1992.
3. Nicole Aubert, *Le Pouvoir usurpé ? Femmes et hommes dans l'entreprise*, Paris, Laffont, 1982.
4. *Ibid.*, p. 193-195. Rappelons la formule célèbre de Germaine de Staël « La gloire ne saurait être pour une femme qu'un deuil éclatant du bonheur ».
5. Jacqueline Huppert-Laufer, *La Féminité neutralisée ?*, Paris, Flammarion, 1982.

geantes. La célèbre *fear of success*[1] présentée comme trait de personnalité spécifique aux femmes a pu sans nul doute constituer un frein essentiel à leur ambition professionnelle tant que la hiérarchie masculine se donnait comme une évidence, tant que la réussite féminine créait des formes de rejet social et d'insurmontables conflits de rôles. Nous n'en sommes plus là. L'époque n'est plus celle où les filles devaient impérativement « s'effacer », renoncer aux études longues ainsi qu'aux postes de responsabilité. Même si elle s'accompagne de réserves, la réussite féminine ne suscite plus d'ostracisme social. Il faut analyser la peur féminine de réussir non comme une donnée permanente mais comme l'effet psychologique d'une culture désormais sur une pente déclinante. De nos jours, les femmes n'ont pas peur de réussir : elles ne bénéficient pas des mêmes motivations sociales que les hommes à s'élever au sommet. Ce n'est plus une inhibition psychologique qui tient les femmes à l'écart du pouvoir mais une moindre stimulation sociale à s'imposer sur la scène publique, une socialisation valorisant davantage la réussite privée que le succès organisationnel, l'enrichissement relationnel que la domination hiérarchique.

Si les femmes se montrent rarement déterminées à gravir les ultimes échelons des organisations, elles portent également un regard critique sur la course aux places et aux honneurs, sur le carriérisme et l'opportunisme qui animent le sexe fort. On ne peut séparer cette distance féminine vis-à-vis des luttes pour le pouvoir d'une socialisation à dominante « privée », axée sur les valeurs relationnelles et affectives. L'orientation vers les personnes constitutive de la socialisation féminine rend tendanciellement les femmes réfractaires aux luttes pour les places et la puissance, elle vide de *sens existentiel* la recherche du pouvoir pour le pouvoir et les conduit, à la différence des hommes, à envisager le sacrifice de leur carrière si celle-ci nuit à leur vie familiale. La dichotomie homme public/femme privée

---

1. Matina S. Horner, « Toward an Understanding of Achievement-Related Conflicts in Women », *Journal of Social Issues*, vol. XXVIII, 2, 1972.

fonctionne comme une machine qui dote de sens la quête du pouvoir pour les uns, qui la déleste de sens pour les autres. Lorsque le sens existentiel s'identifie prioritairement à la qualité des liens entre personnes, bâtir un empire industriel, hisser un groupe au rang de leader mondial, s'élever de plus en plus haut dans le cercle des dirigeants s'imposent difficilement comme des idéaux premiers : pour ne pas être ignorée, la volonté de puissance est privée de sens lourd, associée qu'elle est à un style de vie unidimensionnel, dominateur, sans lien émotionnel. Ce n'est pas seulement parce que la réussite sociale est moins prestigieuse au féminin qu'au masculin que les femmes se montrent peu fascinées par l'exercice du pouvoir, c'est tout autant parce que leur socialisation fondée sur le pôle « expressif » de la personnalité les conduit à juger vain l'engagement de soi dans les projets de domination et de puissance. Même si les images négatives accolées à la combativité féminine peuvent expliquer en partie l'autocensure que manifestent les femmes envers la conquête du pouvoir, l'essentiel est ailleurs. Avant de résulter de barrages psychologiques (conflits de rôles, peur de s'affirmer, image déféminisée), le rapport distant que les femmes entretiennent avec le pouvoir apparaît comme l'effet d'un *blocage de sens*, l'inflation des valeurs privées, communicationnelles et expressives dévaluant le sens existentiel de la domination organisationnelle.

Gardons-nous tout autant d'interpréter la difficulté des femmes à s'imaginer à la tête des organisations à la lumière du projecteur psychanalytique, lequel, soulignant le joug œdipien, analyse la motivation féminine au pouvoir comme un « acte impossible et un tabou infranchissable[1] ». La théorie, ici, n'est plus en phase avec le devenir historique. Le prétendu « impossible », en effet, a bien eu lieu. Nous voici précisément à l'heure de la critique du *glass ceiling* et des exigences féministes de parité des sexes dans les assemblées politiques. Comment accorder ce processus historique de légitimation et de revendication du pouvoir des

1. Nicole Aubert, *Le Pouvoir usurpé ?..., op. cit.*, p. 234.

femmes avec l'économie de l'Inconscient, du Phallus et de l'Œdipe qui, en principe, les en écarte ontologiquement ? Force nous est de renoncer à l'approche métapsychologique incapable de rendre compte des métamorphoses en cours. Si les femmes, de nos jours encore, se voient rarement détentrices du pouvoir suprême, ce n'est nullement en raison du « tabou du pouvoir paternel » considéré comme sacré et inviolable mais en raison de normes sociales-historiques valorisant l'investissement du moi féminin dans les dimensions privées de l'existence. Désormais les portes du pouvoir commencent à s'entrouvrir et les obstacles à l'accès des femmes aux postes de décideur n'ont plus rien d'absolu. Ne reste qu'une assignation prioritaire au pôle privé de la vie qui continue de détourner tendanciellement les femmes de la conquête des plus hauts niveaux de la hiérarchie.

Le clivage femme privée/homme public infériorise encore d'une autre manière les femmes dans leur compétition avec les hommes de pouvoir. Toute position de pouvoir implique des choix difficiles, des défis et des prises de risques. Sans doute s'agit-il de risques calculés. Reste que l'esprit entrepreneurial ne peut tout à fait se détacher de l'esprit d'audace et d'aventure, du goût du défi, d'une volonté de gagneur et de « joueur ». On peut se demander si, compte tenu des systèmes différentiels de valorisation sociale, les hommes et les femmes affrontent à égalité cette dimension de l'action et de la décision. Des analyses l'ont depuis longtemps observé : les managers hommes et femmes n'ont pas, semble-t-il, le même rapport au risque[1] : si les premiers sont partagés quant à la valeur du risque, les secondes paraissent en avoir une vue beaucoup plus négative, l'interprétant plus comme une possibilité d'échec que comme une occasion d'acquérir de la reconnaissance et du pouvoir. Aujourd'hui encore, nombre de directeurs des ressources humaines pensent que les hommes sont mieux préparés à la prise de risques que les femmes[2]. Faut-il s'en

1. Margaret Hennig et Anne Jardim, *The Managerial Woman*, New York, Pocket Books, 1976, p. 47-50.
2. « Women in Corporate Management », Catalyst, 1990, p. 13.

étonner ? Certes pas, tant le rapport positif au risque et
la valorisation de la réussite sociale vont ensemble. On
ne doit pas oublier la leçon hégélienne : c'est pour la
reconnaissance et le prestige que les hommes luttent entre
eux et affrontent le risque de la mort. L'idée va à l'essentiel : vouloir s'imposer aux autres et être considéré sup-
pose des initiatives à risque. Plus l'exigence de reconnaissance sociale est impérieuse, plus le défi et le risque se
chargent de sens positif. On a tout lieu de penser que, de
nos jours encore, le prestige reconnu au statut social et
professionnel masculin conduit les hommes à s'engager
plus ouvertement dans des conduites de défi et de risque.
Inversement, si les femmes semblent moins animées du
goût du risque, cela tient, au moins en partie, à leur rôle
privé les incitant moins à s'élever et à gagner. Tirant moins
de bénéfices psychologiques que les hommes de la réussite, les femmes manifestent moins d'inclinations à défier
le cours des choses et des affaires.

Homme public/femme privée : quel avenir ?

Quelles sont les perspectives d'évolution de la dissymétrie homme public/femme privée ? La montée en puissance de l'imaginaire compétitif et méritocratique réussira-
t-elle à dissoudre cette division, à placer les hommes et les
femmes à égalité face aux valeurs de réussite professionnelle et sociale ? Rien n'est moins sûr. De toute évidence,
la fonction de maternité constituera, très longtemps
encore, un obstacle de fond à l'homogénéisation des rôles
de sexes. La moins grande valeur reconnue à la réussite
professionnelle féminine est strictement corrélative du
rôle féminin de pourvoyeuse de soins des enfants. Dans la
mesure où les femmes sont préposées aux tâches de mater-
nage, leur performance professionnelle et leur rôle public
bénéficient d'un moindre prestige social : les deux phénomènes vont de pair. Il en a été ainsi dans toutes les sociétés
connues ; il en sera ainsi demain encore. Les changements
d'ampleur exceptionnelle intervenus dans la condition

féminine (maîtrise de la fécondité, baisse du taux de nata-
lité, formation diplômante, légitimité du travail salarié
féminin) ne modifieront pas cette constante. On l'a vu, la
prédominance des femmes dans la sphère domestique ne
peut se confondre avec un état de retard historique, les
valeurs individualistes elles-mêmes conduisant les femmes
à réinvestir, à se réapproprier leur « territoire » privé traditionnel. Déclin progressif du rôle maternel au bénéfice des
valeurs professionnelles ? Rien ne permet de l'affirmer
tant les femmes cadres continuent d'assumer la responsabilité première de l'éducation des enfants et aspirent à
concilier leur rôle professionnel et leur rôle de mère. Il y a
recyclage historique du rôle maternel, non déshérence du
modèle. Même si les diplômes et la carrière gagnent en
importance dans la vie des femmes, on imagine mal une
valorisation égale de la réussite et de l'ambition pour les
deux sexes tant la maternité constitue une source d'association symbolique de la femme au domaine privé de la
vie. Même si les femmes consacrent moins de temps aux
enfants, la « contrainte » sociale consistant à signifier le
lien spécifique mère-enfant ne sera pas abolie pour autant.
Comment une culture pourrait-elle ne pas donner un sens
fondamental à la fonction de maternité, ne pas traduire en
système de valeurs et de mode de vie le fait de mettre au
monde les enfants ? La force des référentiels méritocratiques, la progression des équipements d'accueil des
enfants, la participation éventuellement plus active des
pères à la vie domestique ne devraient pas modifier en profondeur l'assignation traditionnelle des femmes aux rôles
privés de la vie.

Sur ce plan, l'horizon des sociétés démocratiques apparaît moins indifférencié, moins flottant qu'on ne l'affirme
parfois. Il faut renoncer à considérer l'opposition femme
privée/homme public comme une division archaïque du
social, l'âge postmoderne la reconstituant, d'une certaine
manière, de son propre mouvement. Il est certes indéniable que les femmes ne sont plus exclusivement dévolues
à la sphère privée ; leurs rôles public et professionnel
bénéficient à présent d'une forte légitimité sociale. En

conséquence, la « progression » des femmes dans les échelons hiérarchiques du pouvoir n'en est qu'à son commencement. Mais les forces inscrivant le féminin du côté du
« privé » gardent une prégnance telle que la suprématie
masculine dans les organisations n'est pas à la veille de son
déclin. L'indivision sexuelle du pouvoir n'est pas plus
l'avenir des sociétés démocratiques que la société sans
classes. Il y a plus de chances que le pouvoir, en tout cas
économique, se conserve au masculin qu'il ne se partage à
parité avec le féminin. Non pas la fin de l'histoire du clivage des genres mais plutôt l'éternel recommencement de
la domination masculine, fût-elle moins ostentatoire
qu'autrefois et en principe ouverte à la compétition avec
les nouvelles ambitions féminines.

LES HOMMES JOUENT ET GAGNENT

D'autres facteurs rendent probable, pour longtemps
encore, la perpétuation de la suprématie masculine dans
les organisations. Il s'agit des idéaux de sexes et des
normes de socialisation agençant les traits de personnalité,
les goûts et les comportements considérés comme adaptés
à l'un et l'autre sexe. En apprenant aux garçons à se
comporter comme des garçons et aux filles comme des
filles, les modèles de socialisation créent des attitudes et
des états d'esprit préparant mieux un sexe que l'autre aux
luttes ultérieures du pouvoir et de la puissance sociale.
Avec le *sex typing* commence le processus de production
sociale de l'inégalité des sexes face au pouvoir.

De nombreuses observations ont montré de quelle
manière l'esprit d'indépendance et de compétition était
mieux développé par l'éducation des garçons que par celle
des filles. Considérées comme plus vulnérables et plus fragiles que les garçons, les filles sont davantage protégées et
surveillées que ceux-ci. Les garçons reçoivent plus de puni-
tions et sont davantage critiqués ; face à une tâche difficile,

ils reçoivent moins souvent que les filles l'aide de leurs parents. Simultanément, ils sont autorisés plus tôt à se déplacer librement dans un périmètre plus large que celui des filles ; à l'adolescence, les parents laissent sortir moins facilement leur fille que leur fils. Autant de normes différentielles qui retardent les filles dans leur accès à l'autonomie et qui, inversement, favorisent, chez les garçons, l'esprit de risque, une plus grande confiance en soi, une moindre passivité, une moindre peur d'aller de l'avant.

À cette logique éducative poussant les garçons à l'indépendance se superposent une socialisation et un fonctionnement psychologique masculins tournés vers la compétition, l'agressivité, l'affirmation de soi dans le défi et l'affrontement aux autres. À la différence des filles, les garçons se bagarrent et se provoquent entre eux, ils tentent plus qu'elles de se dominer les uns les autres, établissent des hiérarchies à partir du critère du « plus fort », craignent d'être traités de « poules mouillées », font assaut de vantardise, utilisent en groupe des ordres et des menaces[1]. Chez les adolescents, la pression du groupe des pairs et la pratique des sports collectifs convergent pour créer un climat d'émulation, de compétition et de dépassement des autres. Afin d'être reconnus par leurs camarades, d'attirer l'attention des filles, d'affirmer leur valeur, les jeunes gens se mesurent les uns aux autres, veulent prouver leur force, leur excellence, leur virilité. Des jeux agressifs à la culture sportive, des bagarres aux images viriles véhiculées par les media, des exploits sexuels revendiqués aux conquêtes amoureuses affichées, tout indique l'importance des valeurs compétitives et concurrentielles dans la construction de l'identité masculine. Gagner, être le plus fort, surpasser les autres sont au cœur de l'idéal viril. Comment s'étonner dans ces conditions de la place prépondérante des hommes dans les sphères du pouvoir ? Prédisposés naturellement, plus que les femmes, à l'agressivité,

---

1. Eleanor Maccoby, « La psychologie des sexes : implications pour les rôles adultes », in *Le Fait féminin, op. cit.*, p. 243-257.

socialisés dans une culture de compétition, stimulés à mettre leur fierté dans la victoire sur les autres, encouragés à faire la preuve de leur supériorité, les hommes trouvent davantage de valorisation de soi dans les luttes pour la domination que le deuxième sexe.

L'avantage masculin pourrait être double. Tandis que les hommes sont plongés dans une culture plus compétitive, qui développe les prétentions, la confiance et la surestimation de soi nécessaires à l'exercice du leadership, les femmes, elles, se trouvent « handicapées » par une socialisation surprotectrice entraînant un plus faible niveau d'estime de soi. Nombre de recherches imputent ainsi les projets moins ambitieux des femmes ainsi que leur faible représentation dans les grades élevés du management à leur manque de confiance en soi. Point si important que le niveau d'estime de soi apparaît comme le trait le plus distinctif ressortant des études portant sur les hommes et les femmes cadres[1]. Les femmes cadres elles-mêmes considèrent fréquemment cette dimension psychologique comme l'une des raisons principales de leur succès. Pourtant, une observation plus fine du phénomène permet de mettre en doute ces affirmations. Si les adolescentes semblent avoir une image d'elles-mêmes plus négatives que celle des garçons, il n'en va pas de même des femmes cadres. De fait, à salaire égal, hommes et femmes développent un même sentiment de compétence ; en ce qui concerne leur perception de leur force émotionnelle ainsi que leur perception d'eux-mêmes dans leurs rapports avec les supérieurs et les subordonnés, les similitudes entre sexes sont plus significatives que les différences : les femmes cadres se perçoivent aussi positivement que leurs homologues masculins[2]. Si les femmes restent aussi peu représentées en haut de la hiérarchie, ce n'est pas en raison d'un manque de confiance en soi — sentiment au

---

1. Carole Lamoureux et Line Cardinal, « Femmes cadres et estime de soi », in « Tout savoir sur les femmes cadres d'ici », colloque cité, p. 66.

2. *Ibid.*, p. 69-74 ; Françoise Belle, *Être femme et cadre*, Paris, L'Harmattan, 1991, p. 198 (plus de 9 femmes cadres sur 10 se jugent aussi compétentes que leurs collègues masculins).

demeurant variable, pouvant évoluer en fonction des succès professionnel — mais bien davantage en raison de leur rôle social marqué au sceau du privé et d'un mode de socialisation peu orienté vers l'affirmation de soi dans les affrontements compétitifs.

Bien sûr, dans nos sociétés, les filles intériorisent de mieux en mieux les valeurs compétitives. Reste que nous ne nous orientons nullement vers un modèle unique de socialisation. Le féminin reste fortement orienté vers le relationnel, le psychologique, l'intime, les préoccupations affectives, domestiques et esthétiques ; le masculin vers l'« instrumentalité », le technico-scientifique mais aussi la violence et la puissance. Même le sport, qui connaît une large féminisation, ne voit pas se distribuer le référentiel compétitif de la même manière au masculin et au féminin. Les garçons expriment toujours une préférence pour les sports de compétition et les filles pour les activités d'entraînement, d'entretien et de forme. Parallèlement on encourage davantage la performance des uns et le style des autres. Les championnes de haut niveau n'accèdent ni à la gloire ni à la notoriété de leurs homologues masculins ; elles parviennent beaucoup moins qu'eux à s'imposer, aux yeux des jeunes, comme des modèles d'identification[1]. *Last but not least,* les jeunes athlètes masculins s'adonnent davantage au dopage sportif que les filles[2]. Force est de constater que même si les femmes pratiquent de plus en plus d'activités sportives, elles ne donnent pas le même sens, la même importance à l'esprit compétitif que les hommes. Pour les femmes, la victoire sur les autres paraît moins importante que l'activité physique en elle-même ; pour les hommes la compétition en elle-même est objet de passion : rivaliser avec les autres, gagner, être le meilleur se donne comme une fin ou une valeur en soi.

---

1. Michèle Metoudi, « Les femmes dans l'héroïsme sportif », *Esprit*, nov. 1993, p. 29-40.
2. Suzanne Laberge et Guy Thibault, « Dopage sportif : attitudes de jeunes athlètes québécois et significations dans le contexte d'une éthique postmoderne », *Loisir et société*, Presses de l'Université du Québec, n° 2, automne 1993, p. 366-371.

Ces normes sociales et identitaires orientant préférentiellement le masculin vers la compétition et les résultats et le féminin vers le relationnel et l'intime donnent l'avantage aux hommes pour gravir les échelons de la hiérarchie. Vaincre, dominer les autres est un but en soi, un idéal identitaire pour les hommes, non pour les femmes. Ce joker pour le pouvoir, les hommes sont appelés à le conserver. Même si, comme il est probable, la culture méritocratique étend de plus en plus son empire, on imagine mal que les valeurs compétitives puissent être intériorisées identiquement par les deux sexes et venir à bout des normes de socialisation inscrivant les femmes du côté de la famille, du relationnel, de la séduction. Il est tout aussi illusoire de penser que les nouveaux référentiels psychologiques et communicationnels puissent abolir l'axe compétitif de l'identité masculine. Tout comme la maternité est un facteur permanent associant le féminin à la sphère privée, de même la sexualité masculine et la force physique virile, fût-elle aujourd'hui dévalorisée dans ses manifestations ostensibles, fonctionnent comme des vecteurs « structurels » de valorisation imaginaire-sociale de l'*agôn* et de la domination. Dans les sociétés humaines, toutes les différences sont matière à amplification et à métaphorisation. Il est peu probable que les différences « objectives » concernant la force, l'agressivité, la sexualité masculines restent sociologiquement et psychologiquement au degré zéro du sens, ne donnent pas lieu à des associations, valorisations et différenciations sociales. Dans la mesure où l'identité agonistique n'est pas sans lien avec l'imaginaire de la puissance sexuelle et physique masculine, le futur reconduira sans doute la prédominance de l'idéal viril, combatif et compétitif. Les pressions égalitaires ne mettront pas fin aux codages sociaux, aux stéréotypes et aux associations imaginaires touchant à la différence des sexes. À coup sûr la culture individualiste-démocratique déstabilise-t-elle les rôles et les impératifs des deux sexes. Mais ce processus se trouve contrecarré par l'exigence sociale et identitaire de différencier les rôles et les comportements du masculin et du féminin. Rien ne permet de penser un état social délivré de cette contrainte.

À la lumière des tendances actuelles, les thèses de la « défaite des hommes » ne peuvent qu'inspirer le scepticisme. Socialement préparés à affirmer leur moi dans la confrontation avec les autres, les hommes n'ont pas perdu leur position privilégiée pour gagner au jeu de la puissance et de la gloire. Seuls les valeurs machistes, les signes les plus emphatiques de la virilité sont dévalués. Ce n'est pas la crise de la masculinité qui est le phénomène significatif, c'est sa permanence identitaire par-delà les formes euphémisées qu'elle revêt. La volonté de domination, le besoin de se mesurer aux autres, le goût de gagner pour gagner restent des principes plus intériorisés au masculin qu'au féminin. Comme Hegel l'avait vu, la subjectivité masculine se construit dans le conflit interhumain en vue de la reconnaissance et du prestige. Ce modèle n'est pas caduc, il se perpétue, fût-ce sans dimension guerrière. Du « début » de l'histoire à nos jours, le masculin s'affirme dans les affrontements et les compétitions classantes. Moins blessée que recyclée, l'identité masculine permet toujours aux hommes, dans les sociétés ouvertes, d'assurer leur prédominance dans les instances du pouvoir[1]. La « crise de la virilité » est davantage une image littéraire qu'un phénomène social de fond : l'homme est l'avenir de l'homme et le pouvoir masculin, l'horizon insistant des temps démocratiques.

---

1. Même lorsque les femmes accèdent aux postes décisionnels, notamment dans la haute administration, peu d'entre elles se hissent au niveau suprême, elles restent encore dans les positions inférieures de la hiérarchie (voir Sylvie Paquerot, art. cité, p. 250). Comme on le sait, cette hiérarchie dans la hiérarchie reconduisant la prééminence masculine se retrouve dans le monde des entreprises et dans la plupart des gouvernements.

INDEX[1]

Âge, 135, 138, 149, 163, 166, 185, 191, 192, 196.

Agrippa, Henri Corneille, 235.

Alcibiade, 111.

Alcman, 108.

Ambition (et aspiration), 77, 78, 151, 196, 152, 153, 198, 209, 220, 222, 223, 227, 228, 239, 245, 256, 258, 273, 284, 291, 293, 294, 295, 296, 297, 301, 302, 304.

Amour(s), 14, 19, 20, 21, 22, 23, 24, 25, 26, 27, 28, 30, 31, 32, 33, 34, 35, 36, 37, 38, 39, 40, 41, 45, 46, 47, 48, 49, 50, 51, 52, 53, 54, 55, 56, 61, 62, 66, 67, 78, 83, 84, 109, 112, 116, 117, 174, 178, 235, 303.

Anxiété (angoisse et désespoir), 22, 59, 61, 101, 136, 148, 149, 150, 151, 166, 167, 168, 169, 170, 192, 194, 218.

Aragon, Louis, 235.

Aristophane, 234.

Art (artistes ou créateurs), 19, 54, 101, 102, 103, 104, 108, 109, 110, 111, 113, 114, 115, 116, 117, 118, 119, 120, 123, 125, 129, 130, 138, 156, 170, 172, 173, 176, 181, 182, 215.

Aspasie, 109.

Atkinson, Ti-Grace, 27.

Auclair, Marcelle, 163.

Autonomie (ou indépendance), 13, 20, 24, 28, 29, 34, 35, 47, 48, 49, 50, 54, 58, 59, 67, 69, 75, 76, 77, 78, 81, 82, 84, 88, 106, 122, 135, 139, 152, 164, 176, 185, 196, 197, 199, 200, 208, 209, 210, 211, 220, 221, 222, 223, 226, 228, 229, 230, 234, 235, 236, 241, 248, 254, 256, 257, 258, 259, 291, 293, 302, 303.

Bacall, Lauren, 56, 173.

Badinter, Élisabeth, 256.

Baïf, Jean Antoine de, 115.

Balzac, Honoré de, 23, 126.

Bara, Theda, 175.

Barbey d'Aurevilly, Jules-Amédée, 172.

Bardot, Brigitte, 174, 175.

Barthes, Roland, 28.

Bashkirtseff, Marie, 45.

1. Établi par François Le Ténaff.

III. L'APRÈS-FEMME AU FOYER

nrf essais

NRF Essais n'est pas une collection au sens où ce mot est communément entendu aujourd'hui ; ce n'est pas l'illustration d'une discipline unique, moins encore le porte-voix d'une école ni celui d'une institution.

NRF Essais est le pari ambitieux d'aider à la défense et restauration d'un genre : l'essai. L'essai est exercice de pensée, quels que soient les domaines du savoir : il est mise à distance des certitudes reçues sans discernement, mise en perspective des objets faussement familiers, mise en relation des modes de pensée d'ailleurs et d'ici. L'essai est une interrogation au sein de laquelle la question, par les déplacements qu'elle opère, importe plus que la réponse.

Éric Vigne

(Les titres précédés d'un astérisque ont originellement paru dans la collection Les Essais.)

Luc Boltanski et Laurent Thévenot   *De la justification. Les économies de la grandeur.*

Jorge Luis Borges   *Entretiens sur la poésie et la littérature* suivi de *Quatre essais sur J.L. Borges* (*Borges the Poet* ; traduit de l'anglais [États-Unis] par François Hirsch).

Pierre Bouretz   *Les promesses du monde. Philosophie de Max Weber.*

* Michel Butor   *Essais sur les Essais.*

Roberto Calasso   *Les quarante-neuf degrés* (*I quarantanove gradini* ; traduit de l'italien par Jean-Paul Manganaro).

* Albert Camus   *Le mythe de Sisyphe. Essai sur l'absurde.*

* Albert Camus   *Noces.*

Barbara Cassin   *L'effet sophistique.*

* Cioran   *La chute dans le temps.*

* Cioran   *Le mauvais démiurge.*

* Cioran   *De l'inconvénient d'être né.*

* Cioran   *Écartèlement.*

* Jean Clair   *Considérations sur l'état des beaux-arts. Critique de la modernité.*

Robert Darnton   *Édition et sédition. L'univers de la littérature clandestine au XVIIIᵉ siècle.*

Philippe Delmas   *Le bel avenir de la guerre.*

Daniel C. Dennett   *La stratégie de l'interprète. Le sens commun et l'univers quotidien* (*The Intentional Stance* ; traduit de l'anglais [États-Unis] par Pascal Engel).

Alain Dieckhoff   *L'invention d'une nation. Israël et la modernité politique.*

Michael Dummett   *Les sources de la philosophie analytique* (*Ursprünge der analytischen Philosophie* ; traduit de l'allemand par Marie-Anne Lescourret).

* Mircea Eliade   *Briser le toit de la maison. La créativité et ses symboles* (textes traduits de l'anglais par Denise Paulme-Schaeffner et du roumain par Alain Paruit).

* Mircea Eliade   *Occultisme, sorcellerie et modes culturelles* (*Occultism, Witchcraft and Cultural Fashions* ; traduit de l'anglais [États-Unis] par Jean Malaquais).

Pascal Engel   *La norme du vrai. Philosophie de la logique.*

* Etiemble et Yassu Gauclère   *Rimbaud.*

Gérard Farasse   *L'âne musicien. Sur Francis Ponge.*

Alain Finkielkraut   *La mémoire vaine. Du crime contre l'humanité.*

Michael Fried   *La place du spectateur. Esthétique et origines de la peinture moderne* (*Absorption and Theatricality. Painting and Beholder in the Age of Diderot* ; traduit de l'anglais [États-Unis] par Claire Brunet).

Michael Fried   *Le réalisme de Courbet. Esthétique et origines de la peinture moderne II* (*Courbet's Realism* ; traduit de l'anglais [États-Unis] par Michel Gautier).

Jürgen Habermas   *Droit et démocratie. Entre faits et normes* (*Faktizität und Geltung. Beiträge zur Diskurstheorie des Rechts und des demokratischen Rechtsstaats* ; traduit de l'allemand par Christian Bouchindhomme et Rainer Rochlitz).

François Hartog   *Mémoire d'Ulysse. Récits sur la frontière en Grèce ancienne.*

Stephen Hawking et Roger Penrose   *La nature de l'espace et du temps* (*The Nature of Space and Time*; traduit de l'anglais [États-Unis] par Françoise Balibar).

Nathalie Heinich   *États de femme. L'identité féminine dans la fiction occidentale.*

Raul Hilberg   *Exécuteurs, victimes, témoins. La catastrophe juive 1933-1945* (*Perpetrators Victims Bystanders. The Jewish Catastrophe 1933-1945*; traduit de l'anglais [États-Unis] par Marie-France de Paloméra).

Ian Kershaw   *Hitler. Essai sur le charisme en politique* (*Hitler*; traduit de l'anglais par Jacqueline Carnaud et Pierre-Emmanuel Dauzat).

* Alexandre Koyré   *Introduction à la lecture de Platon suivi de Entretiens sur Descartes.*

Julia Kristeva   *Le temps sensible. Proust et l'expérience littéraire.*

Thomas Laqueur   *La fabrique du sexe. Essai sur le corps et le genre en Occident* (*Making Sex. Body and Gender from the Greeks to Freud*; traduit de l'anglais [États-Unis] par Michel Gautier).

J.M.G. Le Clézio   *Le rêve mexicain ou la pensée interrompue.*

Jean-Marc Lévy-Leblond   *Aux contraires. L'exercice de la pensée et la pratique de la science.*

* Gilles Lipovetsky   *L'ère du vide. Essais sur l'individualisme contemporain.*

Gilles Lipovetsky   *Le crépuscule du devoir. L'éthique indolore des nouveaux temps démocratiques.*

Gilles Lipovetsky   *La troisième femme. Permanence et révolution du féminin.*

Nicole Loraux   *Les expériences de Tirésias. Le féminin et l'homme grec.*

Giovanni Macchia   *L'ange de la nuit. Sur Proust* (*L'angelo della notte; Proust e dintorni*; traduit de l'italien par Marie-France Merger, Paul Bédarida et Mario Fusco).

Christian Meier   *La naissance du politique* (*Die Entstehung des Politischen bei den Griechen*; traduit de l'allemand par Denis Trierweiler).

Pierre Pachet   *La force de dormir. Essai sur le sommeil en littérature.*

* Octavio Paz   *L'arc et la lyre* (*El arco y la lira*; traduit de l'espagnol par Roger Munier).

* Octavio Paz   *Conjonctions et disjonctions* (*Conjunciones y Diyunciones*; traduit de l'espagnol [Mexique] par Robert Marrast).

* Octavio Paz   *Courant alternatif* (*Corriente alterna*; traduit de l'espagnol [Mexique] par Roger Munier).

* Octavio Paz   *Deux transparents. Marcel Duchamp et Claude Lévi-Strauss* (*Marcel Duchamp, Claude Lévi-Strauss o el nuevo Festín de Esopo*; traduit de l'espagnol [Mexique] par Monique Fong-Wust et Robert Marrast).

* Octavio Paz   *Le labyrinthe de la solitude suivi de Critique de la pyramide* (*El laberinto de la soledad; Posdata*; traduit de l'espagnol [Mexique] par Jean-Clarence Lambert).

* Octavio Paz   *Marcel Duchamp : l'apparence mise à nu* (*Apariencia desnuda, la obra de Marcel Duchamp. El Castillo de la Pureza. * water writes always in * plural*; traduit de l'espagnol [Mexique] par Monique Fong).

Jackie Pigeaud   *L'Art et le Vivant.*

Joëlle Proust   *Comment l'esprit vient aux bêtes. Essai sur la représentation.*

Hilary Putnam   *Représentation et réalité* (*Representation and Reality*; traduit de l'anglais [États-Unis] par Claudine Engel-Tiercelin).

David M. Raup   *De l'extinction des espèces. Sur les causes de la disparition des dinosaures et de quelques milliards d'autres* (*Extinction. Bad Genes or Bad Luck ?*; traduit de l'anglais [États-Unis] par Marcel Blanc).

Jean-Pierre Richard   *L'état des choses. Études sur huit écrivains d'aujourd'hui.*

Rainer Rochlitz   *Le désenchantement de l'art. La philosophie de Walter Benjamin.*

Rainer Rochlitz   *Subversion et subvention. Art contemporain et argumentation esthétique.*

Marc Sadoun   *De la démocratie française. Essai sur le socialisme.*

Jean-Paul Sartre   *Vérité et existence.*

Jean-Marie Schaeffer   *L'art de l'âge moderne. L'esthétique et la philosophie de l'art du XVIIIe siècle à nos jours.*

Jean-Marie Schaeffer   *Les célibataires de l'art. Pour une esthétique sans mythes.*

Dominique Schnapper   *La communauté des citoyens. Sur l'idée moderne de nation.*

John R. Searle   *La redécouverte de l'esprit* (*The Rediscovery of the Mind*; traduit de l'anglais [États-Unis] par Claudine Tiercelin).

Jean-François Sirinelli (sous la direction de)   *Histoire des droites en France*, tome 1 : *Politique*, tome 2 : *Cultures*, tome 3 : *Sensibilités.*

Jean Starobinski   *Le remède dans le mal. Critique et légitimation de l'artifice à l'âge des Lumières.*

George Steiner   *Réelles présences. Les arts du sens* (*Real Presences. Is there anything* in *what we say ?*; traduit de l'anglais par Michel R. de Pauw).

George Steiner   *Passions impunies* (*No passion spent*; traduit de l'anglais par Pierre-Emmanuel Dauzat et Louis Evrard).

* Salah Stétié   *Les porteurs de feu et autres essais.*

Patrick Verley   *L'échelle du monde. Essai sur l'industrialisation de l'Occident.*

Paul Veyne   *René Char en ses poèmes.*

Bernard Williams   *L'éthique et les limites de la philosophie* (*Ethics and the Limits of Philosophy*; traduit de l'anglais par Marie-Anne Lescourret).

Yosef Hayim Yerushalmi   *Le Moïse de Freud. Judaïsme terminable et interminable* (*Freud's Moses. Judaism Terminable and Interminable*; traduit de l'anglais [États-Unis] par Jacqueline Carnaud).

Composition Euronumérique.
Achevé d'imprimer par la
Société Nouvelle Firmin-Didot.
à Mesnil-sur-l'Estrée, le 21 octobre 1997.
Dépôt légal : octobre 1997.
Numéro d'imprimeur : 40381

ISBN 2-07-075031-0/Imprimé en France.